beck'sche reihe

Geologen konnten vor einigen Jahren mit einer sensationellen Entdeckung aufwarten: Das Schwarze Meer war lange Zeit ein vom Mittelmeer völlig getrennter, tiefer liegender Süßwassersee. Der Durchbruch des Mittelmeers durch die Landbrücke um 6700 v. Chr. war eine Naturkatastrophe von kaum vorstellbaren Ausmaßen. Jahrelang ergoss sich ein tosender Wasserfall in das Schwarze Meer und überschwemmte große, teilweise besiedelte Gebiete. Harald Haarmann beschreibt auf der Grundlage der neuesten Erkenntnisse Ursachen und Verlauf dieser Sintflut. Von hier aus geht er den Folgen der Flut für die Kulturentwicklung in der südlichen Schwarzmeerregion nach. Er stößt dabei auf die Spuren einer der ältesten Hochkulturen und verfolgt anhand archäologischer Funde, vor allem aber anhand der Schrift- und Sprachgeschichte deren Ausstrahlung bis hin nach Mesopotamien.

Harald Haarmann, geb. 1946, gehört zu den weltweit bekanntesten Sprachwissenschaftlern. Er ist Vizepräsident des «Institute of Archaeomythology» in Sebastopol (USA), Mitglied des Forschungsteams des «Rescarch Centre on Multilingualism» (Brüssel) und an mehreren größeren Forschungsprojekten, u.a. einer Enzyklopädie der Schwarzmeerkulturen, beteiligt. 1999 wurde er mit dem «Prix logos» der «Association européenne des linguistes et des professeurs de langues» in Paris ausgezeichnet. Mit seiner «Universalgeschichte der Schrift» (4. Auflage 1998) ist er einem breiteren Publikum bekannt geworden. Bei C. H. Beck erschienen von ihm «Kleines Lexikon der Sprachen» (2. Auflage 2002), «Lexikon der untergegangenen Sprachen» (2002) sowie «Geschichte der Schrift» (2002).

Harald Haarmann

Geschichte der Sintflut

Auf den Spuren
der frühen Zivilisationen

Verlag C. H. Beck

Mit 18 Abbildungen

Lektorat: Petra Rehder

Originalausgabe

Umschlagabbildung: Giusto di Giovanni de' Menabuoi, Ausschnitt aus einem Fresko zum zweiten Engel der Apokalypse im Baptisterium von Padua, 14. Jahrhundert. Foto: Bridgeman Art Library/Alinari
Umschlagentwurf: + malsy, Bremen
Printed in Germany
ISBN 3 406 49465 X

www.beck.de

Inhalt

Vorwort

«Die Flut auf der Erde dauerte vierzig Tage. Das Wasser stieg und hob die Arche immer höher über die Erde. Das Wasser schwoll an und stieg immer mehr auf der Erde, die Arche aber trieb auf dem Wasser dahin. Das Wasser war auf der Erde gewaltig angeschwollen und bedeckte alle hohen Berge, die es unter dem ganzen Himmel gibt ... Das Wasser aber schwoll hundertfünfzig Tage lang auf der Erde an.»

(Genesis 7,17–19.24)

Geschichten über Flutkatastrophen sind in den Mythen vieler Völker überliefert. In den vergangenen Jahren haben Naturwissenschaftler immer mehr Hinweise darauf gefunden, dass es solche Katastrophen in der Erdgeschichte wirklich gegeben hat, in den verschiedensten Regionen zu unterschiedlichen Zeiten. Umweltkatastrophen größten Ausmaßes in Verbindung mit Flutwellen können von Seebeben ausgelöst worden sein oder von Erdbeben, bei denen es zu massiven Erdrutschen kam. Die Massen von Geröll und Erde, die dabei ins Meer stürzten, können Flutwellen ausgelöst haben, die sich auf offener See durch ihre Eigendynamik verstärkten und dann mit unvorstellbarer Wucht an entfernt liegenden Küsten aufprallten.

Auf den Bahamas gibt es ein hügeliges Gelände, auf dem riesige Granitbrocken liegen. Dieses Felsgestein, so haben Geologen festgestellt, lag ursprünglich auf dem Boden des Atlantik. Die einzige Erklärung, wie die Brocken auf den Hügel gekommen sein könnten, ist, dass in prähistorischer Zeit eine Riesenwelle vom Atlantik her durch ihren tiefen Grundwirbel Gestein vom Meeresboden hochgerissen, mitgetragen und weit an Land geschwemmt hat. Eine solche Flutkatastrophe wird für die Zeit vor ca. 120000 Jahren angesetzt, als dort noch keine Menschen lebten.

Aber diese große Flut war nicht die einzige, die die Ostküste Amerikas verwüstet hat. Es gibt auch jüngere, deren Spuren nachzuweisen sind. In den Mythen nordamerikanischer Indianer findet man Hinweise auf eine große Flut, etwa in der Stammeschronik der Delawaren, «Walam Olum» genannt. In dieser Chronik, die in Bildern erzählt wird und auf fünf Blättern aus Birkenrinde überliefert ist, ist von der Mondfrau die Rede, die die Menschen vor den Wassermassen rettet. Verbirgt sich hinter dieser Erzählung vielleicht eine weit entfernte Erinnerung an eine wirkliche Umweltkatastrophe?

Das vergangene Jahrhundert ist mit einer wissenschaftlichen Sensation ausgeklungen: der Entdeckung einer Flutkatastrophe, die möglicherweise mit der biblischen Sintfluterzählung in Verbindung steht. 1997 veröffentlichten die amerikanischen Geologen William Ryan und Walter Pitman vom Lamont-Doherty Earth Observatory der Columbia University (New York) zusammen mit internationalen Kollegen die ersten Ergebnisse eines langjährigen marinen Forschungsprojekts. Ein Jahr später standen die Resultate in Buchform einem breiten Publikum zur Verfügung (Ryan/Pitman 1998): Vieles deutet darauf hin, dass es im Süden des Schwarzen Meeres, da wo es heute über einen engen Kanal mit dem Marmara-Meer und dem Mittelmeer verbunden ist, vor Tausenden von Jahren eine Flutkatastrophe gegeben hat.

Nicht nur diese Flut selbst war ein «Ereignis, das die Geschichte verändert hat». Die Entdeckung ihrerseits ist ein Ereignis, das die Forscher vieler Fachdisziplinen dazu herausfordert, vertraute Vorstellungen von der Entstehung der Zivilisationen der Alten Welt zu überprüfen. Denn die neuen Erkenntnisse darüber, warum sich die Kulturen in Europa und Asien so unterschiedlich entwickelt haben, können nicht mehr unberücksichtigt bleiben, wenn wir nach den Wurzeln unserer westlichen Kultur fragen.

Die beiden amerikanischen Geologen und ihr Team haben, wie es in der trockenen Wissenschaftssprache heißt, mit der Annahme einer prähistorischen Flutkatastrophe eine arbeitsfähige Hypothese aufgestellt, die durch bestimmte Fakten gestützt wird und (bisher) nicht durch andere Fakten widerlegt werden kann. Bei der Flut handelte es sich um eine ökologische Katastrophe größten Ausmaßes. Der Landriegel, der früher die Kontinente im Gebiet zwischen dem heutigen Schwarzen Meer und dem Marmara-Meer verband, brach unter dem Druck der Wassermassen, die vom Mittelmeer aus ins Marmara-Meer geflutet waren. Der Durchbruch öffnete den Weg für das Wasser aus dem Süden, das in den Süßwassersee im Norden strömte. Auf diese Weise entstand das Schwarze Meer, und seit der Flut gibt es an seiner Südküste keine Landverbindung mehr zwischen Europa und Asien. Das Ausmaß dieser Flutkatastrophe bietet vielleicht eine Erklärung dafür, dass sich im kulturellen Gedächtnis aller Gesellschaften rings um das Schwarze Meer Flutmythen bis heute erhalten haben. Auch die biblische Erzählung von der Sintflut ist wahrscheinlich in diese Tradition einzureihen.

Es ist anzunehmen, dass die kollektive Erinnerung an ein solches Ereignis auch Folgen für das Alltagsleben der Menschen hatte. Aber wie lassen sich die Folgen der Flutkatastrophe in der Küstenregion des Schwarzen Meeres und dessen Hinterland nachweisen, und wie haben sich ökologische Veränderungen auf die Wirtschaftsformen und das Kulturschaffen der Menschen in jener Region ausgewirkt?

Antworten auf diese und andere Fragen sucht eine Gruppe von Forschern, die sich im Juni 2002 in Italien (im ligurischen Forschungszentrum von Bogliasco bei Genua) zur ersten Fachkonferenz über die Schwarzmeerkatastrophe und ihre Folgen traf. Inzwischen widmen sich Wissenschaftler aus Europa, Amerika und Australien dieser neuen Forschungsaufgabe, eine solide interdisziplinäre Kooperation hat begonnen, an der sich Geologen, Archäologen, Anthropologen, Mythologieforscher, Sprachwissenschaftler und Vertreter anderer Fächer beteiligen

(Marler/Robbins Dexter 2003). Die Erforschung der Schwarzmeerkatastrophe und ihrer Auswirkungen auf die Kulturentwicklung in der Alten Welt zieht immer mehr Wissenschaftler in ihren Bann, neuerdings zeigen auch Althistoriker ihr Interesse.

Dieses Buch fasst die neuen Forschungsergebnisse zur Schwarzmeerkatastrophe und zu ihren Folgen allgemeinverständlich zusammen und lädt den Leser zu einer Expedition in die Kulturlandschaft ein, die für uns Europäer die wichtigste ist: Es gilt, die Entstehung der ältesten Zivilisationen in Europa und Asien auszuleuchten. Diese Expedition hält so manche Überraschung bereit, wie etwa die Erkenntnis, dass auch die älteste Kulturentwicklung in Mesopotamien mit den ökologischen Umwälzungen in der Schwarzmeerregion zusammenhängt.

Casa Blanca, im Februar 2003 *Harald Haarmann*

I
Die Große Flut von 6700 v. Chr. – Fakten und Mythenbildung

Um das Jahr 6700 vor unserer Zeitrechnung lag das Niveau des Mittelmeeres rund 15 m niedriger als heute. Auf gleichem Niveau lag die Oberfläche des Marmara-Meeres, das mit dem Mittelmeer direkt über die Meerenge der Dardanellen verbunden ist. Ein Landriegel aus Sandstein trennte das Mittelmeer und das Marmara-Meer von einem riesigen Süßwassersee im Norden, dem Vorläufer des Schwarzen Meeres. Sein Wasserspiegel lag rund 70 m tiefer, er hatte keinen Abfluss, und seine Zuflüsse von Norden her waren spärlich. Seit Jahrhunderten verdunstete mehr Wasser als hinzufloss. Der See schrumpfte.

Entstanden war dieser Süßwassersee, als die Eismassen des riesigen Kontinentalgletschers, der das nördliche Europa während der letzten Eiszeit bedeckte, abzuschmelzen begannen. Damals, vor rund 12 500 Jahren, entstanden die großen Seen im Norden, der Ladoga- und der Onegasee, und die großen Wasserreservoire im Süden, das Kaspische Meer, der Aralsee und eben jener prähistorische Euxinos-See. Benannt wird dieser von Geologen in seinen ursprünglichen Umrissen entdeckte See nach dem Namen, den die Griechen der Antike dem Schwarzen Meer gaben: Pontos Euxinos.

Bald nachdem die Eisschmelze eingesetzt hatte und enorme Wassermassen freigesetzt wurden, transportierten die Urflüsse des südlichen Europa, die Donau, der Dnepr und der Don, das Schmelzwasser in den Euxinos-See. Der Zufluss an Schmelzwasser hielt aber nur etwa zweitausend Jahre an, dann versiegte er. Dies hängt mit den Umweltbedingungen der zweiten Schmelzphase zusammen. Um die Mitte des 10. Jahrtausends

v. Chr. war die Eisgrenze des Kontinentalgletschers schon weit nach Norden zurückgewichen. Als dann als Folge einer Wärmeperiode eine neue verstärkte Schmelzphase einsetzte, floss deren Wasser nicht mehr nach Süden, sondern sammelte sich in den großen Seen des Nordens und im Nordmeer.

Dies erklärt man sich folgendermaßen: Während der Eiszeit war der Erdboden in Mittel- und Nordeuropa unter dem Gewicht der Eismassen heruntergedrückt worden, er lag deutlich unter dem jetzigen Niveau und hob sich erst allmählich wieder. Das Schmelzwasser der zweiten Wärmephase konnte nicht nach Süden abfließen, weil dort der Boden, der nicht vom Eis bedeckt gewesen war, höher lag. Der Euxinos-See erhielt also nur noch spärlichen Zufluss, und sein Wasservolumen verringerte sich.

Katastrophenszenario und Datierung

Dies ist die Situation um 6700 v. Chr. Für das, was nun geschieht, haben Geologen folgendes Katastrophenszenario entworfen: Der Landriegel aus Sandstein zwischen dem Marmara-Meer und dem Euxinos-See bricht. Vielleicht erschüttert ein Erdbeben oder gar eine Serie von Erdstößen die Region und verursacht den Durchbruch der Wassermassen. Eine Erdbebenkatastrophe, wie sie im Spätsommer und Herbst 1999 die Region um das Marmara-Meer verwüstet hat, hätte wohl ohne weiteres den Landriegel aufbrechen können. Vielleicht ist es aber auch nur der Druck der Wassermassen hinter der brüchigen Sandsteinformation, der den Durchbruch verursacht.

Als die Klippen zusammenbrechen, stürzt das Salzwasser von Süden her mit unheimlichem Getöse und in mächtigen Strömen in das 70 m tiefer liegende Süßwasserbecken des Euxinos-Sees. Millionen von Kubikmetern Wasser gischten zunächst durch eine schmale Rinne. Der tosende Strom – er rast schätzungsweise mit rund 60 Stundenkilometern dahin – reißt immer mehr Steine und Erde aus den Rändern, und die Rinne weitet sich. Der Spalt wird zur Schlucht, die Schlucht wird zum Sund. Wochenlang, monatelang, vermutlich sogar jahrelang tost das Salzwasser durch die Enge in das Süßwasserbecken, das sich stetig füllt und schon bald über seine Ufer tritt.

Die aus dem Mittelmeer herüberströmenden Wassermassen treffen mit solcher Wucht auf das Reservoir des Sees, dass sich meterhohe Wellen aufbauen, die auf die Küstensäume zurasen. Aus den Gebieten, in denen Taifune oder Hurrikane das Meer aufwühlen, ist die Zerstörungskraft solcher Tsunami-Wellen wohlbekannt. Allein die Geräuschkulisse, die sie beim Auftreffen auf die Ufer hervorriefen, muss diejenigen, die die Katastrophe überlebten, auf lange Zeit traumatisiert haben.

Besonders im nördlichen Teil ist das Seeufer flach, und das Wasser kann ohne größere Hindernisse ins Hinterland fluten. Der alte «vorsintflutliche» Ufersaum ist heute noch auszumachen. Ein weites, stellenweise viele Kilometer breites Unterwasserplateau erstreckt sich ins offene Meer hinaus. Das Wasser ist hier, verglichen mit dem bis zu 2 km tiefen Zentrum des Schwarzen Meeres, flach, mit Tiefenwerten zwischen 180 und 200 m, in Küstennähe nur maximal 100 m. Weit draußen erst fällt das Plateau abrupt in die große unterseeische Senke ab, die früher einmal der Euxinos-See war (Abb. 1).

Geologen haben mit Unterwassersonaren die Untiefen im Meeresboden gemessen und kartiert. Dabei haben sie eine überraschende Entdeckung gemacht. Auf dem Boden des flachen Wassers vor der Straße von Kertsch zeichnet sich ein filigranes Bild von Unterwasserschluchten ab. Der mittlere Canyon und die kleineren Seitenschluchten sind das alte Flussdelta des Don, der heute weit im Norden in das Asowsche Meer mündet. Vor der Großen Flut war das Asowsche Meer eine weite Tiefebene, die der Don durchquerte; er floss dann durch die Enge bei Kertsch und mündete weit draußen auf dem heutigen Unterwasserplateau in einem breiten Delta in den Euxinos-See.

Auch andere Unterwasserphänomene geben Hinweise auf die alte Küstenlinie. Auf dem flachen Meeresboden kommt es bis

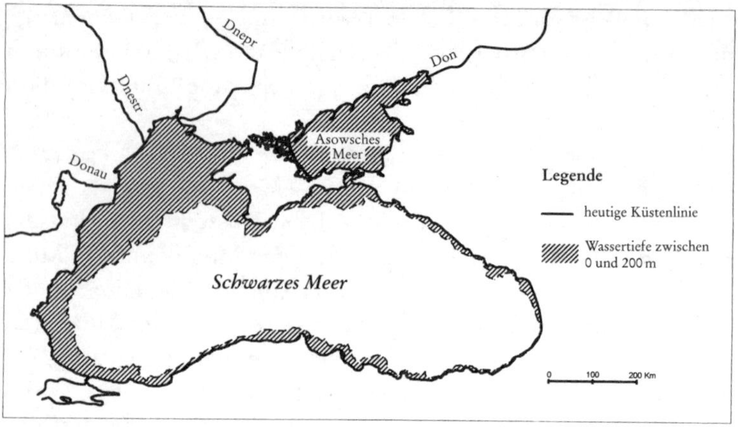

Abb. 1: Das Schwarze Meer und seine flachen Küstengewässer (Karte des Autors).

heute zu Ausstößen von Methangas. Unten auf dem Meeresgrund faulen die Reste von Pflanzen, die zur ehemaligen Landvegetation gehörten. Die Ufer des Euxinos-Sees waren verschlungen, es gab Lagunen und morastige Niederungen, an deren Rändern allerlei Wasserpflanzen wuchsen. Als die Region überflutet wurde, bedeckte Salzwasser die alte Vegetation. Das Wasser des Schwarzen Meeres ist sauerstoffarm, so dass sich Reste der alten Pflanzen bis heute, Jahrtausende nach der Flut, erhalten haben.

Die Zustände auf dem Unterwasserplateau lassen das Ausmaß der Überflutung erahnen. Das, was die Große Flut zu einer ökologischen Katastrophe macht, liegt allerdings weit unter dem heutigen Wasserspiegel des Schwarzen Meeres. Das große Wasserreservoir der tiefen Senke des einstigen Euxinos-Sees ist biologisch tot. Dort leben weder Fische noch Pflanzen, nur auf dem Meeresboden existieren Schwefelbakterien, es gibt kaum Licht und Sauerstoff. Der Mangel an Sauerstoff ist der wichtigste Umweltschaden, den die Große Flut angerichtet hat. Das salzige Wasser aus dem Weltmeer ist nicht langsam in den See geflossen.

In dem Fall hätte sich nämlich das Salzwasser allmählich mit dem Süßwasser vermischt. Der Zufluss war jedoch abrupt und massiv, so dass das Süßwasser unter einer dicken Schicht von Salzwasser buchstäblich «begraben» wurde. Die Sauerstoffzufuhr wurde unterbunden, und der Euxinos-See starb unter der Last der Salzwassermassen.

Als Folge der damaligen Ökokatastrophe gehen noch heute Gefahren vom Schwarzen Meer für alles Lebende ringsum aus (Ascherson 1996: 4 f.). Dabei sieht man ihm seine bedrohlichen Eigenschaften nicht an. Seinen Namen hat dieses Meer nämlich nicht wegen des tiefschwarzen Farbtons des Wassers bekommen, denn ebenso dunkel sind die Ostsee oder auch das Mittelmeer an vielen Stellen. Das Schwarze Meer ist das größte Reservoir einer der giftigsten natürlichen Substanzen: Schwefelwasserstoff (H_2S). In einer Tiefe zwischen 150 und 200 m wird Sauerstoff nicht mehr aufgelöst, und das Wasser weist eine hohe Konzentration an Schwefelwasserstoff auf. Weil das Schwarze Meer sehr tief ist, sind etwa 90 % seines Volumens hochgiftig, und in diesem Tiefenwasser gibt es kein organisches Leben, soweit es von Sauerstoff abhängig ist. Durch Stürme wird das Wasser manchmal derart aufgewühlt, dass Tiefenwasser bis an die Oberfläche gelangt. Ein Schiffsrumpf, der damit in Berührung kommt, nimmt eine tiefschwarze Farbe an.

Für den Menschen sind bereits einige tiefe Atemzüge des Schwefelgases tödlich. Ölprospektoren und die Arbeiter, die in der Region das «schwarze Gold» fördern, sind sich der Gefahren des «schwarzen Todes», der auf sie lauert, bewusst. Das Tückische an Schwefelwasserstoff ist, dass der Geruchssinn des Menschen nur am Anfang etwas wahrnimmt, schon bald aber betäubt wird, so dass gefährliche Portionen des Schwefelgases gar nicht mehr als Gefahr gerochen werden können. Daher die Faustregel: beim kleinsten Anflug eines Gestanks nach faulen Eiern schleunigst die Flucht ergreifen.

Fast alle sensationellen Entdeckungen rufen helle Begeisterung und Zustimmung bei den einen und scharfe, neidvolle Ablehnung bei den anderen hervor. Im Fall der Entdeckung der Großen Flut des Schwarzen Meeres und damit des Rätsels seiner Entstehung war es nicht anders. William Ryan und Walter Pitman wurden von den einen gefeiert und von den anderen heftig angegriffen. Besonders eine Gruppe von Fachkollegen machte es sich zur Aufgabe, die Hypothese zu «Noahs Flut» zu entkräften (Aksu et al. 1999, Hiscott/Aksu 2002, Mudie et al. 2002). Debatten um wissenschaftliche Streitfragen können emotional entgleisen und sich wie in einer Sackgasse festfahren, und dann dauert es lange, bis man wieder objektiven Boden gewinnt. Sie können aber auch sehr fruchtbar sein, so dass sich sachliche Argumentationen pro und contra gegenüberstehen, die dann zur Auswertung anstehen. In diesem Sinne konstruktiv verlief die Auseinandersetzung um die Fluthypothese, sie hat im Endeffekt eine solide Erkenntnisbasis geschaffen. Ryan und Pitman sind gehalten, einige Teile ihres Forschungsgebäudes umzubauen und durch neue zu ersetzen, aber das Fundament bleibt. Alles spricht dafür, dass die Flut am Schwarzen Meer tatsächlich stattgefunden hat.

Gestritten hat man sich vor allem um die Datierung der Flutkatastrophe; Ryan und Pitman (1998) hatten sie um 5600 v. Chr. datiert. Aber andere Geologen kamen auf Grund eigener Messungen von Unterwasserströmungen im Bosporus zu dem Ergebnis, dass es einen Austausch der Wassermassen zwischen dem Schwarzen Meer und dem Marmara-Meer bereits lange vorher gegeben hat. Auf dem Boden des Marmara-Meeres hatte man eine bestimmte lokale Form von Schlamm (Sapropel S 1 genannt) entdeckt, der mit geradezu seismographischer Sensitivität Unterschiede im Salzgehalt des Wassers registriert. Die Messungen ergaben, dass der früheste Durchfluss durch den Bosporus vor 9000–10000 Jahren stattgefunden hat (Aksu et al. 2002).

Ryan und Pitman haben ihrerseits – und unabhängig von den Bodenuntersuchungen des Teams um Aksu – organische Rückstände auf dem Boden des Schwarzen Meeres analysiert und nehmen ihre frühere Datierung nach den neuesten Ergebnissen zurück. Auch sie haben festgestellt, dass die Verbindung zwischen den Meeren am Bosporus älter als der zunächst angenommene Fluttermin sein muss. Sie kommen auf einen Zeitpunkt um 6700 v. Chr. Das neue Messergebnis basiert auf einem Strontium 87/86-Wert, wobei die Radiokarbondaten der Dendrochronologie (Baumringaltersbestimmung) für die Region kalibriert, d. h. angeglichen sind (Ryan 2003).

Damit nähern sich also die zeitlichen Berechnungen beider Forscherteams – Ryan/Pitmans neu ermittelter Ansatz um 6700 v. Chr. und der des Aksu-Teams um 7000 v. Chr. – deutlich an. Ein Messunterschied von dreihundert Jahren ist bei diesem großen zeitlichen Abstand zur Jetztzeit fast irrelevant. Man kann durchaus erwarten, dass zukünftige Detailforschung diese Differenz zum Ausgleich bringt.

Die klimatischen Folgen

Nach der Flutkatastrophe kam es zu durchgreifenden ökologischen Umwälzungen. Diese waren allerdings weniger dramatisch als die Flut selbst, und ihre Auswirkungen wurden erst allmählich spürbar.

Dem Prozess der globalen Klimaerwärmung, der ungefähr vor 12 500 Jahren einsetzte und noch einige Zeit nach der Flut anhielt, wirken nun – als Folgen der Überflutung weiter, bis dahin trockener Gebiete – regionale Faktoren entgegen. Tausende von Quadratkilometern Land sind rings um die Ufer des Euxinos-Sees überflutet worden. Die Wasserfläche hat sich enorm vergrößert, so dass nun auch die Verdunstung viel größer ist als vor der Katastrophe. Als Langzeitfolge der großen Flut kühlt sich das Klima in der Schwarzmeerregion merklich ab. Um 6200 v. Chr. setzt eine kleine «Eiszeit» ein. Die Kälteperiode erstreckt sich bis um 5800 v. Chr.

Dann erfolgt eine erneute Schwankung, diesmal in die andere Richtung. Die kleine Eiszeit endet in einer Periode schlagartiger Erwärmung, und das warme Klima dauert an. Letztlich ist die

Große Flut auch für diese letzte große Schwankung verantwortlich. Denn nach der Flut entwickelt sich das Klima zu zwei Extremen: zu einer Kältewelle, die auf ihrem Zenit umschlägt in ihr Gegenteil, in eine Wärmewelle, die Bestand hat.

Die Menschen, die an den Küsten des Schwarzen Meeres und weiter im Inland siedeln, erleben innerhalb weniger Generationen einen radikalen Wandel ihrer natürlichen Umgebung. Dort wo während der Kälteperiode Mischwälder wuchsen, breitet sich im warmen Klima Gras- und Buschland aus. Die Veränderung der Vegetation hat auch weitreichende Folgen für die Verbreitung des Ackerbaus. In der kalten Periode hemmt der Waldbestand ein rasches Ausbreiten. Während der warmen Periode dagegen bieten Wiesen und Weiden gute Voraussetzungen für die Bodenbebauung. In der Tat folgt die Besiedlung der Schwarzmeerregion durch Ackerbauern dem Rhythmus der Klimaschwankungen.

Die Große Flut um 6700 v. Chr., eine Mini-Eiszeit zwischen ca. 6200 und 5800 v. Chr., dann eine rapide Erwärmung um 5800 v. Chr. – die Konsequenzen dieser großen Umweltveränderungen für die Lebensweisen und das Kulturschaffen der Menschen in der Schwarzmeerregion sind unübersehbar (vgl. auch Haarmann 2003a). Nur wenige Jahrhunderte nach der Katastrophe zeichnen sich große Umwälzungen in der Kulturlandschaft ab. Die archäologischen Fundschichten lassen einen klaren Entwicklungssprung und damit eine deutliche Phasentrennung zwischen einer vorsintflutlichen Periode und der Ära nach der Flut erkennen: «Das was allen Regionen gemeinsam ist, ist der Sachverhalt, dass die Veränderungen die Periode nach 6500 v. Chr. von den vorhergehenden Jahrtausenden deutlich absetzen.» (Bailey 2000: 39)

Flutmythen und die geistige Herausforderung durch die Sintflut

So wie sich Individuen erinnern, erinnern sich auch Gemeinschaften und Völker, nur ist dieses kollektive Erinnern weitaus komplexer als das Gedächtnis von Individuen. Die Summe der

Inhalte, die im kollektiven Gedächtnis verankert sind, bezieht sich auf das Verhalten und Handeln von Individuen in Bezugsgruppen und darauf, wie sich Gruppen in ihrer Umwelt orientieren. Dieses Bezugssystem kann man mit dem Ausdruck «Kultur» umschreiben. Das inter-individuelle, kollektive Erinnern macht das aus, was als kulturelles Gedächtnis gilt (Assmann 2000).

Wie das kulturelle Gedächtnis funktioniert, lässt sich am Beispiel der Überlieferung von Mythen veranschaulichen, in denen die Große Flut das Hauptmotiv ist. Es gibt sie in zweierlei Ausführung, in einer elementaren, mündlich überlieferten Form und in schriftlicher Fassung. Der Mechanismus des kollektiven Erinnerns ist also weder einseitig auf das Mündliche noch auf das Schriftliche festgelegt. Vielmehr handelt es sich bei beiden Medien um unabhängige Quellen des kulturellen Gedächtnisses. Dabei sind die Inhalte mündlich tradierter Flutmythen nicht mit denen identisch, die schriftlich aufgezeichnet worden sind. Die Gesamtheit aller Mythen in mündlicher und schriftlicher Überlieferung ist überaus variantenreich.

In allen Zivilisationen rings um das Schwarze Meer sind Flutmythen überliefert. Die berühmteste aller Geschichten ist zweifellos der biblische Bericht über die Große Flut, die Noah in seiner Arche überlebte (Genesis 6,9–9,17). Lange Zeit war man überzeugt, dass die Erzählung von der Sintflut ein Lehrstück der Bibel wäre, eine erfundene Geschichte, die Stoff für anschauliches Moralisieren bietet. Denn die von Gott gewählte Bestrafung der sittenlosen Menschen in ihrer alten Welt durch eine Flut, die alles auslöscht, passte gut in die Denkschablonen der antiken Menschen, deren moralisierendes Bewusstsein mit farbenfrohen Geschichten angesprochen wurde.

In den 1920er Jahren ging die Nachricht von einer archäologischen Sensation um die Welt. Der britische Archäologe Charles Leonard Woolley, der die Ausgrabungen der alten Stadt Ur leitete, war auf eine mehr als drei Meter dicke Schicht aus Schlamm gestoßen, die unschwer als Anschwemmung zu erkennen war. Für Woolley bestand kein Zweifel: Sein Fund war der Beweis dafür, dass Noahs Flut tatsächlich stattgefunden hatte. Und die Öffentlichkeit glaubte ihm. Das taten auch die Wissenschaftler, denn dem Zeitgeist entsprechend war es eine besonders ehrenvolle Aufgabe, archäologische Beweise für die Richtigkeit biblischer Geschichten zu erbringen, konnte man doch damit den Wahrheitsgehalt eines der kulturellen Eckpfeiler der abendländischen Kultur untermauern.

Allmählich aber meldeten sich bei Altertumsforschern Zweifel an der Glaubwürdigkeit von Woolleys Fluttheorie an. Es wurde bald klar, dass die Schlammschicht von Ur nicht das Ergebnis einer einzigen großen Flut, sondern mehrerer kleinerer war. Man fand heraus, dass es in Mesopotamien alljährlich zu Überschwemmungen kam, in deren Verlauf fruchtbarer Schlamm über die Flussufer ins Inland getragen wurde. Kleinfluten waren sozusagen eine saisonale Erscheinung, die wohl kaum Anlass zu einer literarischen Dramatisierung wie dem Flutmythos der Bibel gegeben hätte. Es gab noch weitere Schwachpunkte in Woolleys Auffassung. Wie kann es sein, dass Flutmythen auch in Syrien und Palästina erzählt wurden, obwohl dort solche Naturereignisse unbekannt sind? Als Erklärung gab man an, die syrischen Flutmythen seien ein Kulturimport aus Mesopotamien.

Es wurden aber noch andere Unstimmigkeiten offenbar, etwa bei der Lektüre des ältesten aufgezeichneten Flutmythos, der in sumerischer Sprache verfassten Geschichte von Atrahasis. Der Titelheld Atrahasis ist das sumerische Pendant zum biblischen Noah, er wird als Bürger der Stadt Šuruppak vorgestellt. Archäologen haben herausgefunden, dass die Anschwemmungen von Schlamm im Gebiet von Šuruppak jünger sind als die von Ur, und die Schicht ist nicht so dick wie dort. Dies bedeutet, dass eine der zahlreichen Überflutungen, die auch Šuruppak betrafen, weniger bedeutend war als die Flut von Ur. Wenn Atrahasis der Held der Großen Flut war, warum ist dann seine Geschichte nicht mit der alten Königsstadt Ur verknüpft, mit dem Ort also, wo tatsächlich eine größere Flut stattgefunden hat?

Auch folgende Stelle in der Beschreibung der Naturkatastrophe macht nachdenklich: «Die Flut brüllte wie ein Stier/ Schreiend wie ein wilder Esel [heulten] die Winde» («Atrahasis» III, OBV iii; zitiert nach Dalley 1998: 31). Die alljährlichen Überflutungen in Mesopotamien haben mit diesem Szenario wenig zu tun. Ihr Wasser bewegte sich zwar hartnäckig vorwärts, aber es floss still dahin. Da gab es keine Sturmwellen, die die Erinnerung der Menschen nachhaltig beeindruckt hätten.

Aber die andere Flut, das wirklich mächtige Ereignis, bei dem monumentale Naturkräfte entfesselt wurden, passt sehr gut zu dem schrecklichen Szenario, das in der Geschichte von Atrahasis dem Leser ausgemalt wird. Das Getöse des dahinschießenden Wassers sowie der riesigen Flutwellen, die an den Küsten aufschlugen, muss in der Tat den Eindruck des Brüllens wilder Tiere hervorgerufen haben.

Und warum hätten die Sumerer in Mesopotamien aus den alljährlichen lokalen Fluten eine große Flut erfinden sollen, die so bedeutend war, dass die alte Welt zerstört wurde und eine neue entstand? In der alten Welt waren die Götter den Menschen nahe, weise Männer wurden zu Kulturheroen, und die Tapferen konnten Unsterblichkeit erlangen. In der Welt nach der Sintflut aber waren selbst die Weisen und Tapferen sterblich.

Angesichts der apokalyptischen Erfahrung der Schwarzmeerkatastrophe liegt es auf der Hand, dass die traumatische Erinnerung an die Große Flut das kulturelle Gedächtnis nachhaltig prägen und schon bald den menschlichen Geist nach einer Art Therapie drängen würde. Die Menschen würden anfangen, nach dem überwundenen Erstschock die erlebte Katastrophe in immer neuen Geschichten zu erzählen und damit verbal zu verarbeiten. Solche Geschichten würden immer wieder aufs Neue erzählt und von Generation zu Generation weitergegeben werden. Es war nur eine Frage des zivilisatorischen Fortschritts, wann die Schrift in Gebrauch kommen und der

Erzählstoff festgehalten und literarisch verarbeitet werden würde.

Am Anfang stand also die mündliche Überlieferung des Ereignisses. Erzählstoffe, die so eindrucksvoll sind, dass sie immer wieder thematisiert und häufig vorgetragen werden, nehmen den Charakter von Memen an. Meme sind Gedächtnismuster, die nach ihrer Funktion den Genen als kreativen Konstruktionstechniken des Lebens ähneln. «Wenn wir Geschichten als Beispiel nehmen, so wird eine Geschichte, die an die Gefühle appelliert oder aus irgendeinem anderen Grund so eindrucksvoll ist, dass man einfach nicht aufhören kann, daran zu denken, immer in den Gedanken kreisen. Dies wird das Gedächtnis für die Geschichte festigen, und es wird bedeuten, dass man sie mit größerer Wahrscheinlichkeit an jemand anderen weitergeben wird, eben weil man darüber so viel nachdenkt.» (Blackmore 1999: 40f.)

Auf ähnliche Weise wurde der Erzählstoff von der Großen Flut als Mem aktiviert. Aus der Vielzahl an individuellen Geschichten filterte sich im Laufe der Zeit eine Hauptversion aus, in der gleichsam stereotypische Merkmale die individuellen Aspekte ersetzten. Dies ist der Prozess, wie sich der Erzählstoff mit seinem memischen Charakter in Gestalt eines Flutmythos auskristallisierte. Die narrativen Strategien in einem Mythos zielen auf Typisierung ab (Harvilahti 2000). Alles, was über Personen und deren Erlebnisse erzählt wird, nimmt den Charakter eines kollektiven Erklärungsmechanismus an. Die Handlung des Geschehens wird zur Stereotype, die dann nach Belieben auch als Instrument moralischer Unterweisung eingesetzt werden kann, also als Lehrstück, um damit vor den Folgen einer unmoralischen Lebensweise zu warnen. Der Kern eines Mythos mag historisch sein, aber im Mythos wird das Geschehen zeitlos typisiert.

Flutmythen sind aus dem gesamten Schwarzmeergebiet überliefert, am bekanntesten sind die Traditionen im Osten (Mesopotamien, Naher Osten) und im Westen (Südosteuropa). Der bekannteste griechische Flutmythos ist die Geschichte von

Deucalion (Sohn des Prometheus) und Pyrrha (Tochter von Epimetheus, des Bruders von Prometheus). Die beiden Protagonisten überstehen eine Flutkatastrophe, die Thessalien verwüstet. Insgesamt sind fünfzehn verschiedene Versionen griechischer Flutmythen bekannt (Frazer 1918: 146 ff.). Davon enthalten zwölf das Motiv einer Landung der rettenden Arche an den Hängen eines Berges. Es gibt drei Regionen, die in den Mythen den Schauplatz von Flutkatastrophen abgeben: die Landschaften Boötien und Thessalien auf dem griechischen Festland sowie der Bosporus am Südausgang des Schwarzen Meeres.

Natürlich ist es verführerisch, im Erzählstoff der Flutmythen nach etwaigen historischen Anhaltspunkten für den Hergang der realen Katastrophe zu suchen. Aber diese Suche nach einer historischen «Wahrheit» bleibt spekulativ, denn es liegt in der Natur von Mythen, dass Geschehnisse und Orte der Handlung in ihnen typisiert sind. Die griechischen Flutmythen sind größtenteils «ätiologisch», d. h., sie gehören zur Kategorie der Mythen, die bestimmte geographische Gegebenheiten oder Stadtgründungen erklären.

Interessanterweise ist die Überflutung der Ebene von Thessalien ein Ereignis, das Geologen für durchaus wahrscheinlich halten, vielleicht als Vorläufer des Bosporusdurchbruchs. In der Zeit vor der Großen Flut, solange noch der Landriegel zwischen Europa und Asien bestand, konnte der Wasserspiegel des Mittelmeeres besonders hoch steigen.

In den Mythen beider Kulturkreise, des Westens wie des Ostens, fallen die zahlreichen Parallelen auf, denn «[...] die Flutmythen der semitischen Kulturen Westasiens und der indoeuropäischen griechischen Kultur zeigen beachtliche, bis ins Detail gehende Übereinstimmungen mit den Geschichten aus Mesopotamien. Außerdem enthalten sie die beiden Motive des Überflutens von Bergen und des Durchbruchs eines Sees. Das Motiv des Seedurchbruchs könnte sich auf verschiedene Örtlichkeiten sowohl in Griechenland als auch in der Türkei beziehen, aber die Mutter der Legende könnten Superfluten gewesen sein, die zwischen dem Schwarzen Meer, dem Marmara-Meer und der Ägäis durchgebrochen sind.» (Oppenheimer 1998: 261)

Wenn die europäische Tradition der Flutmythen in einer historischen Beziehung zur mesopotamischen steht, dann ist die Wahrscheinlichkeit groß, dass sich diese Beziehung aus der Langzeitwirkung des kulturellen Gedächtnisses der Menschen in der Schwarzmeerregion erklärt, aus der Art und Weise, wie sich das historische Ereignis der Flut von 6700 v. Chr. über seine traumatischen Nachwirkungen und erzählerischen Ausdrucksformen zum Mem und schließlich zum Mythos transformiert hat.

Mythen sind nicht einfach eine bestimmte Erzählform, vielmehr sind sie in besonderer Weise «für die Gesellschaft relevant» (Bremmer 1988 a: 6 f.), und ihre Themen stehen in partieller Beziehung zu einer «Begebenheit von kollektiver Bedeutung» (Burkert 1981: 23). Mythen dienten in der Gesellschaft der frühen Antike dazu, die Kontinuität einer vertrauten Tradition zu bestätigen, wodurch die kulturelle Identität und das Bewusstsein kollektiver Solidarität in der Gemeinschaft gestärkt wurden. Ausgehend von der Grundbedeutung des griechischen Ausdrucks *mythos* ‹geordnete Rede›, gilt es für die archaische griechische Gesellschaft festzustellen, dass *mythos* noch im 8. Jahrhundert v. Chr. nicht in Opposition zur Kategorie *logos* ‹Gedankenaustausch, Idee (= lat. *ratio*)› stand. «Selbst dann, wenn die Worte – in Gestalt von Geschichten über Gottheiten oder Helden – stark religiös befrachtet sind, indem Geheimwissen an eine Gruppe von Initiierten vermittelt wird, das der gemeinen Zuhörerschaft verborgen bleibt, können *mythoi* ebenso gut *hieroi logoi*, heilige Reden, genannt werden.» (Vernant 1988: 204) Erst die gesellschaftlichen Umbrüche in der Zeit vom 7. bis 4. Jahrhundert v. Chr. machen aus dem Mythos das, was die antiken Schriftsteller des römisch-griechischen Kulturkreises und die auf deren Schriften gegründete Antikentradition Europas darunter verstanden: *mythos* als phantasievolle Erzählung in Opposition zu *logos* als einer dem rationalen Denken verpflichteten Kategorie.

Auch nachdem sich aus der einfachen mündlichen Überlieferung das Genre des Mythos ausgebildet hatte, bedeutete dies nicht, dass damit ältere Erzählungen oder Legenden über die Flut vergessen wurden. Im Gegenteil, das Flutmotiv wurde weiterhin in Erzählungen und Liedern thematisiert, während die Mythen ihre eigene Weiterentwicklung erlebten. Bis in unsere Zeit leben Flutgeschichten sogar in Regionen weiter, die keine historische Flut erlebt haben. Ein Beispiel hierfür sind Balladen und Lieder der rumänischen Folklore aus Transsylvanien, die um das Motiv der Meeresflut kreisen. Bemerkenswerterweise zeigt sich «in einer scheinbar paradoxalen Weise, dass je weiter vom Meer entfernt solche Lieder entstanden sind, deren Flutsymbolismus umso stärker ist» (Poruciuc 2003).

Von der oralen Überlieferung wird immer wieder behauptet, dass sie bestimmte Fassungen von Erzählungen, also auch mündlich tradierte Mythen, fast wortgetreu über Generationen hinweg bewahrt. Nach den Erkenntnissen der neueren Forschung trifft dies allerdings nicht zu. Ein Erzähler beabsichtigt nicht immer, einen kanonischen Text gleichsam in Form eines verbalen Rituals exakt zu wiederholen. Vielmehr bleibt ihm ein kreativer Spielraum, den er für Improvisationen und Neuerungen ausnutzen kann. Für mündlich tradierte Texte gilt daher, dass deren Fassungen im Laufe der Zeit variieren (Honko 2000). Variation ist hier wie in allen Bereichen des menschlichen Kulturschaffens das Grundprinzip der anthropozentrischen Evolution.

Für die Tradition der Flutmythen in den verschiedenen Kulturen bedeutet dies, dass es so gut wie unmöglich ist, aus den zahlreichen Variationen in einem Zeitraum von mehreren tausend Jahren sozusagen eine Urfassung des Flutmythos zu rekonstruieren. Denn in dem Maße, wie neue Versionen eines Erzählstoffes entstehen, verschwinden ältere Fassungen. Insofern wird die Erwartung, eine mögliche Verknüpfung des mythischen Flutmotivs mit Erinnerungsfragmenten zu tatsächlich stattgefundenen Ereignissen aufzudecken, zur Utopie.

Die biblische Version des Flutmythos ist ohne Zweifel diejenige Variante, die weltweit am erfolgreichsten war. Kein anderer Flutmythos hat die Menschen in aller Welt so bewegt wie die Geschichte von Noah und seiner Arche. Darüber hinaus hat kein anderer Erzählstoff die Menschen in den dreitausend Jahren ihrer Kulturgeschichte, seit biblische Texte aufgezeichnet worden sind, so beschäftigt wie Noahs Flut. Abgesehen von den Theologen, für die das Flutthema zum exegetischen Kanon gehört, haben sich Künstler und Schriftsteller, Antiken- und Mythenforscher, neuerdings auch Psychologen dieses Themas angenommen.

Die Thematisierung in der Malerei kreist seit der Frührenaissance um den Protagonisten und das Schicksal der Menschen während der Flutkatastrophe. Die lange Tradition der visuellen Verewigung des biblischen Mythos beginnt mit dem Gemälde *Noah* von Lorenzo Monaco (auch Piero di Giovanni genannt; ca. 1370–ca. 1425). Bis in die Neuzeit gehört die Sintflut zum Kanon der Kunstgeschichte, mit Meisterwerken wie denen von Philippe-Jacques de Loutherbourg (1740–1812) und Joseph Israel (1824–1911). Keines der Einzelgemälde ist aber von so vielen Betrachtern bewundert worden wie das Flutbildnis (*Il diluvio universale,* s. Abb. 2) von Michelangelo (1475–1564) in dessen Freskenensemble in der Sixtinischen Kapelle in Rom, die der Künstler zwischen 1508 und 1512 ausmalte. In der Visualisierung des biblischen Erzählstoffes stellt die Sintflut lediglich eines von zahlreichen Hauptmotiven dar, an diesem berühmten Ort aber ist diesem Fresko über die Jahrhunderte mehr Aufmerksamkeit gewidmet worden als irgendeinem Hauptwerk der Kunstgeschichte über das gleiche Thema.

Im Zusammenhang mit der Erforschung des Entstehungsprozesses der frühen Zivilisationen in der Alten Welt erlebt das Thema der Flut in der wissenschaftlichen Diskussion vor dem Hintergrund der Entdeckung der Schwarzmeerkatastrophe eine bemerkenswerte Renaissance. Die Große Flut von 6700 v. Chr., die kleine Eiszeit von 6200 v. Chr. und die rapide Erwärmung von

Abb. 2: Das Flutfresko (Il diluvio universale) von Michelangelo in der Sixtinischen Kapelle (Vatikan).

5800 v. Chr. haben die natürliche Umgebung der Menschen massiv verändert. Diese wurden dazu herausgefordert, sich mit den ökologischen Folgen der Naturereignisse auseinanderzusetzen. Wie sollten sie sich auf die sich verändernde Umwelt einstellen? Musste man vertraute Wirtschaftsformen aufgeben, weil das Klima sich verschlechterte? War es nötig, überkommene Gewohnheiten aufzugeben und neue Lebensweisen zu entwickeln? Konnte man in der alten Heimat bleiben, oder musste man abwandern, um in klimatisch günstigeren Gebieten neue Siedlungen zu gründen? Waren die Menschen in der Lage, flexibel auf Veränderungen zu reagieren und Probleme durch verbesserte Technologien zu lösen? Welche Technologien wurden insbesondere entwickelt? Wie hat sich aus dem technologischen Innovationsschub das entwickelt, was man «Zivilisation» nennt?

II
Die Zeitzeugen der Flutkatastrophe und ihre Nachkommen

Das südliche Europa war während der letzten Eiszeit eisfrei. Bevor der Euxinos-See entstand, zog um die riesige Schluchtlandschaft Großwild wie das Mammuth über die weite Tundra, und die Menschen des Jungpaläolithikums, die in Sippen zusammenlebten, jagten diese Tiere in kleinen Gruppen. Als das Eis der Inlandgletscher zu schmelzen begann, die tiefe Senke zum See wurde und sich die Landschaft allmählich bewaldete, kamen immer mehr Jäger von Asien herüber nach Europa, wo sie von der Jagd auf Kleintiere lebten. Denn das Großwild hatte sich nach Sibirien zurückgezogen. Die Sippenverbände der Wildbeuter hatten nun mehr Auswahl an Nahrung. In den Flüssen und im neu entstandenen Euxinos-See gab es Fische, an den Ufern und in den Niederungen nisteten Wasservögel, und der Wald bot vielerlei Fleischnahrung wie Hasen, Rotwild oder Wildschweine.

Zwischen Europa und Asien gab es damals noch die Landbrücke, über die Menschen herüber und hinüber wanderten. Größere Migrationen lassen sich nicht ausmachen, aber es muss doch einen regelmäßigen Austausch an Ideen und Gütern gegeben haben. Denn nicht nur die materielle Hinterlassenschaft, auch die Mythologie und die religiösen Vorstellungen der Menschen beiderseits der alten Landbrücke waren ähnlich. Es sind sehr alte Siedlungsplätze dieser mesolithischen Jäger und Sammler gefunden worden. Ein besonders gut erforschter Platz ist die Franchthi-Höhle im Nordosten der Peloponnesischen Halbinsel, die bereits seit etwa 10 000 v. Chr. bewohnt war (Whittle 1994: 137f.). Am Siedlungsplatz in der Franchthi-Höhle sind unter anderem Werkzeuge aus Obsidian gefunden worden. Der wichtigste Fundplatz dieses schwarzen Steins, dessen behauene Kanten rasiermesserscharf sind, ist die Kykladeninsel Melos. Die Obsidianfunde auf dem Festland könnten also auf frühe Handelsverbindungen über das offene Meer hindeuten.

Frühe Populationen in der Schwarzmeerregion: Der genetische Fingerabdruck und sprachliche Relikte

Wer waren diese mesolithischen Wildbeuter, die in vorsintflutlicher Zeit die Schwarzmeerregion und den ägäischen Inselarchipel bewohnten und die auch schon früh mit Booten küstennahe Gewässer befuhren? Noch vor wenigen Jahren tappten Archäologen und Anthropologen weitgehend im Dunkeln, was die ethnische Identität jener Menschen betrifft. Erst die humangenetische Forschung hat in den 1990er Jahren einen entscheidenden Durchbruch erzielt. Als Teilergebnis des internationalen Human Genome Project, des bislang größten und kostspieligsten Forschungsprojekts der Wissenschaftsgeschichte, sind die genetischen Strukturen der Weltbevölkerung katalogisiert und kartiert worden (Cavalli-Sforza et al. 1994). Die genetischen Informationen sind wie ein Fingerabdruck, der es ermöglicht, die Herkunft und die Konzentration von Genkombinationen (Genomen) Jahrtausende in der Evolutionsgeschichte zurückzuverfolgen.

Die genetischen Strukturen der Populationen in Europa und Westasien zeichnen sich durch fünf Hauptkomponenten aus, die in unterschiedlicher Konzentration in den verschiedenen Regionen vertreten sind. Jede dieser Hauptkomponenten entspricht einer Bündelung von insgesamt 95 Einzelgenen, deren Kombinatorik bestimmte Grundmuster, eben die Hauptkomponenten, zeigt. Die räumliche Konzentration der Hauptkomponenten kann kartographisch illustriert werden. Für unser Thema von besonderem Interesse ist die Karte, die die geographische Verbreitung einer Genkonstellation illustriert, die von den Humangenetikern der «mediterrane Genotyp» genannt wird (Abb. 3).

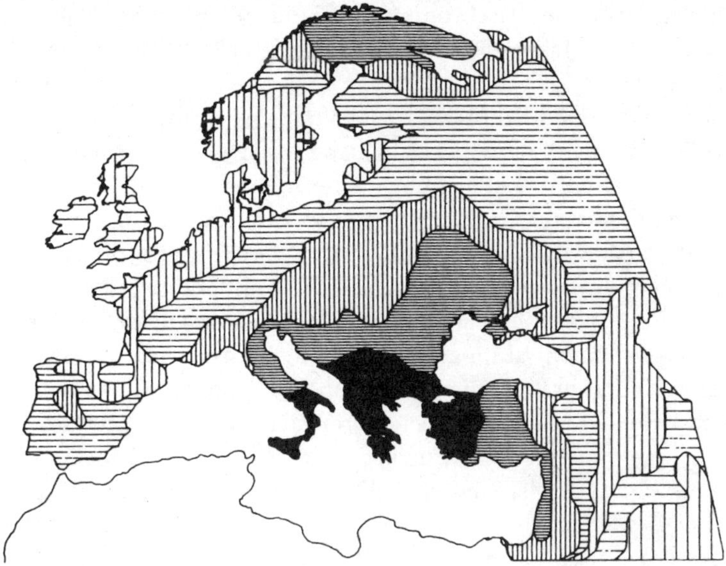

Abb. 3: Der mediterrane Genotyp (nach Cavalli-Sforza 1996: 63). Das dunkle Feld kennzeichnet die höchste Konzentration (Bündelung) genomischer Merkmale.

Auf den ersten Blick fällt auf, dass die Populationen, für die dieser Genotyp charakteristisch ist, rings um das Ägäische Meer und in einem weiten Bogen um das Schwarze Meer herum verbreitet sind. Eine hohe Konzentration für den mediterranen Genotyp ist sowohl für Südosteuropa als auch für das westliche Asien ausgewiesen. Wir haben es hier mit «augenfälligen» Übereinstimmungen zu tun, die nur den einen Schluss zulassen: im Genotyp der Bevölkerung auf beiden Seiten der Ägäis und in der südlichen Schwarzmeerregion finden wir die genetischen Spuren (gleichsam Fragmente eines genetischen Fingerabdrucks) einer alten Population mit gemeinsamen ethnischen Wurzeln.

Darüber, woher diese Menschen kamen, ist schon eifrig spekuliert worden, allerdings sind die Genetiker dabei in einer Sackgasse steckengeblieben. War die Bevölkerung rings um die Ägäis im Altertum genetisch homogen? Und mit welchem Volk der Antike ließe sich dieser Genotyp assoziieren? Die Beantwortung der ersten Frage ist Aufgabe der Genetiker, zur Beantwortung der zweiten sind Kulturwissenschaftler und Anthropologen herausgefordert. Auch Genetiker haben sich um eine Identifizierung des alten Volkes bemüht, aber erfolglos.

Der Genetiker Cavalli-Sforza und sein Team nehmen an, das Volk, das den mediterranen Genotyp vertritt, seien die antiken Griechen gewesen. Die Ausbildung dieses Genotyps stünde demnach in Zusammenhang mit der frühen Geschichte der griechischen Kolonisation an der ionischen Küste (heute westliche Türkei) und in Süditalien. Als zeitlicher Rahmen kämen hierbei die ersten Jahrhunderte des 1. Jahrtausends v. Chr. in Betracht.

Die geographische Ausdehnung der Radianten des mediterranen Genotyps, die eine hohe Konzentration anzeigen, schließt aber Gebiete ein, wo Griechen zu keiner Zeit Kolonien gegründet haben, wo sie nie gesiedelt haben und wo es auch keine griechischen Enklaven gegeben hat. Der mediterrane Genotyp ist schwerpunktmäßig auch in Mittelitalien verbreitet, auch Kroatien, Serbien, Albanien, Bosnien-Herzegowina, Bulgarien, Rumänien in Südosteuropa sowie Moldova und die Ukraine gehören dazu. Auf asiatischer Seite dehnt sich das Kerngebiet des Genotyps bis nach Zentralanatolien hin aus. Griechen haben aber nur den Küstensaum bewohnt, und es gab keine griechischen Städte auf der anatolischen Hochebene. Das was wir auf der Genkarte sehen, ist also nicht der genetische Fingerabdruck der antiken Griechen.

Es ist viel sinnvoller, nach den Spuren der alten Bevölkerung in noch älterer Zeit zu suchen. Nichts spricht dagegen, dass wir auf der Genkarte die Spuren der Populationen sehen, die vor der Flutkatastrophe in der Schwarzmeerregion und rings um die Ägäis siedelten. Der mediterrane Genotyp zeigt uns also die ursprüngliche Verbreitung jener Bevölkerung an, die dort seit dem Ende der Eiszeit vor etwa 13 000 Jahren siedelte, falls nicht schon vor dieser Zeit. Denn eine Siedlungskontinuität vom Mesolithikum bis ins Neolithikum kann an vielen Plätzen archäologisch nachgewiesen werden.

Wenn man nun weiß, dass die vorsintflutliche Bevölkerung der Region genetisch einheitlich war, kann man dann auch irgendetwas über ihre Sprache sagen? Ist nicht alles an Sprachgut durch die Völker, die später in die Schwarzmeerregion kamen – wie Griechen und Thraker, später Slawen und Türken – überlagert oder verschüttet worden? Tatsächlich sind ganz alte sprachliche Spuren erhalten geblieben. Um diese aber sichtbar zu machen, bedarf es einiger Rekonstruktionsarbeit. Die Spurensuche führt uns in die Welt der wichtigsten vorrömischen Kultursprache Europas, des Griechischen.

Die frühesten Hinweise auf die Besiedlung Griechenlands durch die Bevölkerung, die dem Land seinen Namen gab (Hellas), stammen aus der Zeit um 2200 v. Chr. Damals wanderten helladische Stämme nach Griechenland ein. Ihre Sprache gehörte zur indoeuropäischen Sprachfamilie. Als die Griechen in ihre neue Heimat kamen, trafen sie auf eine Bevölkerung, die schon lange vor ihnen dort gewohnt hatte. Die Griechen nannten sie «Pelasger». Auch als sich die Mykener später an der Küste Ioniens niederließen – Milet ist eine mykenische Gründung –, Kreta besetzten und Handelsstützpunkte in Süditalien einrichteten, gab es dort überall eine ältere Bevölkerung. Das vorgriechische Volk auf Kreta hat man nach dem legendären König Minos die Minoer genannt. Wie sie sich selbst nannten, ist nicht bekannt. Auf Sizilien lebten zur Zeit der Ankunft der Griechen die Elymer, die sich spätestens im Verlauf des 5. Jahrhunderts v. Chr. ans Griechentum der Magna Graecia – wie die griechischen Kolonien in Süditalien genannt wurden – assimilierten.

So wie sich die Griechen in ihrer neuen Heimat mit der bodenständigen Bevölkerung vermischten, blieb auch ihre Sprache nicht rein indoeuropäisch. Aus der viel älteren Sprache der vorgriechischen Bevölkerung übernahmen die Griechen viele alte Namen von Siedlungen, Gewässern und Landschaftsformen. In der Inselwelt der Ägäis, im Küstengebiet des griechischen Festlands und im westlichen Asien ist bis in die griechische Antike reichhaltiges Namenmaterial erhalten geblieben, das auf die vorgriechische Bevölkerung und in groben Umrissen auf die Ausdehnung des alten Siedlungsgebiets schließen lässt.

Die Orts- und Gewässernamen sowie die Benennungen bestimmter Landschaftsformen, die mit den formativen Elementen *-ss-*, *-nd-* und *-nth-* gebildet sind, gehören zur ältesten Namenschicht in dieser Region (Haarmann 1995: 46f.). Diese Formantien sind nicht indoeuropäisch, gehören also zur Wortbildung der untergegangenen Sprache der Urbevölkerung. Das Element *-ss-* kommt besonders häufig vor: beispielsweise Assa (Makedonien), Bybassos (Karien, im Südwesten der Türkei), Passa (Thrakien), Sardessos (Region um Troja), Termessos (Pisidien, Taurusgebirge in der südlichen Türkei), Kabassos (Lykien, südlich der Landschaft Karien), Larissa (Thessalien, griechisches Festland) u.a.

Bestimmte Namenformen treten in Varianten auf beiden Seiten der Ägäis auf, vgl:

Europäische Seite	**Asiatische Seite**
Alos (Thessalien)	Alinda (Karien)
Bargos (Illyrien)	Bargasa (Karien)
Kyrba (Kreta)	Kyrbasa (Karien)
Leba (Makedonien)	Lebintos (Karien)
Oinoe (Attika)	Oinoanda (Lykien)
Passa (Thrakien)	Passanda (Karien)
Prinos (Argolis)	Prinassos (Karien)
Sardos (Illyrien)	Sardessos (Region um Troja)
Sindos (Makedonien)	Sinda (Pisidien)
Tegea (Arkadien)	Tegessos (Zypern)

Die geographische Verteilung der antiken Ortsnamen vorgriechischer Herkunft ist ziemlich gleichmäßig. Im ägäischen Inselarchipel und in der Balkanregion sind insgesamt 181 Namen dokumentiert, und auf der asiatischen Seite sind es 175 (Otkupščikov 1973). Die höchste Konzentration vorgriechischer Namen ist in folgenden antiken Kulturlandschaften festzustellen: Karien, Region um Troja, Kreta, Thessalien, Thrakien und Makedonien. Im ägäischen Raum ist das Namenmaterial besonders vielfältig. Hier findet man antike Namen für Ortschaften (z.B. Tiryns/Genitiv Tirynthos, Argolis; Kameiros auf Rhodos), Berge (z.B. Arakynthos in Attika; Ordymnos auf Lesbos), Flüsse (z.B. Titaresios in Thessalien) und Inseln (z.B. die Kykladeninseln Mykonos und Skiathos).

Die einheimische Bevölkerung der südlichen Schwarzmeerregion hat aber auch deutliche Spuren im griechischen Wortschatz hinterlassen, was auf intensive Kontakte mit den eingewanderten griechischen Stämmen deutet. Die Lehnwörter betreffen die verschiedensten Bezeichnungsbereiche: die natürliche Umgebung (z.B. Benennungen von Pflanzen und Tieren) ebenso wie die materielle Kultur (z.B. Benennungen von Werkzeugen und Bauteilen, von Speisen und Getränken), das Alltagsleben ebenso wie die religiösen Kulte, soziale Beziehungen ebenso wie Rangstellungen in der Gesellschaft.

Die griechische Sprache saugte sich voll wie ein Schwamm mit diesen zunächst fremden Elementen. Mehrere hundert solcher vorgriechischer Wörter – nach Ansicht einiger Forscher sogar Tausende – wurden in die lexikalischen Strukturen des Altgriechischen integriert (Hofmann 1966, Frisk 1970). Bald schon wurden die ursprünglichen Fremdelemente nicht mehr als fremd empfunden und sie gingen eine Art Symbiose mit den einheimischen Bezeichnungsstrukturen ein.

Die vorgriechischen Elemente im griechischen Wortschatz lassen sich folgenden Sachgruppen zuordnen:

– Benennungen von einheimischen Pflanzen: *ampelos* ‹Weinrebe›, *aroma* ‹aromatische Pflanze›, *daphne* ‹Lorbeer›, *elaia* ‹Olive(nbaum)›, *ion* ‹Veilchen›, *kaktos* ‹Kaktus›, *minthe/minthos* ‹Minze›, *narkissos* ‹Narzisse› u. a. – Die Griechen lernten die Vegetation in ihrer neuen Heimat als die Umwelt kennen, in der die Urbevölkerung lebte. Über deren Sprache identifizierten sie Wildpflanzen und solche, die von der vorgriechischen Bevölkerung bereits kultiviert wurden. Der Weinanbau und die Olivenwirtschaft gehen auf vorgriechische Zeit zurück.

– Benennungen von einheimischen Tieren: *aigithallos* ‹Meise›, *thunnos* ‹Thunfisch›, *kalandros* ‹Lerche›, *sminthos* ‹Maus› u. a. – Auch in diesem Bereich machten sich die Griechen sowohl mit der Fauna der natürlichen Umgebung als auch mit solchen Tierarten vertraut, die bereits der Urbevölkerung als Nahrungsquelle gedient hatten, wie der Thunfisch.

– Benennungen von Naturphänomenen und Landschaftsformen: *aphysgetos* ‹Schlamm›, *thalassa* ‹Meer›, *lithos* ‹Stein› u. a. – Die landnehmenden helladischen Stämme, die gegen Ende des 3. Jahrtausends v. Chr. in Griechenland einwanderten, kamen mit Sicherheit nicht mit Schiffen über das ägäische Meer. Sie waren keine Seefahrer, sie hatten nicht einmal einen Namen für das Meer. Den übernahmen sie von den vorgriechischen Küstenbewohnern, die mit dem Meer vertraut waren: *thalassa*.

– Bezeichnungen für Gerätschaften, Werkzeuge und Materialien: *depas* ‹Trinkschale›, *diktyon* ‹Netz (für den Fischfang)›, *phiale* ‹Gefäß›, *doidyx* ‹Keule›, *diphthera* ‹behandelte Tierhaut, Leder› u. a. – Bei den mit entlehnten Ausdrücken bezeichneten Gegenständen handelt es sich sowohl um Hausgeräte als auch um Utensilien spezieller Tätigkeiten; auch die Waffentechnik ist vertreten. Von den Einheimischen lernten die Griechen, wie man Tierfelle gerbt, und sie übernahmen auch den Ausdruck *diphthera* ‹gegerbte Tierhaut, Leder›. Leder sollte im antiken Griechenland zum wichtigsten Beschreibstoff neben Stein werden.

– Bezeichnungen für Textilien und Kleidung: *heudos* ‹wertvolles Frauengewand›, *eanos* ‹langes Frauengewand›, *tebenna* ‹kleidartiges Gewand der Aristokraten› u. a. – Bemerkenswert ist die Entlehnung von speziellen Termini für Kleidungsstücke der sozialen Elite, obwohl es auch etliche entlehnte Ausdrücke für alltägliche Bekleidung gibt. Deutet dies vielleicht auf soziale Gleichrangigkeit der vorgriechischen mit der griechischen Bevölkerung?

– Bezeichnungen für architektonische Strukturen, Bauteile und Einrichtungen: *gephyra* ‹Brücke›, *ikrion* ‹Brett, Planke›, *thalamos* ‹Zimmer, Gemach›, *plinthos* ursprüngl. ‹Mauer mit einem Sockel aus Naturstein und einem Oberteil aus Flechtwerk, das mit Lehm verschmiert ist›, später ‹Ziegelstein›, *klibanos* ‹Ofen zum Brotbacken›, *asaminthos* ‹Badewanne› u. a. – Die Entlehnungen in diesem Bereich lassen erkennen, dass die Griechen nicht auf eine Urbevölkerung mit einfacher Lebensweise stießen, sondern dass die Einheimischen im Milieu einer agrarischen Gemeinschaft mit bronzezeitlicher Stadtkultur lebten.

– Spezielle Terminologie verschiedener Handwerksbereiche: *keramos* ‹Ton (für die Keramikherstellung)›; Tongefäß›, *skiros* ‹Gips›, *elakate*

‹Spindel (zum Spinnen des Fadens aus der Wolle)› u. a. – Die Fachterminologie einiger Handwerksbereiche ist weit verzweigt und vielschichtig (s. Kap. IV., S. 74 ff.). Dies gilt für die Töpferei, für das Weben und die Textilherstellung sowie für die Metallurgie.
– Bezeichnungen für Speisen und Nahrungsmittel: *garos* ‹Fischsoße›, *eia* ‹Mehl; Klumpen aus Körnern›, *thargelos* ‹Brot, das von den Körnern aus den ersten geernteten Ähren gebacken wird›, *itrion* ‹Brot mit Sesamkörnern› u. a. – Die Konzentration von Lehnwörtern vorgriechischer Herkunft in diesem Bereich zeigt, dass die griechischen Einwanderer sich offensichtlich erst in ihrer neuen Heimat an agrarische Lebensweisen und die entsprechende Auswahl an Speisen gewöhnten.
– Spezialterminologie in den Bereichen der mythologischen Überlieferung und religiöser Kultpraktiken: *bretas* ‹aus Holz geschnitztes Abbild einer Gottheit›, *thiasos* ‹Prozession im Zusammenhang mit einer religiösen Zeremonie›, *thriambos* ‹Ritual, das von Singen und Tanzen begleitet wird›, *megaron* ursprüngl. ‹Opfergrube›, später ‹heiliger Bezirk›, *Skitaloi* ‹Dämonen der Lust› u. a. Offensichtlich haben die griechischen Einwanderer die Traditionen bestimmter Kulte der einheimischen Bevölkerung weitergeführt. Der Ausdruck *megaron* entwickelt sich zu einem Kernelement der religiösen Architektur im klassischen Griechenland.
– Terminologie der Sozialkontakte: *anassa* ‹Herrin (Herrscherin)›, *karbanos* ‹Fremder, Barbar›, *thes* ‹Tagelöhner› u. a. – In diesen Entlehnungen spiegeln sich soziale Gliederungen und Prestigewerte der vorgriechischen Bevölkerung.

Der vorgriechische Lehnwortschatz im Griechischen zeichnet sich durch einige Besonderheiten aus, die auf sehr enge Kontakte über einen längeren Zeitraum schließen lassen. Es wurden nämlich nicht nur Substantive, sondern auch Adjektive (*aselges* ‹drall, üppig›, *aphanros* ‹schwach, gebrechlich›, *katharos* ‹rein›, *chalepos* ‹schwierig›, *kednos* ‹verehrt, gefeiert› u. a.) und Verben (*blepo* ‹schauen, blicken›, *brizo* ‹einschlafen›, *dynamai* ‹mächtig sein, vermögen›, *iapto* ‹werfen, schleudern› u. a.) entlehnt.

Mit der großen Zahl an vorgriechischen Entlehnungen sind auch etliche Elemente der Wortbildung aus der Sprache der Urbevölkerung übernommen worden. Da die meisten Lehnwörter nicht isoliert im Griechischen weiterleben, sondern von diesen auch Ableitungen gebildet worden sind, sind auch vorgriechische Formantien für die Wortbildung produktiv geworden. Im Inventar der griechischen wortbildenden Elemente finden wir daher eine Reihe von Formantien vorgriechischer Herkunft, mit deren Hilfe Ableitungen auch von indoeuropäischen Erbwörtern entstanden sind. Zu diesen wortbildenden Elementen, die in Namen ebenso wie in lexikalischen Ausdrücken auftreten, gehören die folgenden (Katičić 1976: 51 f.): *-nth-*, *-ss-*, *-n-*, *-m-*, *-mn-*, *-l-*, *-r-*.

Da sich die meisten vorgriechischen Ausdrücke auf die antike Lebenswelt beziehen, sind sie auch aus dem Wortschatz des Griechischen allmählich verschwunden, als sich diese Kultursprache während des Mittelalters zum Byzantinisch-Griechischen und später zum Neugriechischen transformierte. Interessanterweise sind aber einige Kernelemente der antiken Kultur wie auch deren Bezeichnungen erhalten geblieben, und diese Ausdrücke sind über das Griechische den modernen Sprachen Europas vermittelt worden. Kaum jemand ist sich bewusst, dass in unserer Sprache uralte Kulturwörter – von Aroma bis Minze, von Keramik bis Literatur – bewahrt sind, die schon die Griechen selbst aus einer älteren Quelle, nämlich aus der Sprache der Urbevölkerung, adaptiert haben.

Die Verankerung des vorgriechischen Lehnwortschatzes im Griechischen erbringt in der Tat den schlüssigen Beweis dafür, dass die Urbevölkerung in der südlichen Schwarzmeerregion nicht-indoeuropäischen Ursprungs war. Die Jäger und Sammler des Mesolithikums nahmen an einigen Orten bereits vor der Großen Flut agrarische Lebensweisen an (s. S. 41 ff.) In der Zeit danach entwickelten die Ackerbauern der südlichen Schwarzmeerregion allmählich verfeinerte Technologien, die sie schließlich auf die Stufe der Zivilisation brachten. Die sprachlichen Spuren dieses Entwicklungsstadiums haben sich im Kulturwortschatz vorgriechischer Herkunft des Griechischen erhalten.

Die Sprachvarianten der Urbevölkerung in der südlichen Schwarzmeerregion haben nicht nur im Griechischen ihre

Spuren hinterlassen. Nach neueren Erkenntnissen der Namenforschung haben sich bestimmte phonetische Residuen der vorgriechischen Substratsprache erhalten, und zwar über die Aussprachegewohnheiten der Einheimischen, die sich später an die indoeuropäischen Sprachen des Balkans assimilierten (Poruciuc 1995: 35 ff.). Solche Spuren lassen sich beispielsweise in Personennamen nachweisen, die in kleinasiatischen Sprachen, im Mykenisch-Griechischen, im Illyrischen, im Thrakischen und in modernen Balkansprachen vorkommen. Hierzu gehören Namen mit den Elementen *An-* (z.B. mykenisch A-ne-a, illyrisch Ana, rumänisch Ana, bulgarisch Anko), *Ok-* (z. B. kleinasiatisch Okka, mykenisch O-ke-te-u, albanisch Okiq, rumänisch Ocut), *On-* (z. B. kleinasiatisch Onialis, griechisch Onasis, illyrisch Onaion, thrakisch Onakarsis, bulgarisch Onkov) und *Obr-/ Opr-* (z. B. kleinasiatisch Obrasis, mykenisch O-pe-ra-no, albanisch Opari, rumänisch Oprescu).

Vorsintflutliche Revolutionen: Der Übergang vom Wildbeutertum zur Nahrungsproduktion

Die südliche Schwarzmeerregion ist eine ganz besondere Kulturlandschaft. Anatolien war eine Zeit lang die Region mit der fortschrittlichsten Entwicklung in der ganzen Welt. In Anatolien liegen die Anfänge des Ackerbaus in der westlichen Welt. Hier fand vor rund 12 000 Jahren die so genannte «neolithische Revolution» statt, der Übergang zu einer sesshaften Lebensweise und einer nahrungsproduzierenden Wirtschaftsform (Harris 1996). Dieser Umbruch fand – unabhängig von der Entwicklung in Anatolien – auch in anderen Teilen der Welt statt, dort aber Tausende von Jahren später. Die Entwicklung und Ausbreitung des Ackerbaus verlief aber keineswegs stetig und nicht in einer gleichförmigen Wellenbewegung, und die ältesten bekannten stadtähnlichen Siedlungen mit agrarischer Bevölkerung wie Jericho im Vorderen Orient oder Çatal Hüyük in Westanatolien

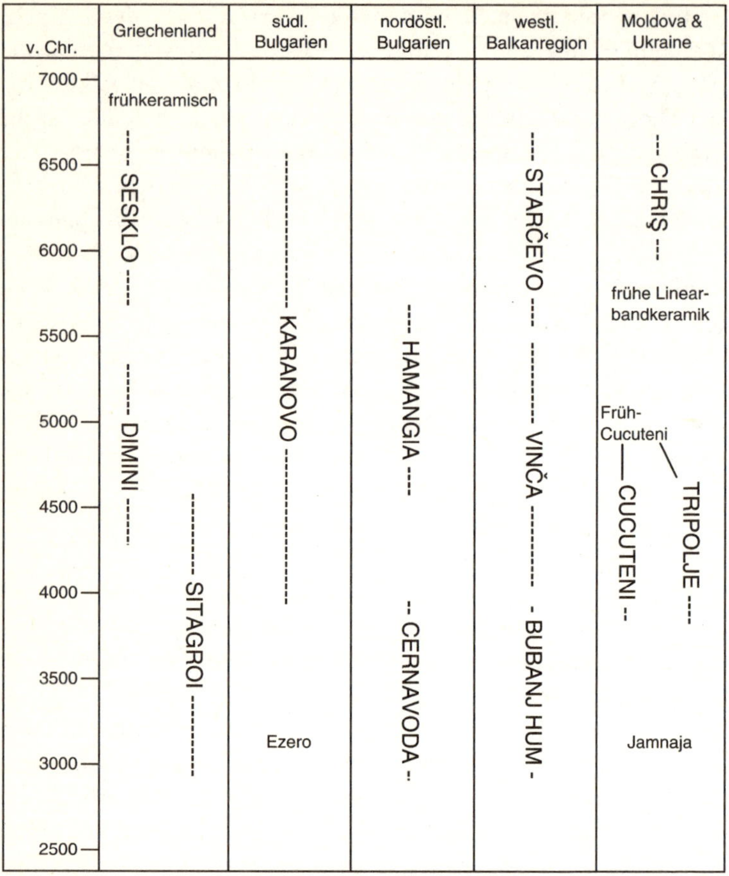

Abb. 4: Die Kulturchronologie der südlichen Schwarzmeerregion.

hatten keinen Bestand. Es dauerte lange, bevor sich der Ackerbau zur dominierenden Wirtschaftsform entwickeln konnte.

In der südlichen Schwarzmeerregion gab es bereits in vorsintflutlicher Zeit Orte mit sesshafter Bevölkerung. In Siedlungen wie Can Hasan oder Suberde lebten Hunderte von Menschen, in Çatal Hüyük sogar einige tausend. Diese bebauten das Ackerland in der näheren Umgebung und betrieben Vorratswirtschaft.

Im westlichen Anatolien gehen die frühen Siedlungen der Agrarbevölkerung auf das 9. und 8. Jahrtausend v. Chr. zurück. Çatal Hüyük war seit ca. 7250 v. Chr. bewohnt. Ackerbau wurde aber auch schon um 7000 v. Chr. in Südosteuropa betrieben. Zu den ältesten Siedlungen von Ackerbauern gehören Knossos auf Kreta, die Franchthi-Höhle im Nordosten der Peloponnes und Argissa in der thessalischen Tiefebene.

Der Ackerbau war also bereits in der Ära vor der Großen Flut an einigen Orten verbreitet, und zwar auf beiden Seiten der Ägäis; überwiegend bestand jedoch in der Schwarzmeerregion weiterhin die traditionale Lebensweise der Wildbeuter. Die Flutkatastrophe hatte zwar direkte Auswirkungen auf die Verteilung von Ackerland – viel Land, das sich zur Bebauung eignete, wurde vor allem im Nordteil des Euxinos-Sees überflutet –, nicht aber auf die Verbreitung des Ackerbaus selbst. Denn die natürliche Entwicklung der Gründung immer neuer Siedlungen mit agrarischer Bevölkerung wurde durch die Flut nicht unterbrochen, sondern setzte sich nach 6700 v. Chr. kontinuierlich fort (Abb. 4).

Wie hat sich aber der Ackerbau in der Schwarzmeerregion verbreitet? Hat es Migrationen größeren Ausmaßes gegeben, die die Bevölkerungszusammensetzung merklich veränderten? Sind die nicht-indoeuropäischen Jäger und Sammler, die die Region ursprünglich bevölkerten, schon früh von einwandernden Indoeuropäern verdrängt worden?

Auf die letzte Frage kann entschieden mit Nein geantwortet werden, denn der vorgriechische (nicht-indoeuropäische) Lehnwortschatz des Griechischen (s. o.) lässt deutlich erkennen, dass die Jäger und Sammler Südosteuropas nicht verdrängt wurden, sondern im Lauf der Zeit agrarische Lebensweisen annahmen. Dies spiegelt sich in ihrer Sprache, deren Wortschatz ein klares Zeugnis von der Sesshaftigkeit und Kulturiertheit ihrer Sprecher ablegt. Jäger und Sammler besitzen keine technischen Fertigkeiten zum Bau von Häusern und für die Inneneinrichtung von Gebäuden; sie verfügen nicht über die Brenntechniken einer verfeinerten Keramikherstellung und sie backen auch kein Brot.

In das Bild sprachlicher Kulturiertheit der alteingesessenen Bevölkerung Südosteuropas passen keine Spekulationen von einer angeblichen Massenmigration von Indoeuropäern aus Kleinasien. Die von Renfrew (1987) vertretene Annahme, es hätten sich damals Tausende von Ackerbauern mit ihrem Hausrat aufgemacht, um für sich eine neue Heimat in Europa zu suchen, ist abwegig. In der Anfangszeit gab es die Landverbindung von Asien nach Europa noch. Aber diese Landbrücke brach schon 6700 v. Chr. als Folge der Großen Flut. Die große Masse der Migranten müsste danach mit Booten über die Ägäis gefahren sein. Für eine steinzeitliche Massenmigration auf dem Seeweg gab es aber weder technische noch organisatorische Voraussetzungen.

Zudem grenzen diejenigen Forscher, die die Urheimat der Indoeuropäer in Asien suchen, dieses Gebiet ein auf «das östliche Anatolien, den südlichen Kaukasus und das nördliche Mesopotamien» (Gamkrelidze/Ivanov 1995: 791). Wenn die Indoeuropäer in Massen von dort aus abgewandert wären, hätten sie erst den größten Teil Anatoliens durchqueren müssen, dann hätten sie an der Ostküste der Ägäis Boote gebaut und erst dann die Reise nach Europa angetreten. Wenn Menschen aber aus einer Gegend stammten, in der man keine Boote benutzt, wie, wann und von wem hätten sie das handwerkliche Geschick oder die Erfahrung erworben, sie zu bauen? Auch die Begründer der Stadtkultur von Çatal Hüyük in Zentralanatolien, deren Anfänge um 7250 v. Chr. anzusetzen sind, waren keine Indoeuropäer. Çatal Hüyük «war Teil einer ganz anderen, nicht indoeuropäischen Kultur» (Duhoux 1998: 31).

Aber selbst die Annahme, wonach die Indoeuropäer ursprünglich in Asien beheimatet gewesen wären, wird hinfällig, wenn man sich daran macht, alte sprachliche Relikte ihrer Anwesenheit aufzuspüren. Es gibt nämlich keine sprachlichen Zeugnisse aus der Frühzeit, und auch sprachhistorisch lässt sich keine Stufe rekonstruieren, die ausschließlich im asiatischen Kulturmilieu anzusiedeln wäre. Im Gegenteil, die ältesten Hinweise auf eine höhere Kulturstufe weisen auf eine nicht-indoeuropäische Bevölkerung hin. Dies gilt für die Hatti, ein vor-indoeuropäisches Volk, dessen Kultur zwischen 2500 und 2000 v. Chr. ihre Blütezeit erlebt (Haarmann 2002a: 84ff.). Die Hatti hatten ein Königreich gegründet, dessen Hauptstadt Hattusa war. Diese Stadt ist aber erst durch das indoeuropäische Volk bekannt geworden, das später in die Region einwanderte, die Hethiter. Um 2000 v. Chr. lösten die Hethiter die Hatti als Herrscher in Hattusa ab.

Das vor-indoeuropäische Kulturerbe der Hatti ist aber nicht sang- und klanglos verschwunden. Es gibt etliche Lehnwörter hattischen Ursprungs im Hethitischen, und das Hattische fungierte im hethitischen Staatskult als Ritualsprache. Die Kulturkontakte in Zentralanatolien weisen eindeutig auf eine Schichtung mit einem vor-indoeuropäischem Element als älterer Stufe und einem indoeuropäischen Element als jüngerer Stufe. Da das Hethitische die älteste in Kleinasien bezeugte indoeuropäische Sprache ist, ist die Geschichte der Indoeuropäer dort also ab etwa 2000 v. Chr. bezeugt. Frühere Spuren gibt es nicht. Zu den Sprachen, die im 2. Jahrtausend v. Chr. namentlich bekannt sind, gehören außer dem Hethitischen das Luwische und Palaische.

Die alten indoeuropäischen Sprachen Kleinasiens bilden die Gruppe der anatolischen Sprachen, die sich wiederum in zwei Untergruppen gliedert: Hethitisch-Palaisch und Südwest-Anatolisch (das ältere Luwisch und die jüngeren Sprachen Lykisch, Lydisch, Sidetisch, Pisidisch, Karisch); (Mallory/Adams 1997: 12ff.). Falls nun die Sprachen der anatolischen Gruppe die Reste viel älterer indoeuropäischer Sprachen in derselben Region wären, würde man erwarten, in ihren Strukturen die ältesten Elemente vorzufinden, die sich für Frühstadien des Indoeuropäischen rekonstruieren lassen. Zwar gibt es einige altertümliche Komponenten in den anatolischen Sprachen, diese bilden aber kein archaisches Gesamtsystem, und außerdem beinhaltet der Sprachbau auch jüngere Elemente, die auf Parallelen in anderen indoeuropäischen Sprachen weisen.

Im Wortschatz der anatolischen Sprachen findet man nicht nur Elemente der ältesten lexikalischen Schicht, sondern ebenfalls Ausdrücke aus späterer Zeit. Das heißt, die anatolischen Sprachen weisen Innovationen auf, die es gar nicht geben dürfte, wenn Anatolien die indoeuropäische Urheimat wäre. Zu den lexikalischen Neuerungen gehören beispielsweise solche Ausdrücke, die sich noch in fast allen indoeuropäischen Sprachen verbreitet haben, aber erst im 5. oder 4. Jahrtausend v. Chr. entstanden sind, zu einer Zeit also, als nach Renfrews Hypothese die übrigen Indoeuropäer schon längst – getrennt von den Anatoliern – in Europa lebten. In diesem Zusammenhang sind folgende Ausdrücke für ‹Joch›, ‹Rad› und ‹Wolle› hervorzuheben (Mallory/Adams 1997: 640):

Proto-Indoeuropäische Wortform	**Hethitisches Äquivalent**	**Äquivalent in anderen Sprachen**
**iugóm*	*yukan*	griech. *zygon*, lat. *iugum*, litauisch *jùngas* u. a.
**Hwerg^{h}-*	*hurki-*	tocharisch A *wärkänt* (übrige Sprachen mit anderer Wurzel)
**ul-na*	*hulana*	altind. *urna-*, lat. *lana*, got. *wulla* u. a.

Die endgültige Trennung des anatolischen Sprachzweigs von den übrigen indoeuropäischen Sprachen ist nach Aussage der Parallelismen im grammatischen Bau sowie im Wortschatz später als 3500 v. Chr. erfolgt. Lange Zeit war die Ausgliederung der anatolischen Sprachen ein Streitfall. Erst kürzlich ist eine schlüssige Erklärung für die Entstehung des anatolischen Sprachzweigs und für die Ausprägung der vielschichtigen Strukturen seiner Einzelsprachen gefunden worden. Einen Durchbruch in dieser Frage kann man nur unter der Voraussetzung erwarten, dass man sich von der Vorstellung löst, die Urheimat der Indoeuropäer sei Anatolien gewesen. Erst wenn die Aufmerksamkeit auf die Wolgaregion als Ursprungsgebiet gelenkt wird, können auch die Steine Anatoliens in das große indoeuropäische Puzzle eingepasst werden.

Wir gehen also davon aus, dass die Urheimat der Indoeuropäer wohl im äußersten Winkel Osteuropas lag, in einer Region, deren westliche Begrenzung das Flusstal des Don war, und die sich östlich davon im großen Tieflandbecken der Wolga ausdehnte (s. Kap. III, S. 61 ff.). Von dort sind Indoeuropäer nach Westen abgewandert. Um die Mitte des 5. Jahrtausends v. Chr. bildete sich in der westlichen Schwarzmeerregion, und zwar im Küstengebiet des heutigen Moldawien (Moldova) und Bulgarien, eine Regionalkultur aus, die Suvorovo-Kultur (benannt nach einer Kurgan-Grabstätte in Moldova). Die Blütezeit dieser Kultur ist die Periode zwischen 4500 und 4100 v. Chr. Der hohe Entwicklungsstand zeigt sich unter anderem daran, dass Träger der Suvorovo-Kultur Metall verarbeiteten (s. Kap. IV, S. 79). In einem Gräberfeld bei Varna an der bulgarischen Schwarzmeerküste ist der älteste Goldschatz der Welt gefunden worden (Biegel 1986).

Die Sprache der Indoeuropäer, die die Suvorovo-Kultur gründeten, war schon verschieden von der, die ihre Vorfahren tausend Jahre zuvor in der Wolgaregion gesprochen hatten. Neue kulturelle und sprachliche Impulse erreichten die Schwarzmeerküste um die Mitte des 4. Jahrtausends v. Chr., und zwar mit der zweiten Welle von indoeuropäischen Migranten, die aus der pontischen Steppe nach Westen abwanderten. Deren Technologie war bereits so weit fortgeschritten, dass sie mit Wagen kamen (also mit praktischer Verwendung des Rades). Diese neuen Zuwanderer vermischten sich mit den bereits seit Generationen dort ansässigen Suvorovo-Leuten. In ihrer Sprache vermischten sich ebenfalls ältere und jüngere Elemente. Die Neuzuwanderer gründeten die Ezero-Kultur (von bulg. ‹See›, benannt nach der prähistorischen Siedlungsstätte von Ezero nahe Nova Zagora) in Bulgarien, die zwischen 3300 und 2700 v. Chr. bestand. Von der Region, in der die Ezero-Kultur verbreitet war, drangen Migranten bis nach Anatolien vor, wohin sie auch ihre heimatliche Sprache mitbrachten, eben die Sprachform, in der sowohl ältere als auch neuere Strukturelemente miteinander verflochten sind. Genau dieses Entwicklungsstadium des ausgehenden 4. Jahrtausends v. Chr. kennzeichnet den anatolischen Sprachzweig (Carpelan/Parpola 2001: 64).

Angesichts dieser Neuerkenntnisse erscheint es überflüssig, nach Spuren der indoeuropäischen Bevölkerung Anatoliens aus früherer Zeit zu suchen. Die Indoeuropäer wussten von der Großen Flut und den Klimaveränderungen in der südlichen Schwarzmeerregion nichts, denn sie kamen erst Jahrtausende später als Fremde dorthin. Diejenigen, die die Flutkatastrophe als Zeitzeugen miterlebten, darunter auch die Bewohner von Çatal Hüyük, waren mit den Indoeuropäern im Norden des Schwarzen Meeres nicht verwandt. Und dies gilt auch für die Nachkommen der Urbevölkerung, die Hatti, deren Sprache und Kultur von der der einwandernden Hethiter deutlich verschieden war.

Eine Behauptung, die von Theoretikern immer wieder bemüht wird, um die Ausbreitung des Ackerbaus in der Schwarzmeerregion zu erklären, ist die angebliche Überbevölkerung von Siedlungen, so dass ständig bestimmte Gruppen von Einwohnern gezwungen waren, abzuwandern und anderswo neue Siedlungen zu gründen. Es ist sicher zutreffend, dass eine sesshafte, Ackerbau betreibende Bevölkerung Nahrungsüberschuss produziert, so dass immer mehr Menschen ernährt werden können. In der Realität, soweit sie durch archäologische Grabungen erschlossen werden kann, haben sich die meisten Siedlungen kontinuierlich erweitert. Eine Abwanderung war also wohl in der Regel nicht erforderlich, weil immer neue Häuser gebaut und Äcker im weiteren Umkreis bearbeitet wurden. Die Siedlungsschichten der Franchthi-Höhle (nordöstliche Peloponnes) weisen auf eine solche Erweiterung. Die mesolithische Besiedlung beschränkte sich auf die Höhle selbst, während die anwachsende agrarische Bevölkerung ihre Wohnplätze auf dem Gelände vor der Höhle anlegte (Whittle 1994: 138).

Trotzdem gibt es Hinweise auf kleinere Wanderungen mit lokal begrenztem Radius. So ist anzunehmen, dass der Aufschwung, den der Ackerbau in der Ebene von Thessalien erlebt, teilweise auf den Einfluss von Zuwanderern aus Westasien deutet. Außerhalb Thessaliens sind solche Einflüsse aber für das 7. und 6. Jahrtausend v. Chr. nicht nachzuweisen. «Der Austausch von Gütern, bestimmter Tierarten der Viehhaltung und von Technologien mag die neolithische Umwälzung in einigen ökologischen Nischen beschleunigt haben, aber es gibt keine archäologischen Beweise für umfassende Bewegungen von Ackerbauern, entsprechend auch nicht dafür, dass diese eine sesshafte sozioökonomische Lebensweise eingeführt hätten. Solche Beweise fehlen in der materiellen Hinterlassenschaft Südosteuropas.» (Yakar 1997: 66f.).

Die Verbreitung des Ackerbaus nach Europa in der Zeit zwischen 7000 und 6500 v. Chr. beruht im Wesentlichen auf der Annahme einer nahrungsproduzierenden Wirtschaftsform durch die einheimischen Jäger und Sammler, die sich an eine sesshafte Lebensweise gewöhnten und anfingen, selbst Ackerbau zu betreiben (Halstead 1996). Über den Warenaustausch in den Handelsbeziehungen zwischen den Sesshaften und den Jägern, die in der näheren Umgebung der Siedlungen von Ackerbauern lebten, wurden die Jäger mit der Grundidee der Bodenbebauung bekannt gemacht, sie lernten die Waren der Ackerbauern schätzen (Körnerfrüchte, Keramik, Fleisch aus der Viehhaltung) und gingen soziale Bindungen ein.

Dafür dass die Beziehungen zwischen Jägern und Ackerbauern im Wesentlichen friedlich verliefen, gibt es gleichsam eine Art Negativbeweis. Es fehlen für die Periode des 7. und 6. Jahrtausends v. Chr. archäologische Beweise für kriegerische Auseinandersetzungen. Man findet also keine Brandspuren in den betreffenden Siedlungsschichten, die auf Zerstörung hindeuten würden. Es gibt aus Südosteuropa allerdings wenig konkrete Beweise für die frühen Kontakte zwischen den Bevölkerungsgruppen mit unterschiedlicher Wirtschaftsform. Sie lassen sich nur aus den Ergebnissen der archäologischen und ethnologischen Forschung aus anderen Regionen vergleichend rekonstruieren. Als wichtigste Grunderkenntnis stellt sich heraus, dass die Beziehungen zwischen Jägern und Ackerbauern überall friedlich sind, unabhängig davon, ob wir es mit prähistorischen Verhältnissen oder Kontakten in der Neuzeit zu tun haben. Vergleichsstudien gibt es sowohl für Europa, Afrika und Asien (Haarmann 2003b).

Höchst aufschlussreich für den Vergleich mit den Verhältnissen in der Schwarzmeerregion sind neue Erkenntnisse über die – allerdings sehr viel spätere – Ausbreitung des Ackerbaus in der südlichen Küstenregion der Ostsee und insbesondere im Baltikum, wo indoeuropäische Ackerbauern (vor allem baltische Stämme) in regem Kontakt mit finnisch-ugrischen Wildbeutern (vor allem ostseefinnischen Stämmen) standen. Seit etwa 1800 v. Chr. wurde Ackerbau im südlichen Baltikum praktiziert, und zwar im Gebiet der späteren Kulturlandschaft Ostpreußen. Bis ca. 1000 v. Chr. verbreiteten sich agrarische Lebensweisen bis ins nördliche Baltikum, wo die Esten und Ingrier bis heute als Nachkommen der prähistorischen ostseefinnischen Stämme leben. Das Vordringen des Ackerbaus nach Norden dauerte also rund 750 Jahre.

Zwischen den Bevölkerungsgruppen mit ihren unterschiedlichen Wirtschaftsformen und Kulturtraditionen herrschten rege Tauschhandelsbeziehungen (v. a. Korn, Brot, Milch, Käse, Fleisch gegen Felle, Wildbret, Robbenfett, Beeren, Honig, Kräuter). Bernstein wurde in einer Übergangszone gewonnen und war als Handelsware sowohl im Süden als auch im Norden begehrt. Die Waren, die die Ackerbauern anzubieten hatten, besaßen mehr Prestige als die der Wildbeuter. Dieses Prestigegefälle im Warenaustausch darf als Universalie betrachtet werden, denn es wird in allen Untersuchungen über Handelskontakte zwischen Gruppen mit unterschiedlichen Wirtschaftsformen bestätigt. Dieses Prestigegefälle könnte auch die Beliebtheit einer anderen «Handelsware» erklären: Frauen aus dem Norden im Tausch gegen Waren aus dem Süden (Zvelebil 1996). Brautkauf wurde so zum geläufigsten Weg, auf dem Wildbeuter in die

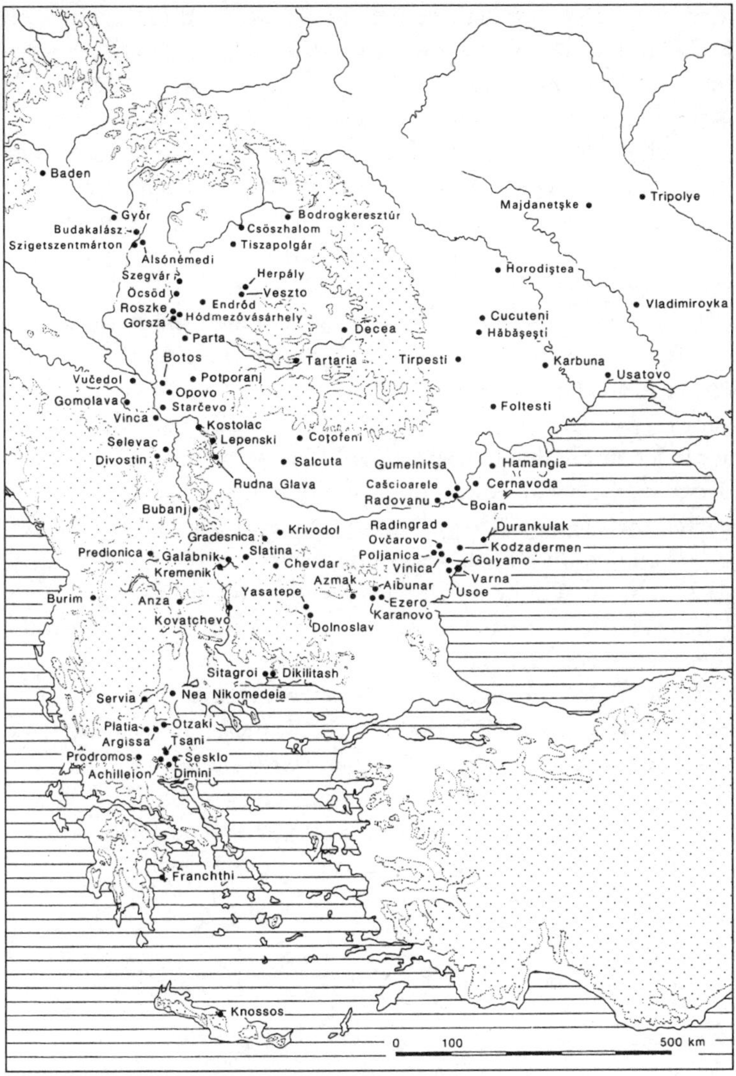

Abb. 5: Siedlungen der Agrarbevölkerung in der westlichen Schwarzmeerregion im 7. und 6. Jahrtausend v. Chr. (nach Whittle 1996: 41).

agrarische Gemeinschaft aufgenommen wurden und sich rasch assimilierten. Die Nachkommen aus solchen ethnisch-gemischten Familien waren in der Regel zweisprachig und lebten als Ackerbauern wie der Vater und dessen Sippe.

Auch die Sprache der Ackerbauern besaß offensichtlich mehr Prestige als die der Wildbeuter. Dies kann noch nach Jahrtausenden anhand der dominanten Entlehnungsrichtung dokumentiert werden, nämlich anhand der zahlreichen Lehnwörter baltischer Herkunft in den ostseefinnischen Sprachen.

Ganz ähnlich wie im Ostseeraum lässt sich die Ausbreitung des Ackerbaus in Südosteuropa verstehen – nicht als «Import» durch Einwanderer, sondern als langwieriger Prozess des Übergangs zu einer neuen Wirtschaftsform. Außerhalb der frühen agrarischen Siedlungen lebten Wildbeuter noch viele Jahrhunderte, nachdem in bestimmten ökologischen Nischen mit dem Ackerbau begonnen worden war. Über Handelsbeziehungen und Familienbildungen verzahnten sich die Interessen derart, dass sich die Wildbeuter immer mehr an die attraktivere agrarische Lebensweise assimilierten. Dieser Wandel zog sich während des gesamten 7. Jahrtausends v. Chr. und noch bis um 5500 v. Chr. hin. Erst um jene Zeit hatte sich der Ackerbau allgemein in Südosteuropa durchgesetzt (Abb. 5). Die meisten Neusiedlungen von Ackerbauern entstanden in der Zeit nach der Großen Flut. Der Entwicklungsschub in Richtung einer sesshaften, agrarischen Lebensweise ist eine anthropologische Konstante, er wurde nicht von der Umweltkatastrophe unterbrochen, sondern setzte sich kontinuierlich fort.

III
Ökologische Umwälzungen in der Schwarzmeerregion

Das ökologische Gleichgewicht in der Schwarzmeerregion verändert sich im 7. und 6. Jahrtausend v. Chr. mehrfach, teilweise drastisch als Folge der Großen Flut, teilweise in Intervallen aufgrund späterer Klimaschwankungen. Die Auswirkungen dieser Naturereignisse schlagen sich im Landschaftsbild, im Gepräge der von Menschen angelegten Siedlungen und in den lokalen Wirtschaftsformen nieder, in weitreichenden Veränderungen des Kulturmilieus.

Die infolge der Flut extrem vergrößerte Wasserfläche des neu entstandenen Meeres steigert die Verdunstung und hat Einfluss auf die Regenmengen: Als Langzeitfolge stellt sich eine Klimaschwankung ein, und zwar eine drastische Abkühlung, die einige Jahrhunderte später (ca. 5800 v. Chr.) in ihr Gegenteil, eine Wärmeperiode umschlägt. Dieses Umschlagen eines klimatischen Stadiums mit extremen Bedingungen in sein Gegenteil kommt in der globalen Klimageschichte häufig vor.

Veränderungen in der Umweltökologie

Die unmittelbare und drastische Veränderung, die in der natürlichen Umgebung eintritt, ist die permanente Unterbrechung der Landbrücke, die vor 6700 v. Chr. Europa und Asien miteinander verbunden hat. Von nun an ist die Verbindung zwischen den Kontinenten nur auf dem Seeweg möglich, und zwar zwischen dem Schwarzen Meer und der Ägäis über das Marmara-Meer. Vor der Flutkatastrophe lag die frühere Küstenlinie des Euxinos-

Sees zwischen 100 und 120 m unter dem Niveau des heutigen Schwarzen Meeres.

Auf einer modernen Seekarte der Schwarzmeerregion kann der Küstensaum des alten Sees leicht identifiziert werden. Der Euxinos-See war eine riesige, mit Süßwasser gefüllte Grube, mit einer Tiefe von mehr als 2000 m und mit steilen Unterwasserabhängen. Diese zentrale Senke ist heute umgeben von dem Flachwasser, dessen Ausdehnung vom Zufluss des einströmenden Meerwassers aus Südwesten bestimmt wurde. Der Gürtel des Flachwassers, der sich um das gesamte Becken des Schwarzen Meeres zieht, ist im Süden und Osten wesentlich schmaler als im Norden. Südlich von Suhumi verbreitert sich die Fläche des flachen Wassers bis hinunter nach Batumi an der Küste Georgiens. Die Küstenregion öffnet sich hier in eine fruchtbare Ebene, die in der griechischen Antike unter dem Namen Kolchis bekannt war. Dieser alte Name ist bis heute erhalten geblieben (georg. Kolhida).

Im Mosaik des Gesamtbildes der Naturkatastrophe fehlen bislang die Steine, die die vorsintflutlichen Siedlungsplätze rings um den Euxinos-See anzeigen würden. Die Annahme kann als gesichert gelten, dass sich irgendwo in der Zone des alten Küstenstreifens Siedlungsreste befinden, die es zu entdecken gilt. Der Ackerbau war so weit bekannt, dass durchaus mit einer Besiedlung des Gürtels an fruchtbarem Ackerland zu rechnen ist. Wie dicht oder spärlich das Netz der Siedlungen war, darüber kann nur spekuliert werden.

Entscheidende Erkenntnisse über unterseeische Siedlungsplätze können allein von der Unterwasserarchäologie erwartet werden, und deren Aktivitäten sind erst vor kurzem richtig angelaufen. Die archäologische Spurensuche, die der Titanic-Entdecker Robert D. Ballard mit seinem Unterwasserspezialfahrzeug im Sommer 2000 unternahm, brachte immerhin den sensationellen Fund einer vor der türkischen Küste im Meer versunkenen Siedlung. Die zweite Unterwasserexpedition im Sommer 2001 vor der Küste Bulgariens war aber leider nicht von

Erfolg gekrönt. Die Kartierung der versunkenen vorsintflutlichen Siedlungszone hängt allein von den Fortschritten ab, die die zukünftige Forschung macht.

Die Aufeinanderfolge der dramatischen Naturereignisse, der Großen Flut (um 6700 v. Chr.) sowie der beiden extremen Klimaschwankungen im ausgehenden 7. und beginnenden 6. Jahrtausend v. Chr., hat durchgreifende Auswirkungen auf die Ökologie der gesamten Schwarzmeerregion. Ältere Siedlungen, die noch in vorsintflutlicher Zeit an den Küsten des Euxinos-Sees angelegt wurden, werden überflutet und gehen für alle Zeiten verloren. An anderen Orten, die nicht unmittelbar von der Flut, wohl aber von den Klimaschwankungen beeinträchtigt werden, finden teilweise drastische Veränderungen statt.

Çatal Hüyük wird nach fast tausend Jahren Siedlungsgeschichte um 6150 v. Chr. verlassen. Die Aufgabe der Stadt steht sicher im Zusammenhang mit dem Einbruch der Kälteperiode. Um 5500 v. Chr. wird die andere alte Stadt Westanatoliens, Hacilar, aufgegeben. Auch dies ist kein Zufall. Um diese Zeit machen sich die Auswirkungen der radikalen Erwärmung geltend, die um 5800 v. Chr. einsetzt. Die einst gemäßigt warme Umgebung wird zu einer ausgedörrten Landschaft, wo Ackerbau immer schwieriger wird.

Die Erwärmung hat in Europa durchaus positive Folgen. Das Klima wird milder; die Fläche des für die Feldbebauung günstigen Bodens vergrößert sich; zahlreiche neue Siedlungen entstehen. In jene Periode des Aufschwungs um die Mitte des 6. Jahrtausends v. Chr. fällt die Gründung von Vinča, das sich zum wichtigsten Kulturzentrum der Donauzivilisation entfalten sollte.

Veränderungen in den Wirtschaftsformen

Die beiden hauptsächlichen Wirtschaftsformen, die in der Zeit vor der Flutkatastrophe verbreitet waren, das ältere Wildbeutertum und Frühformen des Feldbaus, passen sich den veränderten lokalen ökologischen Verhältnissen an. Der Ackerbau ist in der Ära nach der Flut in der südlichen Schwarzmeerregion am erfolgreichsten, zu einer Zeit, als bei den Völkern im Norden das Jagen und Sammeln weiterhin dominiert. In einigen Regionen fördern die klimatischen Bedingungen schon früh die Entstehung einer neuartigen Wirtschaftsform, des Hirtennomadentums.

Die Umweltveränderungen im Norden Europas führen im Verlauf des 7. Jahrtausends v. Chr. zur Ausbildung zweier Zonen mit unterschiedlichen Wirtschaftsformen: Wildbeutertum und Fischerei bei den Uraliern im Fluss- und Seengebiet zwischen Wyatka und Kama, und Hirtennomadentum bei den Proto-Indoeuropäern in der Wolgaregion. Die Kenntnis des Ackerbaus gelangt dorthin viel später, und zwar erst um 5500 v. Chr. Das Hirtennomadentum konnte sich so früh entfalten, weil die klimatischen Voraussetzungen für diese Wirtschaftsform bereits mit der fortschreitenden Trockenheit seit Mitte des 10. Jahrtausends v. Chr. geschaffen wurden: die zunehmende Versteppung des südlichen Russland.

Die regionalen Unterschiede zwischen der Wirtschaftsform der Uralier im Norden und dem Nomadentum der Indoeuropäer weiter im Süden werden kontrastreicher, als die indoeuropäischen Viehnomaden anfangen, in bescheidenem Umfang auch Ackerbau zu betreiben. Der Ackerbau hatte sich über die Ukraine nach Südrussland ausgebreitet, und zwar während der Periode der klassischen Cucuteni-Kultur. Als schließlich um die Mitte des 5. Jahrtausends v. Chr. die Zeit der indoeuropäischen Wanderungen in Richtung Westen beginnt, geht die Entwicklung bei den Uraliern und Indoeuropäern endgültig getrennte Wege (s. u.).

Veränderungen in der Siedlungsökologie um 5500 v. Chr.

Die Klimaerwärmung, die um 5800 v. Chr. abrupt einsetzt, zeigt nur wenig später ihre Wirkung in der Ökologie der von Menschen geformten Kulturlandschaft. Die Siedlungsgeschichte jener Ära lässt eine große Unrast und Unstetigkeit erkennen. Es kommt zu verschiedenen lokalen Bevölkerungsbewegungen, zu kleinräumigen Migrationen in unterschiedliche Richtungen. Die Unruhe jener Zeit ist an den Schicksalen der Siedlungen in Europa und Asien abzulesen.

Es gibt Siedlungen, die Jahrhunderte lang blühten und sich vergrößerten, die dann aber aufgegeben werden, wie das erwähnte Hacilar in Westanatolien. An anderen Orten ist zu beobachten, dass die kulturelle Entwicklung in eine Phase der Stagnation einmündet. Sesklo in Thessalien ist ein Beispiel hierfür. Seit etwa 6500 v. Chr. hatten sich dort die Architektur, die Keramikherstellung und der ornamentale Dekor dynamisch entfaltet. Um 5700 v. Chr. erlahmt diese Dynamik, Sesklo ist nicht mehr richtungweisend mit seiner Entwicklung, und keine hundert Jahre später verflacht auch das technische Können im Vergleich zu früheren Perioden (Gimbutas 1991 a: 17ff.). Die Mitte des 6. Jahrtausends v. Chr. ist auch eine Periode des Neubeginns. An vielen Plätzen, die bis dahin nicht bewohnt waren, entstehen neue Ansiedlungen, die aufblühen und sich rasch vergrößern. Man kann dies etwa in Vinča (südlich von Belgrad an der Donau gelegen) an den Fundschichten feststellen. Unter der ältesten Kulturschicht, die auf 5500 v. Chr. datiert wird, findet man «jungfräulichen» Boden, der von menschlicher Siedlung unberührt ist. Die Neusiedlungen konzentrieren sich zunächst im Donautal, und zwar in zeitlicher Abfolge vom Unterlauf her stromaufwärts.

Von dort erweitert sich das Siedlungsgebiet in Richtung auf die Adriaküste. In einem späteren Siedlungsschub dehnt sich das Kulturareal in nordöstlicher Richtung aus, bis in die Ukraine. In den neuen Siedlungsgebieten entwickeln sich bestimmte Orte zu lokalen Kulturzentren, deren Einfluss auf die Siedlungen der Umgebung ausstrahlt. In der archäologischen Forschung werden die Regionalkulturen nach ihren Hauptorten benannt. Zu den neu entstehenden Regionalkulturen, deren Einfluss sich in der zweiten Hälfte des 6. Jahrtausends v. Chr. geltend macht, gehören die folgenden (Gimbutas 1991a: 53ff., zur geographischen Lage dieser historischen Regionen siehe Abb. 7, S. 68):

- Danilo-Hvar an der Adriaküste
- Butmir in Bosnien
- Vinča in der zentralen Balkanregion
- Tisza im Flusstal der Tisza (Theiß) in Südungarn
- Lengyel in der Region der mittleren Donau
- Petreşti in Transsylvanien
- Cucuteni in Moldawien und in der Ukraine

Diese Regionalkulturen sind als areale Schwerpunktbildungen zu verstehen, die sich alle durch ähnliche Kulturtraditionen auszeichnen. Die Ähnlichkeiten sind an archäologischen Leitformen zu erkennen (z.B. Hauskonstruktionen, Gefäßformen und deren Dekor, Tonstatuetten). Das Entwicklungsstadium einer Hochkultur wird im zentralen Areal (Vinča-Region) bereits um 5500 v. Chr. erreicht. In jene Zeit fallen die Anfänge des Schriftgebrauchs (s. Kap. V). Wegen der Konzentration der Siedlungen mit hoher Kulturentwicklung im Tal der Donau und ihrer Nebenflüsse wird dieser Komplex Donauzivilisation bzw. Zivilisation Alteuropas genannt (Gimbutas 1991a, Haarmann 1995: 6f.).

Bevölkerungsverschiebungen im Südwesten, Westen und Nordwesten Die Ausweitung der Siedlungszonen seit etwa 5500 v. Chr. ist ein komplexer Prozess, für den es keine einfache Erklärung gibt. Es sind Migrationen von Bevölkerungsgruppen über weitere Strecken ebenso wie Wanderbewegungen mit lokalem Radius zu beobachten. Ganz neu sind Erkenntnisse der humangenetischen Forschung, wonach im Genpool der Bevölkerung auf beiden Seiten der Ägäis, in Westanatolien und in Südosteuropa, auffällig ähnliche Konzentrationen des Y-Chromosoms auftreten (King/Underhill 2002). Wie sind diese zu erklären? Gibt es Migrationen von Westen nach Osten oder in umgekehrter Richtung? Die Klimaerwärmung in Westanatolien, die die Böden austrocknet und den Ackerbau erheblich beeinträchtigt, legt die Annahme einer Wanderung von Osten nach

Westen nahe. Damals verlassen wahrscheinlich viele Menschen ihre Heimat und wandern nach Südosteuropa ein, auf der Suche nach besseren Lebensbedingungen.

Diese Wanderung über weite Strecken erklärt aber noch nicht die Dichte der Neusiedlungen. Hier kommt ein weiterer Faktor ins Spiel, nämlich die Wirkung lokaler Bevölkerungsverschiebungen. In der Siedlungsbewegung der ersten Hälfte des 6. Jahrtausends v. Chr. ist ein Trend aus südlicher Richtung (Makedonien) nach Nordosten (Bulgarien) zu beobachten. Dieser Trend kehrt sich dann um die Mitte des 6. Jahrtausends in sein Gegenteil um: lokale Migrationen gehen vom Nordosten aus und sind nach Westen und Südwesten gerichtet. Die Siedlungsschübe erfolgen in mehreren Wellen nacheinander, offensichtlich jeweils in Folge der von der Klimaerwärmung ausgelösten Veränderungen der lokalen Kulturlandschaft (Whittle 1996: 85 ff.).

Die Hamangia-Kultur, die sich an der Westküste des Schwarzen Meeres im östlichen Bulgarien und in Rumänien entfaltet, ist ein Beispiel für die Neuentstehung einer Regionalkultur, die von Zuwanderern aus einer nicht weit entfernten Gegend aufgebaut wird. Die erstaunlich fortgeschrittene Kulturstufe, die bereits charakteristisch für die älteste, um 5500 v. Chr. einsetzende Phase ist, spiegelt Merkmale eines frühen Zivilisationsmodells wider, das offensichtlich schon von den Einwanderern aus ihrer alten Heimat mitgebracht worden war. Einige Jahrhunderte später wird die kulturelle Entwicklung des Hamangia-Areals durch den Einfluss einer Nachbarkultur, der der Boier, überformt.

Die Wellenbewegung der Siedlungsschübe im Donautal und angrenzenden Regionen lässt sich gut daran verfolgen, wie weit flussaufwärts die einzelnen Migrationen reichen. Die erste Welle gelangt bis zur mittleren Donau (z. B. Vinča), in einer zweiten Welle werden die Siedlungen bis nach Südungarn vorgeschoben (z. B. Tisza). Etwa gleichzeitig verläuft die Ausweitung der Siedlungszone zur Adriaküste und nach Bosnien.

Die Veränderungen der Umweltökologie als Folge der rapiden Klimaerwärmung von ca. 5800 v. Chr. lösen auch eine weiträumige Migration aus, die wegführt vom Küstengebiet des Schwarzen Meeres, und zwar tief ins nordwestliche Hinterland. Die Träger einer Kultur, die man nach den charakteristischen Ornamenten ihrer Tongefäße als Linearbandkeramik bezeichnet, weiten ihr Einflussgebiet vom nordwestlichen Teil der Schwarzmeerregion weit nach Mitteleuropa hin aus. Diese Bewegung hat man sich als eigentliche Kolonisierung von Ländereien durch Ackerbauern vorzustellen, und auffallend ist die Dynamik, mit der sich diese Ausweitung agrarischer Siedlungsformen vollzieht (Thorpe 1999: 29).

Siedlungsentwicklungen im Nordosten In der nördlichen Schwarzmeerregion scheint der demographische Wandel, der im Verlauf des 7. Jahrtausends v. Chr. stattfand, weniger dramatisch als im Süden gewesen zu sein. Wie dicht das Netz der Siedlungen mit agrarischer Bevölkerung – vermutlich weder Indoeuropäer noch Uralier – in den später überfluteten Gebieten war, darüber kann bis heute nur spekuliert werden; es ist wohl nicht mit einer großen Dichte zu rechnen. Möglicherweise standen die Menschen im Kontakt mit der bäuerlichen Bevölkerung in der südlichen Schwarzmeerregion. So liegt es nahe, dass die Siedler, deren Heimstätten überflutet wurden, dorthin abwanderten, wo sie Menschen mit gleicher Wirtschaftsform und ähnlicher Lebensweise antreffen würden. Die Fluchtbewegung dieser Ackerbauern war also nach Westen und Südwesten gerichtet.

In der Zeit vor der Flut sind proto-uralische Sippen von Jägern und Sammlern bis an die Küste des Euxinos-Sees gelangt. Möglicherweise standen sie schon dort mit den Proto-Indoeuropäern in Kontakt, mit denen sie später lange Zeit in einer Art Kultursymbiose lebten. Die Überflutung weiter Gebiete im Norden des Euxinos-Sees hat mit Sicherheit zu einer Fluchtbewegung geführt. Die Indoeuropäer, deren Vorfahren bis dahin verstreut gesiedelt hatten, wurden in die Region zwischen dem neu entstehenden Schwarzen Meer, dem Kaspischen Meer und der Tiefebene der Wolga gedrängt. Die Uralier zogen sich aus ihren früheren Jagdgründen weiter nach Norden zurück.

Die frühen Völker der nördlichen Schwarzmeerregion

Die Urheimat der Indoeuropäer ist in vielen Regionen gesucht worden, von Mitteleuropa bis in den Vorderen Orient, vom Kaukasus bis zum Balkan. Im Zusammenhang mit der Verbreitung des Ackerbaus in Europa wurden die Indoeuropäer zu Wanderern erklärt, deren Urheimat in Anatolien gelegen haben soll, und die über die Balkanregion in andere Teile Europas migriert sein sollen (s. Kap. II). Allerdings sprechen die archäologische Fundlage sowie die Verbreitung alter vor-indoeuropäischer Sprachen auf hoher Kulturstufe in der südlichen Schwarzmeerregion dagegen.

Das östliche Europa war bereits von Forschern im 19. Jahrhundert als indoeuropäische Urheimat erkannt worden. Es fehlten aber damals noch viele archäologische und humangenetische Informationen, die heute zur Verfügung stehen und geeignet sind, die alte Hypothese zu bestätigen. Insofern wird das Gesamtbild der «alten» Urheimat in Osteuropa von den neuesten interdisziplinären Erkenntnissen nicht nur bekräftigt, sondern es erhält durch die modernen Forschungsdaten eine überzeugende Kontrastschärfe.

Die Kulturentwicklung in jener Großregion, die im Südwesten vom Schwarzen Meer und im Südosten vom Kaspischen Meer begrenzt wird, die sich nach Norden in die Tiefebene der Wolga und nach Nordosten bis zu den südlichen Ausläufern des Ural-Gebirges erstreckt, stand bereits vor der Flutkatastrophe auf einem erstaunlich entwickelten Niveau. Aus der Zeit um 7000 v. Chr. – also aus vorsintflutlicher Zeit – stammen die ältesten Keramikfunde Osteuropas. Die nördliche Schwarzmeerregion war folglich damals in dieser Hinsicht ebenso weit entwickelt wie der Süden. Ackerbau und eine agrarische Lebensweise allerdings, die der Süden schon vor der Flut kannte, gab es im Norden nur im Küstengebiet des Euxinos-Sees, nicht aber in dessen Hinterland.

Siedlungskontinuität in der Wolgaregion und die indoeuropäisch-uralische Kultursymbiose In dem Areal, das im Norden von den Proto-Uraliern, im Süden von den Proto-Indoeuropäern bewohnt war, zeigt die materielle Kultur eine klare Kontinuität seit dem Mesolithikum. Die kulturelle Entwicklung in Osteuropa ist demnach nicht von außen beeinflusst worden. Dies besagt außerdem, dass die Populationen, die diese alten Regionalkulturen geschaffen haben, autochthon sind. Mit anderen Worten: weder die Proto-Uralier noch die Proto-Indoeuropäer sind von irgendwoher eingewandert, sondern hatten lokale Vorfahren. Im Gebiet der Uralier herrschte im Neolithikum die Agidel-Kultur vor. Im Siedlungsgebiet der Indoeuropäer war die Abfolge der Kulturschichten wesentlich vielschichtiger.

Der ältesten Elshan-Kultur folgt zeitlich die von Samara (ca. 6000–5000 v. Chr.). Diese wird abgelöst von der Chvalynsk-Kultur im Steppen- und Waldgürtel der mittleren Wolga, deren Blütezeit zwischen 5000 und 4500 v. Chr. liegt. Etwas weiter westlich entfalten sich die Regionalkulturen von Mariupol' und Tschapli. In neueren Forschungen ist der Nachweis erbracht worden, dass diese beiden Regionalkulturen «die Vorstufen von Srednij Stog [ca. 4500–3350 v. Chr.] waren und dass die dort gesprochene Sprachform der unmittelbare Vorläufer des frühen Proto-Indoeuropäischen war» (Carpelan/Parpola 2001: 70). Dies deutet darauf hin, dass die Indoeuropäer Nachkommen der Urbevölkerung jener Region, also nicht eingewandert sind.

Gibt es Spuren der uralten Kontakte zwischen Proto-Indoeuropäern und Proto-Uraliern? In der Tat hat die historische Sprachwissenschaft die Möglichkeit, einige zu entdecken: In sorgfältiger Rekonstruktionsarbeit kann man die uralten Formen von Wörtern und grammatischen Formen im wahrsten Sinn des Wortes «freilegen» und macht dabei die überraschende Entdeckung, dass es etliche Wortwurzeln und grammatische Elemente gibt, die im Uralischen und Indoeuropäischen entweder identisch oder sehr ähnlich sind.

Sprachliche Konvergenzen zwischen dem Proto-Uralischen und dem Proto-Indoeuropäischen:

*** Indoeuropäisch/ Indo-iranisch**	*** Uralisch/ Finnisch-ugrisch (Finnisch)**	**Ungarisch**	**Deutsch**
**wedh-*	**wetä-*	*vezet*	führt
**wegh-*	**wiγge-*	*visz*	trägt
**doγw- < *dō- *toγe-*	**toke-* (finnisch *tuo*)	*hoz*	bringt
**mozge-*	**mośke-, *muśke-*	*mos*	wäscht
**dhзk-*	**teke-*	*te-sz*	macht
**nōmn̥-*	**nime*	*név*	Name
**wed-*	**wite, *wete*	*víz*	Wasser
**kot-*	**kota*	*ház*	Haus
**śnew-, *sen-, *son-*	**sōne, *sįne, *senę*	*ín*	Sehne (Körperteil)

a) Konvergente lexikalische Stammformen (nach Hajdú/Domokos 1987: 300; Makkay 2001: 320)

Personal-pronomen	*** Proto-Uralisch**	*** Proto-Indoeuropäisch**
Singular		
1. Pers.	**-me*	**me-*
2. Pers.	**-te*	**tu-*
3. Pers.	**-se*	**se (Reflexivpronomen)*
Plural		
1. Pers.	**-met*	**mes/*nes-*
2. Pers.	**-tet*	**yu-*
3. Pers.	**-set(?)*	*keine rekonstruierte Protoform*

b) Konvergenzen im Pronominalsystem (nach Hajdú/Domokos 1987: 234f.; Mallory/Adams 1997: 454ff.).

Wenn man die in beiden Sprachfamilien ähnlichen Ausdrücke betrachtet, fällt auf, dass sie u. a. ganz allgemeine Begriffe des täglichen Lebens bezeichnen (z. B. ‹Wasser›, ‹Name›, ‹Sehne› bzw. ‹Blutader›). Bemerkenswert ist ferner, dass auch die Wortwurzeln von Verben für elementare Tätigkeiten (z. B. ‹tragen›, ‹bringen›, ‹machen›) in ihrer formalen Gestalt klare Parallelismen aufweisen. Geradezu verblüffend sind aber die Ähnlichkeiten in einem grammatischen Bereich, dessen Elemente zu den wichtigsten Beziehungswörtern im Satz gehören, im System der Personalpronomen. Solche Parallelismen lassen auf eine intensive, langzeitige, gleichsam symbiotische Wechselbeziehung zwischen den beteiligten Sprachvarianten und deren Sprachgemeinschaften schließen (Haarmann 1986: 155 ff.). Proto-Uralier und Proto-Indoeuropäer müssen während einer längeren Periode in intensiven nachbarschaftlichen Beziehungen gestanden haben, in der sich gemeinsame Sprachstrukturen ausbildeten. Später kam es dann zur Ausbildung regionaler Spezifika, die letztlich die Trennung in eine proto-uralische und in eine proto-indoeuropäische «Grundsprache» bedingten. Über die Sprachzustände vor dem rekonstruierten Stadium dieser «Grundsprache» kann nur spekuliert werden. Die Existenz der erwähnten Konvergenzen erlaubt allerdings Rückschlüsse darauf, dass deren Quelle eine Periode symbiotischer Parallelentwicklung war, selbst wenn sich ihre Spuren erst viel später in den historischen Einzelsprachen konkret identifizieren lassen.

Angesichts der von der Sprachwissenschaft nachgewiesenen engen Verzahnung sprachlicher Strukturen und angesichts der von der Archäologie lückenlos dokumentierten Abfolge kontinuierlicher Kulturschichten ohne Fremdeinwirkung verlieren jene Theorien an Glaubwürdigkeit, die die Urheimat der Indoeuropäer außerhalb Europas suchen. Diese Vermutung ist Teil der Spekulation von Renfrew (1987), der die uralisch-indoeuropäischen Kontakte unberücksichtigt lässt und annimmt, die Indoeuropäer seien erst im 5. Jahrtausend v. Chr. in die Wolgaregion eingewandert.

Die konvergenten Eigenheiten, die sich im 7. und 6. Jahrtausend v. Chr. im Proto-Uralischen und Proto-Indoeuropäischen entwickelten und die sich in vielerlei Transformationen bis in die Sprachstrukturen und den Wortschatz der modernen Sprachen erhalten haben, sind der Kern von Forschungen, die über den engen Rahmen einzelner Sprachdisziplinen hinausgreifen und sich mit Konzepten von Makrogruppierungen der Sprachen der Welt befassen (Helimski 2001). In der so genannten Glottochronologie oder linguistischen Taxonomie geht es nicht um die Detailforschung zur Klassifizierung von Sprachen innerhalb bestimmter Sprachfamilien, sondern darum, engere oder weitläufige (Ur-)Verwandtschaften zwischen den Sprachfamilien selbst zu erschließen.

Dieses Forschungsfeld wurde schon vor hundert Jahren bearbeitet, und schon damals entstand das Konzept einer so genannten nostratischen Großfamilie, wozu die indoeuropäischen, uralischen, altaischen, südkaukasischen (kartvelischen), dravidischen und andere Sprachen gezählt werden. Die nostratische Makrogruppierung (engl. *macro-phylum*) ist die größte Formation der Sprachen in der Alten Welt, und die indoeuropäisch-uralische «Achse» gehört zu den ältesten Elementen dieser Konstruktion (Ruhlen 1994: 15 ff.).

Humangenetische Spuren der indoeuropäischen Urheimat und die Ausbreitung der Kurgan-Kultur Die historische Sprachwissenschaft ging bei ihren Versuchen, eine indoeuropäische Ursprache (Proto-Indoeuropäisch) zu rekonstruieren, bis ins 7. Jahrtausend v. Chr. zurück. Die Archäologie hat Siedlungskontinuität in der Region der Wolga und ihrer Nebenflüsse seit dem Mesolithikum, d. h. seit etwa 11 000 v. Chr. nachgewiesen. Die Humangenetik reicht mit ihren Erkenntnissen allerdings noch viel weiter zurück im Horizont der Zeit. Von den fünf genotypischen Hauptkomponenten, die für die europäischen Völker ermittelt worden sind, ist eine im östlichen Europa konzentriert (Abb. 6). Nach seiner geographischen Ausdehnung

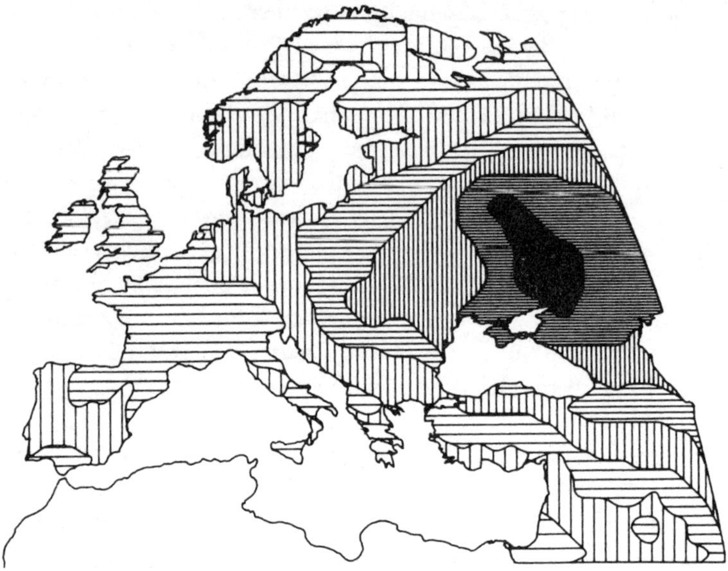

Abb. 6: Der indoeuropäische Genotyp (nach Cavalli-Sforza 1996: 62).

zeigt dieser Genotyp «eine starke Konzentration in der europäischen Steppe nördlich des östlichen Teils des Schwarzen Meeres, mit ungefähr konzentrischen Ringbildungen» (Cavalli-Sforza et al. 1994: 293).

Im Profil dieser genotypischen Hauptkomponente sind die Erkenntnisse der historisch-vergleichenden Sprachwissenschaft wie auch der Archäologie über die Urheimat einer Population mit indoeuropäischer Charakteristik deutlich sichtbar. Interessant ist die konzentrische Ringbildung, denn hiermit wird visuell die Dynamik der frühen indoeuropäischen Migrationen veranschaulicht. Je weiter die Ringe vom Zentrum entfernt liegen, desto jünger die Bewegung. Nach Aussage der genotypischen Kartierung war der Migrationsschub in Richtung Westen ganz offensichtlich am stärksten. Die Indoeuropäisierung Europas ging von der östlichen Peripherie des Kontinents aus und entfaltete ihre Dynamik in mehreren sukzessiven Wellen.

Die Identifizierung dieser wellenförmigen Ausbreitung indoeuropäischer Populationen mit besonderen Kulturstufen ist der Archäologin Marija Gimbutas in den 1970er Jahren gelungen. Sie entwickelte eine Theorie der frühen Migrationen von Indoeuropäern, die in den 1990er Jahren durch die Ergebnisse der Humangenetik bestätigt werden konnte. Danach gelangten die indoeuropäischen Steppenvölker in drei Hauptwellen nach Westeuropa (Gimbutas 1991 a: 353 ff.). Zunächst waren es reine Viehnomaden; später, als die Indoeuropäer allmählich eine agrarische Lebensweise angenommen hatten, kamen auch Ackerbauern auf der Suche nach ergiebigeren Böden.

Die indoeuropäischen Migranten haben ein typisches Objekt ihrer materiellen Kultur hinterlassen, Grabhügel, die man mit einem tatarischen Wort als Kurgan bezeichnet. Die Verbreitung der Kurgane in Südrussland und weiter im Westen sind ein «augenfälliges» Zeichen indoeuropäischer Präsenz im nördlichen Schwarzmeergebiet. Die frühen Wanderungen der Indoeuropäer werden in Anlehnung an die Kultur der Grabhügel als Kurgan-Migrationen bezeichnet (Abb. 7):

- Migration der ersten Welle (Kurgan I): zwischen ca. 4500 und 4300 v. Chr.; nach Westen gerichtet; Zielgebiete: Areal der Suvorovo-Kultur (Moldawien, Unterlauf der Donau in Rumänien, Nordost-Bulgarien), Donautal, Südungarn;
- Migration der zweiten Welle (Kurgan II): ca. 3500 v. Chr.; nach Westen und Nordwesten gerichtet; Zielgebiete: Inlandgebiete auf dem Balkan jenseits der Flusstäler, Vordringen bis in die Alpenregion;
- Migration der dritten Welle (Kurgan III): ca. 3100–2900 v. Chr.; nach Westen, Süden und Norden gerichtet; Zielgebiete: Küstengebiet an der Adria, Albanien, Nord- und Ostseeküste, Baltikum und Südskandinavien.

Mit der zweiten Kurgan-Wanderung kamen auch neue Materialien und neue Technologien nach Südosteuropa, so Bronze als

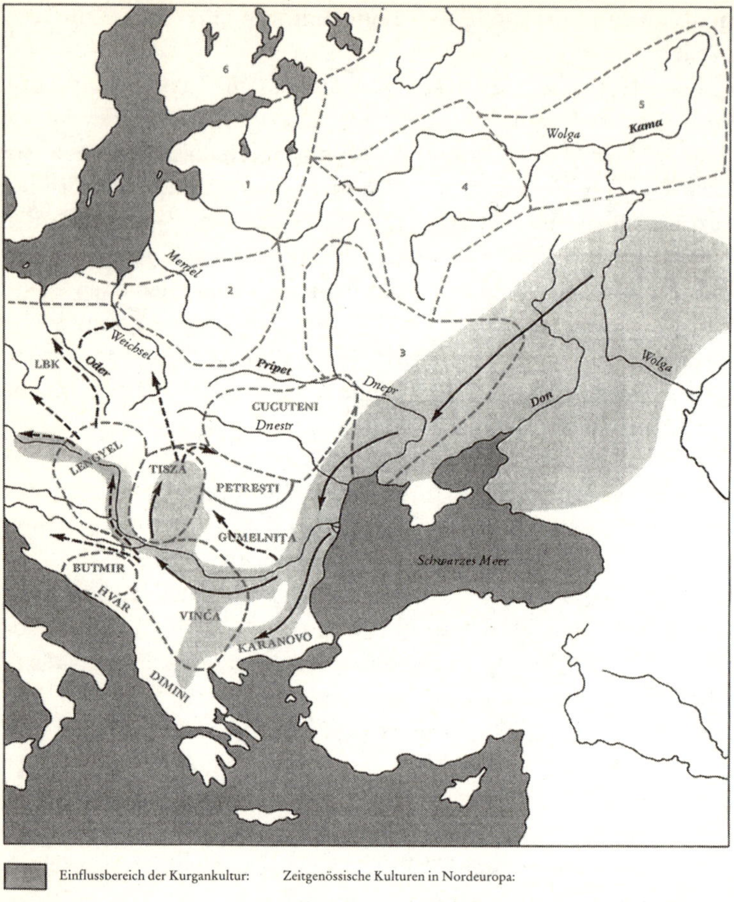

Abb. 7: Die Kurgan I-Migration (nach Gimbutas 1991 a: 359).

Metalllegierung und die Kenntnis des Bronzegusses. Beides wurde über die sehr intensiven Kontakte der Indoeuropäer mit den Völkern des Kaukasus – angesichts des uralten Lehnwortschatzes gehen sie mindestens bis ins 5. Jahrtausend v. Chr. zurück – von dort nach Westen vermittelt. Als Folge der dritten Kurgan-Welle gelangen Indoeuropäer auch nach Albanien und Nordgriechenland. Dort überlagert ihre Kultur die der alteingesessenen Bevölkerung. Der entscheidende Wandel findet gegen Ende der frühhelladischen Periode (Frühhelladisch III) statt, ungefähr zwischen 2300 und 2200 v. Chr.

Die indoeuropäischen Immigranten verdrängen die einheimischen Ackerbauern aus ihren Wohngebieten, oder diese assimilieren sich im Laufe der Zeit an die Kultur der Leute aus der Steppe. Diese selbst werden schnell sesshaft und verlassen ihre neue Heimat nicht mehr. Die archäologische Hinterlassenschaft jener Zeit zeigt, dass viele ältere Siedlungsplätze aufgegeben, andere nach der Zerstörung wieder aufgebaut und bewohnt werden. «Das kulturelle Chaos dieser Periode brachte eine Art ‹dunkles Zeitalter› auf dem Balkan hervor.» (Mallory 1989: 238)

IV
Kultur und Architektur in frühen Zivilisationen

Die ältesten Spuren gesellschaftlich-kultureller Entwicklung, die auf das Stadium einer frühen Zivilisation hindeuten, finden wir in Südosteuropa. Denn hier wird das Fundament für die älteste Zivilisation der Welt, die Alteuropas, gelegt. In der Chronologie wichtiger technologischer Neuerungen – der Gebrauch und die Verarbeitung von Metall sowie die Entstehung von Schrift – ist die Entwicklung in der europäischen Schwarzmeerregion deutlich rasanter verlaufen als in Mesopotamien.

Die Schwelle zur Zivilisation wird aber in der Kulturentwicklung Europas nicht deshalb überschritten, weil bestimmte Technologien sich schneller als anderswo entfalteten. Vielmehr ist es dem Zusammenspiel älterer Organisationsformen, die sich bewährt hatten (z. B. agrarische Lebensweisen), und solcher Neuerungen, die sich durchzusetzen vermochten, zu verdanken, dass die Kulturentwicklung in Südosteuropa eine Dynamik entfaltete, wie sie anderswo in der Alten Welt noch unbekannt war. Dies soll hier anhand der wichtigsten Strukturelemente ihrer Architektur vorgestellt werden.

Wachstumstrends in den Siedlungszonen des 6. Jahrtausends v. Chr.

Die Durchschnittsbevölkerung einer Siedlung des 7. Jahrtausends v. Chr. rangierte von einigen hundert bis mehr als tausend Einwohnern. Diese Größenordnung vertreten Siedlungen wie Karanovo und Anza in Zentralbulgarien, Sesklo in Thessalien sowie Çatal Hüyük und Hacilar. Çatal Hüyük war die mit Abstand bevölkerungsreichste Stadt. Hier konnten zwischen 6000 und 7000 Menschen zur selben Zeit leben. Diese Größe ist außergewöhnlich im Vergleich zur einzigen anderen Stadtgründung in vorsintflutlicher Zeit, Jericho im Vorderen Orient. Dort haben nicht mehr als 700 bis 900 Menschen gelebt. Çatal Hüyük ist ein besonders illustratives Beispiel dafür, dass weder die Einwohnerzahl noch die hohe Entwicklungsstufe sozialer Ordnung einer Stadtbevölkerung Garantien für den Bestand einer Großsiedlung bieten konnten. Skelettfunde aus der Spätphase der Stadt (um 6200 v. Chr.) zeigen vielfach deformierte Knochen. Eine Hypothese ist, dass die Verbreitung von Malaria durch die Mückenpopulationen nahe gelegener Sümpfe die Bewohner zur Aufgabe der Siedlung veranlasste (Ryan 2003).

Als Folge der Klimaerwärmung ab 5800 v. Chr. verändert sich die Architektur der Bauten, ältere Siedlungen werden erweitert und neue angelegt. Mit zunehmender Siedlungsdichte intensiviert sich auch die Bodenbebauung. Während früher ausschließlich die fruchtbarsten Böden genutzt wurden, werden nun zunehmend auch weniger ergiebige Felder bearbeitet. Dies bedeutet, dass rings um die sich erweiternden Siedlungen immer mehr Ackerfläche erschlossen wird, und dass die Wege von der Wohnstätte zum Acker länger werden. Die Bebauung schlechterer Böden setzt bestimmte technologische Neuerungen voraus. Die ältesten Spuren für die Verwendung des Pflugs in der Geschichte des Ackerbaus stammen aus Südosteuropa (Hodder 1990: 53 ff.).

Auch andere Verbesserungen ermöglichen eine intensivere Feldbauwirtschaft. Der Anbau von Brotweizen und von Leinsamen nimmt zu. An einigen Orten kann man feststellen, dass sich die Nahrungsproduktion auf Gerste spezialisiert. Immer mehr Viehpferche werden um die Wohngebäude herum angelegt. Die Zahl der Kühe und Schweine nimmt beständig zu, während gleichzeitig die Zahl der Schafe, früher in der Viehhaltung bevorzugt, abnimmt. Diese Veränderungen in der Ökologie der Viehhaltung kann man an den Knochenfunden der verschiedenen Siedlungsplätze ablesen.

Bei der Siedlungsgröße tritt eine deutliche Differenzierung ein. Bestimmte Orten wachsen nicht über die Organisationsform von Dörfern hinaus. In anderen wiederum nimmt die Einwohnerzahl beständig zu, die Anlage von Wohnvierteln und Straßen wird immer komplexer, und die Ackerflächen erweitern sich zusehends. In einigen der Städte, die nach 5500 v. Chr. entstehen, wohnen mehrere tausend Einwohner. Von diesen städtischen Siedlungen entwickeln sich einige in der Spätphase der alteuropäischen Zivilisation sogar zu echten Metropolen.

Im Westen der heutigen Ukraine, nordöstlich des Flusses Bug, im Areal der Cucuteni-Kultur, entstehen nach 4000 v. Chr. echte Großstädte, die nach den archäologischen Fundstätten als Majdanets'ke, Dobrovody und Tallyanky bekannt sind (Gimbutas 1991 a: 103 f.). Die Zahl der Häuser in diesen Städten variiert zwischen 1500 und 2000. Die größte dieser Städte Alteuropas, Tallyanky, ist oval angelegt. Das Wohngebiet erstreckt sich in einer Länge von 3,5 km und in einer Breite von 1,5 km. Hier haben nach Schätzungen 10000 oder mehr Menschen gelebt.

Nicht nur die Stadtanlagen werden komplexer und zeigen immer mehr sich verfeinernde Organisationsstrukturen, auch die Hauskonstruktionen und die Funktionen von Gebäuden vervielfältigen sich. Während die Durchschnittsmaße für einen Hausgrundriss bei ca. 8 x 5 m liegen, gibt es in den städtischen Siedlungen Großbauten von bis zu 30 m Länge. Die Häuser in dörflichen Siedlungen sind gewöhnlich eingeschossig, in den Städten dagegen nicht selten zweigeschossig, mit drei oder sogar vier Räumen auf jeder Etage. Noch im 7. Jahrtausend v. Chr. findet die funktionale Trennung von Räumen in demselben Gebäude, d. h. unter demselben Dach, statt. Im 6. Jahrtausend v. Chr. allerdings geht die Tendenz dahin, den Wohnbereich getrennt von Werkstätten oder Vorratsräumen entweder in verschiedenen Stockwerken unterzubringen oder separate Gebäude mit unterschiedlichen Zweckbestimmungen zu errichten.

Außerdem fördert die Trennung von profaner und sakraler Architektur die Entstehung von monumentalen Bauten. An verschiedenen Orten sind Tempelmodelle aus Ton gefunden worden. Projiziert man die dort gezeigten Strukturen auf reale Größenordnungen, müssen die Tempel recht große Konstruktionen auf breiten Plattformen gewesen sein. Einen Eindruck vom architektonischen Konzept für einen Monumentaltempel erhält man bei der Betrachtung des Tonmodells aus Căscioarele in Südrumänien, das auf die Zeit um 4500 v. Chr. datiert wird.

Die Entwicklung von Baustilen und die Verbreitung grundlegender Technologien

Um 6500 v. Chr. setzt eine Entwicklung ein, als deren Folge sich verschiedene Stile in der Architektur entfalten. Dies betrifft die Konstruktionsweisen von Einzelbauten ebenso wie die Hausverteilung in städtischen Siedlungen.

In der Anlage früher Siedlungen lassen sich Unterschiede zwischen Anatolien und dem Balkan beobachten. Die Bauweise der Häuser in Çatal Hüyük zeigt eine weitgehende Verschachtelung der Konstruktionen. Die Häuser sind jeweils aneinandergebaut, so dass sie gemeinsame Außenwände haben, die in diesem Fall als Zwischenwände zwischen den Häusern fungieren. In das Innere der Häuser gelangt man zumeist über Öffnungen im Dach, über Leitern und Treppen. Auf europäischer Seite sind Siedlungen ganz anders angelegt. Die Häuser stehen einzeln und besitzen Türen in den Seitenwänden. Wohnviertel entstehen, indem die Häuser neben Straßen und Gassen gruppiert sind, so dass die ganze Siedlung von einem Straßennetz durchzogen wird.

Die Anlage der Siedlungen, die in Nordwestanatolien in der Zeit nach der Großen Flut angelegt wurden, weicht allerdings von der Stadtarchitektur Çatal Hüyüks ab. In den im letzten Viertel des 7. Jahrtausends v. Chr. an der Ostküste des Marmara-Meeres angelegten Siedlungen (Fikirtepe, Pendik, Erenköy und Tuzla) zeigen die Behausungen eine ähnliche Konstruktionsweise und Verteilung wie in den Siedlungen Südosteuropas (Bailey 2000: 71 ff.).

Die Ausführung von Fundamenten, Wänden und Dachkonstruktionen zeigt ebenfalls Unterschiede auf beiden Seiten des Bosporus. Die Veränderungen im Baustil können an einigen Orten besonders gut verfolgt werden, zum Beispiel in Sesklo am Ostrand der thessalischen Ebene (Gimbutas 1991 a: 15 f.). Der älteste Haustyp ist eine im Boden versenkte Konstruktion, die um die Mitte des 7. Jahrtausends v. Chr. auftritt. Um 6300 v. Chr. werden erstmals viereckige Häuser mit Wänden aus gestampftem Lehm gebaut. Schon bald tritt ein neuer Haustyp auf. Zwischen 6200 und 6000 v. Chr. baut man Häuser mit Eckpfeilern aus Holz und mit lehmverputzten Wänden aus Flechtwerk. Die größten Konstruktionen sind 6 m lang. In der ersten Hälfte des 6. Jahrtausends v. Chr. setzt man Häuser auf ein Steinfundament mit Wänden aus getrockneten Lehmziegeln.

Der Fortschritt einer jeden Zivilisation liegt darin begründet, wie rasant sich bestimmte Schlüsseltechnologien entwickeln. Technologischer Fortschritt beruht einerseits auf der Verbesserung und Verbreitung gebräuchlicher Technologien, andererseits auf der Erfindung bis dahin unbekannter Technologien.

Im Laufe des 7. Jahrtausends v. Chr. entwickelt sich die Verwendung von Keramik; um 6500 v. Chr. gibt es sowohl in Anatolien als auch in Südosteuropa verschiedene Orte, an denen Tonware produziert wird. Die Frühformen der handgemachten, ungebrannten Tonware zeigen ihre Abhängigkeit von den aus Stein gehauenen Gefäßen der vorkeramischen Periode. Allmählich werden die Herstellungstechniken verfeinert, und auch die Produktion dünnwandiger Gefäße wird möglich. In dem Maße, wie es die Konstruktion von Brennöfen erlaubt, höhere Temperaturen zu erreichen, werden die Formen und Dekorationen vielfältiger. Die Fundschichten in Sesklo beispielsweise bieten wertvolle Einblicke in die Entwicklung der Keramikherstellung über einen Zeitraum von rund 700 Jahren bis ca. 5700 v. Chr.

Die Kulturen rings um das Mittelmeer unterscheiden sich durch die Typen ihrer Webstühle. In der südlichen Zone (Altägypten, Mesopotamien) wird der horizontale Webrahmen verwendet. Dabei sind die horizontal gespannten Fäden an zwei Eckpfosten befestigt. Die nördliche Zone (Anatolien, Südosteuropa) ist das Entstehungsgebiet des vertikalen Webstuhls mit Hängegewichten. Dieser Typ von Webstuhl gehört also zu den gemeinsamen und gleichzeitig exklusiven Kulturmerkmalen der Schwarzmeerregion. Das typische Requisit des vertikalen Webstuhls sind die Webgewichte, die die Fäden in senkrechter Ordnung halten. Obwohl die Textilien selbst und auch die Holzteile der prähistorischen Webstühle vergangen sind, hat man große Mengen an Webgewichten an den verschiedensten Grabungsstellen in der südlichen Schwarzmeerregion gefunden (Barber 1991: 91 f.).

Der Nachweis, dass die Herstellung von Textilien mit Webstühlen bereits in der Epoche vor der Großen Flut verbreitet gewesen wäre, kann bislang nicht erbracht werden. Selbst noch in der Zeit des ausgehenden 7. Jahrtausends v. Chr. beschränkt sich die Verbreitung auf wenige Gebiete (Çatal Hüyük, Thessalien, Tisza-Tal in Südungarn). Nach 6000 v. Chr. verbreiten sich die Webtechnologie und damit auch der Webstuhl rasch. Bemerkenswerterweise ist die alte Terminologie des Webens, die sich damals in der Sprache der Urbevölkerung entwickelte, nicht verschwunden. Jahrtausende später wurden zahlreiche Ausdrücke dieses Handwerksbereichs in den Wortschatz des Altgriechischen entlehnt. Die vorgriechischen Elemente stehen nicht isoliert, sondern bilden eine breite Schicht an Fachtermini, die sich mit den indoeuropäischen Erbwörtern des Griechischen eng verzahnt haben (s. Tabelle). Dies drückt sich einerseits in verschiedenen Bezeichnungsinventaren aus, wobei nicht-indoeuropäische und indoeuropäische Benennungen für die verschiedensten Webutensilien und Tätigkeiten separat verwendet werden (a). Es gibt andererseits auch viele Synonymenpaare, wo derselbe Begriff mit jeweils einem vorgriechischen Lehnwort und einem griechischen Erbwort bezeichnet wird (b). Dieses Repertoire vorgriechischgriechischer Synonyme, die von den antiken Autoren in den verschiedensten Kontexten selektiert wurden, vermittelt der altgriechischen Sprache eine besondere stilistische Variationsbreite.

Vorgriechische Lehnwörter und indoeuropäische Erbwörter in der griechischen Terminologie des Webens und der Textilherstellung (nach Barber 1991: 278, 280):

Indoeuropäisch		**Nicht-indoeuropäisch**	**Bedeutung**
λίνον (linon)	‹Leinen›	στυπ- (stup-)	‹Schaft›
κεσ-/ξ (kes-/ks-)	‹Kamm›	σφόνδυλος (sphondulus)	‹Spinnwirtel›
πλεκ (plek-)	‹Geflecht›	μίτος (mitos)	‹?›
ἱστός (histos)	‹Webstuhl›	καῖρος (kairos)	‹Trennleiste›
ἀντίον (antion)	‹Tuchbalken›		
		στ(ρ)υπτηρία (st[r]uptēria)	‹Beize›
		κναφ- (knaph-)	‹Futter (Kleidung)›

a) Die Dualität griechischer und vorgriechischer Ausdrücke mit spezifischer Bedeutung

Indoeuropäisch	**Nicht-indoeuropäisch**	**Bedeutung**
λῆνος (lēnos)	μαλλός/μαλλυκες (mallos/mallukes)	‹Wolle›
	ἔριον (erion) (?)	
πεκ-/ποκ- (pek-/pok-)	τιλ- (til-)	‹Zupfwolle›
νη- (nē)	κλωθ- (klōth-)	‹spinnen›
ἄτρακτος (atraktos)	ἠλακάτη (ēlakatē)	‹Garnrolle›
	τολύπη (tolūpē)	
	ἀγαθίς (agathis)	
(νη- [nē-])	(κλωθ- [klōth-])	‹Faden›
	μήρινθος (mērinthos)	
	μηρυ- (mēru-)	‹Spannfaden›
	ἑλικ- (helik-)	
ὑφ- (huph-)	ἀζ-/ἀττ-/ἀστ- (az-/att-/ast-)	‹weben›
ἱστόποδες (histopodes)	κελέοντες (keleontes)	‹Senkrechtstäbe›
	λαιαί (laiai)	‹Webgewichte›
	ἀγνῦθες (agnuthes)	

b) Synonymität griechischer und vorgriechischer Ausdrücke

Der technologische Fortschritt ist auch an der Spezialisierung von Jagdwerkzeugen zu erkennen. In den Fundschichten von Siedlungen, die an Flussläufen oder in Küstennähe angelegt wurden, kann man verfolgen, wie sich die Gestalt von Harpunen, Angelhaken und anderen Utensilien für den Fischfang verändert. Insbesondere die Flussfischerei (v. a. Karpfen, Katzenwels und Stör) erlebt im 6. Jahrtausend v. Chr. einen Aufschwung im Gebiet von Donau, Theiß und anderen fischreichen Nebenflüssen.

Zu den innovativen Technologien, die erst nach der Flut eingeführt werden, dann aber rasch an Bedeutung gewinnen, gehört die Metallverarbeitung. Es gibt keine Indizien dafür, dass Metall bereits im 7. Jahrtausend v. Chr. verwendet worden wäre. Alles, was mit dieser Technologie zu tun hat, stammt aus der Zeit nach den Klimaschwankungen, aus der Periode nach 5500 v. Chr.

Der moderne Beobachter stellt sich die Verwendung von Metall als Ausdruck einer praktischen Notwendigkeit im Prozess des technologischen Fortschritts vor. Der Prozess der technischen Spezialisierung ist aber in vorgeschichtlichen Epochen nicht einseitig auf den praktischen Nutzen ausgerichtet. Dies gilt für die verschiedensten Bereiche: für den Ackerbau, für die Metallverarbeitung, für die Verwendung von Schrift usw.

Die ältesten Sicheln zum Schneiden von Getreidehalmen, die man im Nahen Osten gefunden hat, waren nicht für den praktischen Ernteeinsatz bestimmt. Diese kleinen Werkzeuge – gebogene Knochen und Hölzer mit eingelegten Feuersteinspitzen – dienten rituellen Funktionen, mit ihnen wurden Kräuter und Halme für Opfergaben geschnitten. Manche Sicheln weisen keinerlei Spuren einer praktischen Verwendung auf, sie waren also reine Ritualobjekte. Ähnlich rituell motiviert sind die ältesten Metallobjekte, die in der südlichen Schwarzmeerregion gefunden wurden, bei ihnen ist ein Gebrauch als praktisches Werkzeug oder als Schmuckstück auszuschließen. Erst in einer späteren Phase weitet sich der Gebrauch auch in praktische Funktionen aus, die schließlich den Schwerpunkt für die Weiterentwicklung der neuen Technologie ausmachen.

Vom technischen Standpunkt betrachtet steht das Kalthämmern von Rohmetall am Anfang der Entwicklung. Allein diese Stufe aber setzt eine fortgeschrittene Arbeitsteilung voraus. Da das erste Metall, das bearbeitet wird, Kupfer ist, ist der älteste Berufsstand der des Kupferschmieds. Vermutlich war diese sehr spezielle Tätigkeit umhüllt vom Mysterium übernatürlicher Fähigkeiten; dies lässt sich aus einem Vergleich mit der bezeugten Rolle des Eisenschmieds in den Gesellschaften der frühen Eisenzeit rekonstruieren. Der Eisenschmied besaß einen privilegierten Sozialstatus, und er zeichnete sich nicht selten durch seherische Fähigkeiten aus.

Es ist allgemein anerkannt, dass die Entfaltung der Metallverarbeitung in Europa ein Prozess war, der nicht von außen beeinflusst wurde. Die Motivation, Metall zu verwenden, entspringt der fortschrittlichen Technologisierung in der alteuropäischen Gesellschaft, also den Bedürfnissen des lokalen Kulturmilieus. Hinweise auf die Bearbeitung von Metall haben die Archäologen an verschiedenen Orten des alteuropäischen Areals gefunden, und diese Spuren schmiedehandwerklicher Tätigkeit sind zeitgleich mit den Anfängen der Metallurgie im Vorderen Orient (Renfrew 1973: 188 ff.). Einige Techniken sind in Europa sogar älter als im Vorderen Orient, und Gold wurde zuerst in Europa bearbeitet (s.u.).

Als Metallobjekte mehr und mehr verwendet werden und sich deren Nützlichkeit erwiesen hat, kommt es zu einer immer größeren Nachfrage. «Die Nachfrage beschleunigt die technologische Entwicklung, und der Fortschritt durch die aufeinanderfolgenden Phasen der Metallurgie erfolgt ziemlich schnell.» (Tylecote 1987: 3)

Ein Faktor, der die Nachfrage stimuliert, ist der Tauschhandel, der sich seit der Mitte des 6. Jahrtausends v. Chr. belebt und sich auf den Austausch von Muscheln, Marmor, Obsidian und Kupfer konzentriert. Viel später erst wird eine Handelsroute zwischen dem Baltikum und der Nordküste der Ägäis eingerichtet. Über diese seit dem 3. Jahrtausend v. Chr. bestehenden

Handelskontakte wird Bernstein aus dem Norden gegen Metall aus dem Süden eingetauscht (Butrimas 2001). Über den Fernhandel werden nicht nur fertige Produkte aus Metall, sondern auch solche Materialien angeboten, die man für die Produktion von Metallobjekten benötigt, wie Erze, Rohmetall und Altmetall zur Wiederverwendung.

Die Balkanregion ist reich an Erzen und Lagerstätten von Rohmetall. Bemerkenswerterweise sind die Schmiedestätten nicht unbedingt in der Nähe der Erzfundstätten lokalisiert, sondern häufig in einiger Entfernung. Illustrativ hierfür ist die Situation in Zentralbulgarien, wo sehr früh Erzgruben ausgebeutet werden, und zwar in der Nähe der modernen Ortschaften Leskovo, Aibunar und Hristene. Die Werkstätten hingegen liegen in einige Kilometer entfernten Siedlungen (Sherratt 1976: 572).

Es gibt noch keine Hinweise darauf, dass Gold ebenfalls früh, vielleicht gleichzeitig mit Kupfer, bearbeitet worden wäre. Die ältesten, bislang bekannten Objekte aus Gold stammen aus der Zeit zwischen 4500 und 4400 v. Chr. Dies sind die Goldobjekte aus den Gräberfunden bei Varna, und sie lassen bereits ein meisterliches Geschick im Umgang mit dem Werkstoff Gold erkennen. Eben dieser hohe Entwicklungsstand legt die Annahme nahe, dass Gold bereits viel früher in derselben Region bearbeitet wurde (Renfrew 1986), auch wenn bisher keine älteren Produkte aus Gold gefunden worden sind.

Die Suvorovo-Kultur, die um die Mitte des 5. Jahrtausends v. Chr. in der nordwestlichen Küstenregion des Schwarzen Meeres aufblüht, besteht aus zwei Hauptkomponenten: der einheimischen kulturellen Tradition der Alteuropäer und der Importkultur indoeuropäischer Immigranten aus dem Osten. Den Namen hat die Suvorovo-Kultur nach einem Grabhügel (Kurgan) in Moldova erhalten.

Wenn es zutrifft, dass Gold bereits in der Zeit vor ca. 4500 v. Chr. bearbeitet wurde, dann waren diejenigen, die die Metallurgie als innovative Technologie einführten, lokale Gruppen der vorindoeuropäischen Urbevölkerung, vielleicht Menschen derselben Regionalkultur, deren Vorfahren schon viel früher Kupfer bearbeitet hatten. Es ist allerdings damit zu rechnen, dass die Kenntnis der Metallverarbeitung, die wohl in der Kaukasusregion ihren Ursprung hat, eventuell auch über die Handelswege der südlichen Schwarzmeerregion nach Südosteuropa gelangt ist. Dies wäre ein «Beitrag kaukasisch-anatolischer Viehnomaden, die bestimmt als erste Metallvorkommen ausgebeutet haben und die frühesten Schmiede der Region» waren (Poruciuc 1992: 10f.).

In der Schwarzmeerregion ist Gold eineinhalb Jahrtausende früher als in Mesopotamien bearbeitet worden. Das Gräberfeld liegt nicht weit vom Varna-See entfernt und in nächster Nähe der Schwarzmeerküste. Der Goldfund von Varna ist nicht nur deshalb bemerkenswert, weil er der älteste der Welt ist. Die einzelnen Objekte (Armbänder, Anhänger in Tiergestalt, Anhänger mit Schmuckdekor) hatten ganz offensichtlich keine praktische Funktion, sondern standen sehr wahrscheinlich als Utensilien im Dienst religiöser Zeremonien. Bei näherer Betrachtung der Grabbeigaben fällt auf, dass die Gräber der Männer reich ausgestattet sind, während in den Frauengräbern weit weniger Beigaben zu finden sind. Auf den ersten Blick scheint uns hier eine Gesellschaft mit sozialer Hierarchie entgegenzutreten, eine Gesellschaft, die nicht dem Bild entspricht, das man sich berechtigterweise von den Verhältnissen der agrarischen Gemeinschaft Alteuropas mit ihrer sozialen Gleichstellung der Geschlechter macht (s. Kap. VII).

In einem weiteren historischen Zusammenhang erweisen sich die Verhältnisse jedoch als wesentlich komplexer (Gimbutas 1991a: 118f.). In einem der Hauptgräber sind ein Mann und eine Frau gemeinsam bestattet worden, und aus den Beigaben kann man nicht auf einen höheren Sozialstatus des Mannes schließen. Die unterschiedliche Ausstattung der Gräber mit Beigaben, bei denen die Objekte aus Gold besonders auffallen, deuten vielmehr auf besondere kulturelle Kontaktbedingungen hin. In der Zeit zwischen 4500 und 4400 v. Chr. festigt sich in der Suvorovo-Region mit ihrer alteuropäischen Urbevölkerung und ihrem hohen zivilisatorischen Entwicklungsstand die politische Autorität der aus den östlichen Steppen eingewanderten indoeuropäischen Viehnomaden. «Die Kultur liefert Beweise für die Ausbreitung von Steppenvölkern aus dem Osten nach Westen, und sie lässt offensichtlich – entsprechend dem ‹Kurgan-Modell› der indoeuropäischen Ursprünge – die erste Welle der Indoeuropäer erkennen, die ihre Heimatregion in den Steppen der Ukraine und Südrusslands verließen.» (Mallory/Adams 1997: 557)

In der Suvorovo-Kultur sind die Lebensgewohnheiten und die religiöse Ikonographie alteuropäisch geprägt, die politische Macht hingegen liegt in den Händen der Einwanderer aus der Steppe. In Bezug auf den Motivschatz der Objekte aus Gold fällt jedoch auf, dass unter den Tiergestalten das für die Bilderspache der indoeuropäischen Steppenvölker so typische Tier, das Pferd, fehlt. Es tritt aber in Gestalt eines Szepters aus Stein auf, und zwar als Beigabe einer männlichen Leiche.

Das Frühstadium der Metallurgie ist zwar von späteren Entwicklungen überdeckt worden, es haben sich aber sprachliche Spuren erhalten, die darauf hindeuten, dass es die vorindoeuropäische Bevölkerung war, die diese innovative Technologie einführte. Zu den Elementen des vorgriechischen Lehnwortschatzes im Altgriechischen gehören auch Ausdrücke, die sich auf Basisbegriffe der Metallurgie beziehen. Darunter sind solche Ausdrücke, die eine weite Verbreitung gefunden haben und ein fester Bestandteil unseres modernen Kulturwortschatzes sind: griech. *kaminos* ‹Brennofen› (vgl. dt. *Kamin*, engl. *chimney*, franz. *cheminée* jeweils mit speziellen Bedeutungen ‹Kamin, Kaminabzug, Schornstein›); griech. *metallon* ‹Metall› (vgl. dt. *Metall*, engl. *metal*, franz. *métal* usw.); griech. *kassiteros* ‹Zinn›; griech. *kibde* ‹Metallschlacke›; griech. *chalkos* ‹Kupfer›. Der Ausdruck für Kupfer, *chalkos*, ist mit *chalke* (bzw. *kalche*) ‹Purpurschnecke› assoziiert, ebenfalls ein vorgriechisches Lehnwort. Der Name für Kupfer ist also in Anlehnung an die rötliche Farbe des Metalls gewählt worden.

In der Mythologie der frühen Agrargesellschaft in der Schwarzmeerregion sind viele Elemente verbreitet, die nicht erst in der Zeit des Ackerbaus entstanden sind, sondern die viel ältere Traditionen fortsetzen, und die reichen weit zurück bis in das Entwicklungsstadium der Jäger und Sammler. Die Vorstellungen, die die frühen Ackerbauern von der Natur hatten und von den Geistern, die sie belebten, unterscheiden sich nicht grundsätzlich von denen der Wildbeuter, trotz der elementaren Gegensätze der Wirtschaftsformen. In der südlichen Schwarzmeerregion war bei den Ackerbauern eine entwickeltere Form des gleichen Mythos verbreitet, den die Wildbeuter der nördlichen Zone ebenfalls, in einer einfacheren Version, kannten. Zu den ältesten Schichten mythischer Überlieferung in den Kulturen rings um das Schwarze Meer gehören solche, die sich um weibliche Schutzgeister und Gottheiten ranken.

Vom 8. bis zum frühen 6. Jahrtausend v. Chr. ist bei den Ackerbauern der südlichen Schwarzmeerregion die Entfaltung des Kults der Großen Göttin zu beobachten – entstanden wohl aus der älteren Verehrung lokaler weiblicher Schutzgeister bei den Wildbeutern. Bei den Uraliern im Norden, die sich in historischer Zeit an den Ackerbau gewöhnen, kann man diesen Wandel in den religiösen Vorstellungen deutlich erkennen. Die alten Mythen erzählen von den weiblichen Naturgeistern, später wird Mutter Erde als weibliche Gottheit verehrt; die älteren Feengestalten sind in der Tradition einer agrarischen Hauptgöttin verschmolzen (Honko 1993: 66ff.).

Ähnliche Transformationsprozesse hat der Göttinnenkult auch im Süden durchlaufen. Obwohl die ältesten Wurzeln animistischer Vorstellungen durch die religiöse Symbolik der Großen Göttin überlagert wurden, kann man dennoch in den bildhaften Darstellungen der Göttin noch einige altertümliche Züge erkennen. In den Skulpturen des 7. und 6. Jahrtausends v. Chr. sind Stil und Form der menschlichen Gestalt manchmal eng mit der Welt wilder Tiere verbunden. Der Mischstil von Statuetten, die eine vogelköpfige oder schlangenköpfige Göttin abbilden, weist wahrscheinlich auf archaische Vorstellungen von weiblichen Geistern in der Tierwelt hin, ähnlich wie in den mythischen Erzählungen der Uralier aus dem Norden. Vielleicht spiegeln sich in der Gestalt der zoomorphen Göttin mit Vogelkopf und/oder flügelähnlichen Gliedern uralte animistische Traditionen des Jungpaläolithikums (Gimbutas 1991 b: 90f.).

In der Donauzivilisation entwickelte sich eine reiche ornamentale Kunst mit einer Vielfalt von naturalistischen und geometrischen Motiven. Viele der Skulpturen und Kultgegenstände sind mit solchen Ornamenten verziert. Was bei den Konfigurationen von dekorativen Motiven auffällt, ist deren strenge Symmetrie. Die Verfeinerung der bildenden Kunst ist auch an deren Ornamenten und an den Symbolen erkennbar, die insbesondere in weibliche Statuetten eingeritzt werden. Die Rolle solcher Skulpturen für rituelle Zwecke verstärkt sich während der klassischen Periode der Donauzivilisation, d.h. im Verlauf des späten 5. und frühen 4. Jahrtausends v. Chr. (Kruta 1993: 57ff.).

Ähnlich wie im Fall anderer Technologien wie der Textilherstellung und der Keramikproduktion ist auch bei der Produktion von Skulpturen und Kultgegenständen zu beobachten, dass bestimmte Objekte an Popularität gewinnen, ihre Zahl zunimmt und dass sie sich an immer mehr Orten im gesamten Kulturareal verbreiten. Im 4. Jahrtausend v. Chr. entwickelt sich der Typ der weiblichen Statuette zum wichtigsten Kultobjekt: «Die große Mehrheit der Skulpturen in Südosteuropa im 4. Jahrtausend v. Chr. sind Abbilder von Frauen.» (Hodder 1990: 61)

Die Statuetten aus der Periode des ausgehenden 6. Jahrtausends v. Chr. können in vier Kategorien eingeteilt werden: (a) Statuetten ohne jeglichen Dekor, (b) Statuetten mit naturalistischen Verzierungen und dekorativen Motiven, (c) Statuetten mit geometrischen Verzierungen und abstrakten Motiven, (d) beschriftete Statuetten. Die Produktion von Statuetten der Kategorien (a) und (b) ist bereits aus vorsintflutlicher Zeit bekannt. Skulpturen der Kategorie (c) treten erstmals im ausgehenden 7. Jahrtausend v. Chr. auf, mit der Zeit werden sie zahlreicher. Die Kategorie der beschrifteten Statuetten (d) ist die vergleichbar jüngste. Solche Skulpturen tauchen erst in den Fundschichten nach 5500 v. Chr. auf (s. Kap. V).

Wesenszüge der Großen Göttin Die Große Göttin wurde jeweils mit bestimmten ihrer Einzelfunktionen identifiziert, so dass es letztendlich unerheblich ist, ob man den Kult als den einer einzigen (Großen) Göttin auffasst oder als die Einzelverehrung einer Reihe individueller weiblicher Gottheiten mit speziellen Aufgaben. Aus der Fülle an Skulpturen, insbesondere weiblichen Statuetten, lassen sich einige Grundtypen bildnerischer Darstellung ermitteln, mit denen sich bestimmte Wesenszüge der weiblichen Gottheit verbinden (Gimbutas 1989: 328f., 1991b: 90ff.):

Ikonographischer Grundtyp	Wesenszüge und elementare Funktionen
Vogelköpfige Göttin	Lebensspenderin, Spinnerin des menschlichen Schicksals
Schlangengöttin	Erhalterin der Lebensenergie, Symbol der Regeneration (Häutung der Schlange)
Schwangere Göttin	Symbol menschlicher Fruchtbarkeit
Gebärende Göttin	Geberin neuen Lebens
Kindeshüterin	Hüterin und Pflegerin des Nachwuchses (Darstellungen der Mutter mit Kind im Arm; auch in Tiergestalt: Bärenmutter mit Jungtier)
Junge Göttin mit erhobenen Armen	Hüterin der erwachenden Natur im Frühling
Göttin als reife Frau mit betonter Bauchpartie	Hüterin der irdischen Fruchtbarkeit
Aufrecht stehende Göttin (Fundstellen: Umgebung des Herdes)	Hüterin des häuslichen Herdfeuers, Schutzpatronin der Hausgemeinschaft

Aufrecht stehende Göttin (Fundstellen: Backöfen im Außenbereich)	Kornmutter, Schutzpatronin der Feldfrucht

Der Kult der Großen Göttin blühte nicht nur in der Kulturlandschaft Alteuropas auf, sondern er hatte sein Pendant in den Kulten Anatoliens. Die älteste Kultstätte der Göttin ist ihr Heiligtum in Çatal Hüyük. Der alte Name der Göttin ist nicht bekannt, vielleicht aber hat er sich im Namen der mächtigen Herrin Anatoliens erhalten, die uns in historischer Zeit als Kybele (Kubaba) entgegentritt. Kybele ist immer von Tieren begleitet. In Çatal Hüyük und Hacilar sind es Leoparden, später bei den Phrygern Löwen. Daher hat Kybele auch den Beinamen «Herrin der Tiere» bekommen. Bei den Hurritern und Hethitern war sie auch eine Berggöttin, d.h. sie trat als Naturgöttin auf, und ihre Heimstätte waren die Gipfel des Agdosgebirges. Die Phryger verehrten Kybele in einem Höhlenheiligtum.

In einer Inschrift des 13. Jahrhunderts v. Chr. aus der Stadt Karkemisch am Oberlauf des Euphrat wird Kubaba als Herrin der Stadt erwähnt, was darauf schließen lässt, dass sie auch in der Rolle der Schützerin des städtischen Gemeinwesens auftrat (Helck 1971: 244 f.). In dieser Funktion ist Kybele der griechischen Athene ähnlich, die als Schutzpatronin der Akropolis von Athen verehrt wurde. Kybeles Wahrzeichen als Stadtgöttin war die Mauerkrone. In dieser Rolle fand Kybele auch ihren Weg an die Küste Kleinasiens, wo sie in der Gestalt der Kybele-Artemis Herrin von Ephesos war.

Die Erinnerung an Kybele, die Ahnfrau der Artemis, hat sich in Anatolien über die Antike hinaus bis in die islamische Ära erhalten. Als die Seldschuken nach Kleinasien kamen und sich mit ihnen der Islam in Anatolien verbreitete, wurden zwar die alten Kulte verdrängt und auch die christlichen Stätten in Kappadokien allmählich aufgegeben, Kybele aber reservierte sich eine besondere Nische in der Kulturtradition der neuen türkischen Herren des Landes. Bis heute ist in der türkischen Sprache ein besonderer Ausdruck bewahrt worden: *kible* bedeutet sowohl ‹Richtung Mekka (während des Gebets)› als auch ‹Südwind›. Ganz offensichtlich war der Kult der Kybele auch in Mekka gepflegt worden, bevor Mohammed den Polytheismus dort im 7. Jahrhundert n. Chr. abschaffte.

Die Erinnerung an Kybele ist aber dort am vitalsten, wo sie ursprünglich gar nicht heimisch war, nämlich in Europa. Ihr Kult wurde in einer Phase größter Angst und Gefahr in Rom eingeführt. Im Jahre 204 v. Chr., während des Zweiten Punischen Krieges, drangen die Karthager unter Führung Hannibals auf ihrem Vormarsch in Norditalien in Richtung Hauptstadt vor. Die Römer suchten Rat in ihrer Sammlung von Weissagungen, in den Sibyllinischen Büchern, und fanden dort den Spruch: *«Mater abest: Matrem iubeo, Romane, requiras!»* (‹Es fehlt die Mutter: die Mutter zu suchen, heiße ich dich, Römer!›).

In der Tat fehlte im römischen Pantheon der damaligen Zeit eine Schutzgottheit mit wehrhaften Funktionen, die sich als Schützerin der Stadt Rom eignen konnte. Damals am bekanntesten war die *Mater Idaea* (‹Die Mutter vom Berg Ida›), die in der Heimat des Aeneas verehrte Kybele. Die Römer machten sich auf, die kleinasiatische Göttin nach Italien zu holen. Im Heiligtum von Pessinous, rund 130 km südwestlich von Ankara gelegen, wurde die Göttin in Gestalt eines Meteoriten angebetet, der ihr heiligstes Kultobjekt war (Akurgal 1990: 503 f.). Nach intensiven diplomatischen Verhandlungen mit dem König von Pergamon, zu dessen Machtbereich der heilige Bezirk gehörte, und mit Zustimmung der Priesterschaft von Pessinous erhielten die Römer die Erlaubnis, den schwarzen Meteoriten nach Rom zu holen.

Ihre erste Heimstätte fand Kybele, die von den Römern respektvoll *Mater deum* [Alternativform zu *deorum*] *Magna Idaea* (‹Die große Göttermutter vom Berg Ida›) oder einfach *Magna Mater* genannt wurde, im Victoriatempel auf dem Palatin. Mit Kybele hatte Rom eine Schutzgöttin gewonnen, die der karthagischen Göttin Tanit die Stirn bieten konnte. Die *Magna*

Mater bezeugte ihren neuen Schützlingen ihre Gunst. Im Jahre 203 v. Chr. zogen die Karthager aus Italien ab, und ein Jahr später wurde der Krieg für die Römer siegreich beendet. Im Jahre 191 v. Chr. baute man der Göttin einen eigenen Tempel auf dem Palatin. Lange noch wurde der Meteorit, dem magische Kräfte zugesprochen wurden, als ihr Symbol angebetet; er wurde später in die Bronzestatue der Göttin eingelassen, die man im 2. Jahrhundert n. Chr. in ihrem Tempel aufstellte.

Die Töchter der Großen Göttin in den altägäischen Kulturen

Die Große Göttin und ihr Kult erleben vielfältige Transformationen. So wie sich die Lebensgewohnheiten der Menschen von einer Generation zur nächsten verändern können, so wandeln sich auch Traditionen des Kultlebens. Der Entwicklungstrend geht in Richtung einer Ausgliederung des ursprünglichen Prototyps einer weiblichen Gottheit in zahlreiche lokale Göttinnenkulte. Das alteuropäische Erbe lebt weiter in der Kulturlandschaft der ägäischen Inseln, auf den Kykladen und in Altkreta. Auch auf Zypern wandelt sich der Kult einer alten Fruchtbarkeitsgöttin in den der Aphrodite.

Es gibt Göttinnengestalten, die korrespondierend – aber mit unterschiedlichen Zügen – in Europa und in Anatolien in Erscheinung treten. Dies gilt für Artemis, die in Europa die Tradition der Großen Göttin als Schutzpatronin der Natur und der Tiere fortsetzt. In Kleinasien dagegen leitet die Kybele-Verehrung der Frühzeit über in den Kult der Artemis als mächtige Stadtschützerin. In Perge blickt die Göttin auf eine ähnlich lange Tradition zurück wie die zyprische Aphrodite. Das Zentrum der kleinasiatischen Artemis aber war eine Kultstätte, die erst in mykenischer Zeit entstand, Ephesos an der Ostküste der Ägäis. Hier baute man in griechischer Zeit eines der sieben Weltwunder, das Artemision (Ekschmitt 1984: 86ff.).

Nach den von der indoeuropäischen Einwanderung in Südosteuropa ausgelösten Erschütterungen lebt die alteuropäische Kulturtradition auf den Inseln der Kykladen erneut auf. In der zweiten Hälfte des 4. Jahrtausends v. Chr. nimmt die bis dahin eher unscheinbare Kykladenkultur einen deutlichen Aufschwung. Es entwickelt sich im 3. Jahrtausend v. Chr. eine blühende Kulturlandschaft, die älteste der ägäischen Bronzezeit. Die Entfaltung des kulturellen Lebens auf den Kykladen bedeutet Wiederaufnahme, Fortsetzung und Weiterentwicklung des älteren, aus den Festlandregionen des Balkan in die Ägäis hinübergeretteten Erbes.

Dieser Zusammenhang wird in den archäologischen Leitformen sichtbar, an ihrer Stilistik und Ornamentik. Eine der wichtigsten dieser Leitformen sind die Idolfiguren. In der Idolkunst der Kykladen sind von Anbeginn zwei Richtungen vertreten, eine naturalistische und eine abstrakt-stilisierende (Abb. 8). Besonders reichhaltig ist das Repertoire der extrem stilisierten Frauengestalten, die wegen ihrer charakteristischen Form als «Violinidole» bezeichnet werden. In ihnen scheint eine gleichsam zeitlose Ästhetik auf (Renfrew 1991: 74 ff.). Die in der Schlichtheit ihrer Formgebung dennoch ausgereifte Stilfülle der kykladischen Idole ist den Europäern erst in den 1930er Jahren durch die Dokumentation des polnischen Forschers K. Majewski bekannt geworden. Die Kykladenidole haben vielleicht gerade wegen ihrer exotischen Ästhetik so manchen modernen Künstler inspiriert. Bei den Plastiken Henry Moores sind die Ähnlichkeiten zwar frappant, aber wohl nicht bewusst so angelegt; Constantin Brancusi hingegen hat sich nach eigenen Äußerungen von den neolithischen Skulpturen seiner rumänischen Heimat und von den Idolen der Kykladen inspirieren lassen.

Es gibt keine Statuen der kykladischen Göttin, so wie dies aus der griechischen Antike bekannt ist. Die Existenz der Gottheit lässt sich allerdings aus der Fülle der weiblichen Idolfiguren und von Grabbeigaben erschließen, deren Symbolik die Traditionen Alteuropas fortsetzen. Die Beigaben in den kykladischen Gräbern wie Idole, Schmuck, Gefäße und anderes sind wohl als Kultobjekte zu betrachten, die speziell für die Begräbniszeremonie bestimmt waren. Erlauben solche Beigaben Rückschlüsse

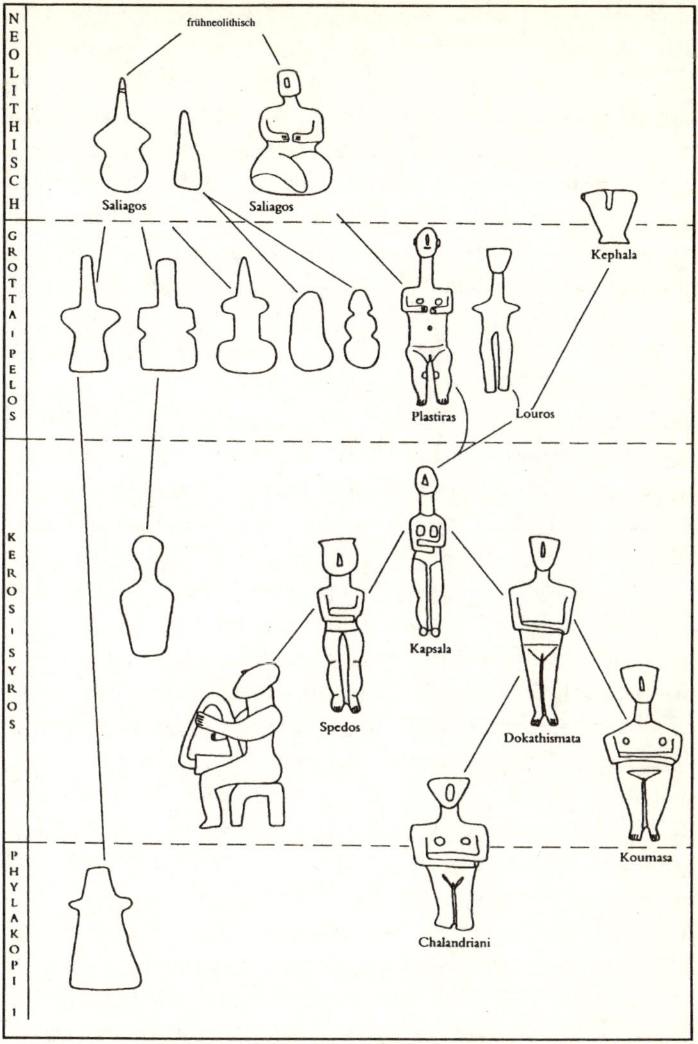

Abb. 8: Kykladische Idolfiguren (nach Renfrew 1991: 91).
Die Ortsnamen bezeichnen Hauptfundorte der betreffenden Epochen.
Neolithisch: 6.–5. Jt. v. Chr.; Grotta-Pelos: ca. 3200–2700 v. Chr.;
Keros-Syros: ca. 2700–2100 v. Chr.; Phylakopi I: ca. 2400–2200 v. Chr.

auf die Natur der kykladischen Göttin? War sie eine Vegetationsgöttin wie ihre Mutter in Alteuropa oder eine wehrhafte Schützerin wie Kybele? Die weiblichen Aspekte in der sakralen Kunst der Kykladen sind erst in jüngster Zeit gedeutet worden. So kann etwa das häufige Spiralmotiv in Zusammenhang gesetzt werden mit dem Kult der Sonne, der weiblich personifiziert wurde, u.a. auch in Bestattungsritualen (Goodison 1989: 49). Dieser Interpretation zufolge wäre die kykladische Sonnengöttin vergleichbar mit der hethitischen Arinna (Ariniddu) oder der hurritischen Hebat.

Um 2000 v. Chr. erlahmt das Kulturschaffen auf den Kykladen. Die Violinidole verlieren ihre klassisch-ästhetische Formgebung und wirken nurmehr schematisch. Die kykladische Kultur erlebt aber eine Nachblüte, als im 14. Jahrhundert v. Chr. die Mykener die politische Macht auf den Inseln übernehmen. Phylakopi auf Melos findet das besondere Interesse der neuen Herren, die dort die Stadt und das alte Heiligtum ausbauen. In der religiösen Ikonographie spiegelt sich der Wandel in der Kunstästhetik vom 3. zum 2. Jahrtausend v. Chr. wider. Bei der Gestaltung der weiblichen Idolfiguren verstärkt sich die Tendenz zum Naturalismus. Ihren sublimen Ausdruck findet diese Neuausrichtung in der mykenischen Ästhetik der Weiblichkeit. Ein augenfälliges Beispiel ist die Madonna von Phylakopi (ca. 1370 v. Chr.), eine dunkelrot bemalte Tonfigur, die zusammen mit Stierfiguren im heiligen Bezirk gefunden wurde.

Die kykladische Sonnengöttin hatte eine ägäische Schwester, die Schlangengöttin Altkretas. Von ihr ist sogar der Name überliefert, der nach seiner Schreibung in Linear A als *A-sa-sa-ra* zu lesen ist. In ihren wesentlichen Zügen sind die minoische Religion und ihre Symbolik bereits in der Zeit vor dem Bau der Paläste, womit etwa 2100 v. Chr. begonnen wurde, ausgeprägt. Die Minoer haben in ihrer religiösen Kunst den archaischen alteuropäischen Trend zur Stilisierung allmählich gelockert und das künstlerische Repertoire durch die Betonung naturalistischer Darstellungen bereichert.

Die ältesten weiblichen Skulpturen, die auf Kreta gefunden wurden und ins 7. Jahrtausend v. Chr. datiert werden, zeigen die typisch alteuropäischen Züge und lassen noch keine lokale Eigenentwicklung der Kunst erkennen. Die Verhältnisse ändern sich in der zweiten Hälfte des 3. Jahrtausends v. Chr., genauer gesagt während der Periode Frühminoisch IIB, deren Beginn auf ca. 2400 v. Chr. angesetzt wird. Seit jener Zeit häufen sich Skulpturen mit lokalen Eigenheiten. Eine der ältesten plastischen Ausführungen, die weniger schematisch anmutet als die frühneolithischen, ist ein Weihgefäß (Rhyton) in Form einer Frauengestalt. Das bauchige Gefäß formt den Körper der «Göttin von Myrtos». Die Brüste sind plastisch hervorgehoben, der Hals ist überproportional lang gestreckt, die Form des Kopfes und die Gesichtszüge muten vogelhaft an. Vielleicht ist diese Skulptur die älteste Kretas, in der die Fusion anthropomorpher Züge (Frauengestalt) und zoomorpher Eigenschaften (Attribute eines Vogels) nach alteuropäischem Vorbild wiederholt werden.

Variantenreich entfaltet sich die Kleinplastik während der Palastperiode. Aus jener Zeit sind viele Darstellungen der Göttin mit mehr oder weniger naturalistischen Zügen, in verschiedenen Posen und mit den unterschiedlichsten Attributen bekannt. Eine der bevorzugten Posen der Göttin ist die mit erhobenen Armen, eine Haltung, die Segnung oder auch respektheischende Aufmerksamkeit ausdrücken kann.

Beachtlich ist auch der Variantenreichtum weiblicher Darstellungen auf Reliefs, Freskenbildern und Siegelabdrücken, oft verschwimmen die Grenzen zwischen rein anthropomorphen und zoomorphen Merkmalen. Da gibt es Frauengestalten mit menschlichen Körpern, aber mit Extremitäten wie von Insekten (vielleicht Bienen?), mit Armen wie Schmetterlingsflügeln, mit Vogelköpfen oder mit einem oval geformten Unterkörper wie der einer Biene und ansonsten menschlichen Gliedern.

Diese aus der Donauzivilisation bekannten Metamorphosen, oder genauer Teilmetamorphosen, dienten auch in Kreta dazu, bestimmte funktionale Aspekte des Göttlichen zu betonen, weshalb zoomorphe Merkmale auch direkt mit der anthropomorphen Gestalt der Göttin verschmolzen. Anhand der Kombinatorik und Assoziation spezifischer Motive mit einer zentralen weiblichen Gestalt haben die Forscher der minoischen Göttin bestimmte Funktionen zugewiesen. So wurde die Gottheit als «Meeresgöttin», als «Muttergöttin», als «Herrin der Tiere» bezeichnet oder als «Schlangengöttin» nach der berühmten Statuette aus dem Heiligtum von Knossos. Alle diese Einzelfunktionen leiten sich von einer Grundvorstellung ab, nämlich von der minoischen Gottheit als «allgemeine Göttin der Natur, die verantwortlich ist für den rekurrierenden Zyklus von Leben und Sterben der Natur und der Menschen» (Dietrich 1973: 2).

Abgesehen vom Schlangenmotiv ist die Doppelaxt «das wichtigste von allen minoischen religiösen Symbolen» (Hägg 1985: 207). Beweise dafür, dass es auch zum Kreis der ältesten Motive der altkretischen Kunst gehört, gibt es in Form einer einfachen Steinaxt und als Ritzzeichnung auf einer Keramikscherbe aus dem 3. Jahrtausend v. Chr. Seit der frühminoischen Periode II (beginnend ca. 2600 v. Chr.) finden sich auch Exemplare der Doppelaxt in Bronze.

Das frühe Auftreten der Doppelaxt in modellierter Form und als Motiv der ornamentalen Kunst Altkretas hat die meisten Forscher dazu verleitet, bei der Ausdeutung der religiösen Symbolik des Motivs von der Funktion der Axt als Werkzeug auszugehen. Von diesem Standpunkt aus gelangt man zu keiner anderen Erklärung, als dass die Doppelaxt ein Requisit einer männlichen Gottheit sei, eine Waffe, die vielleicht die Autorität einer männlichen Herrschergestalt symbolisierte, als Zeichen des Kultes einer männlichen Gottheit, so wie die Doppelaxt des Zeus Labrandeus aus Kleinasien oder der Dreizack des Poseidon.

Wenn man die Doppelaxt als Schlachtwerkzeug von Opfertieren oder als Hiebwaffe interpretiert, wäre es naheliegend, die Axt mit einem Gott zu assoziieren, vielleicht mit der Gestalt eines Wettergottes. Erweitert sich der altkretische Pantheon zu einer Gruppe von Gottheiten mit sowohl weiblichen als auch männlichen Figuren? Die Doppelaxt könnte auch in Verbindung mit den Doppelhörnern, den Bukranien, als Symbol des männlichen Partners der Göttin gedeutet werden. Dann wäre die Doppelaxt in den Händen der Göttin der symbolische Ausdruck der Heiligen Hochzeit (s. a. S. 168 f.).

Solche Deutungen sind allerdings ziemlich spekulativ und basieren ganz einfach auf einer Fehleinschätzung. Die Perspektive ändert sich nämlich vollständig, wenn man sich fragt, ob nicht das seit Beginn der minoischen Religionsgeschichte auftretende Axtmotiv die Stilisierung eines naturalistischen Motivs sein kann. Konzentriert man sich bei der Ausdeutung des Motivs auf dessen Form und bezieht die religiöse Symbolik Alteuropas vergleichsweise in die Betrachtung ein, so bereitet die Erklärung des Doppelaxtmotivs als stilisierte Schmetterlingsgestalt keine sonderlichen Schwierigkeiten. Auf die Beziehung zwischen den Motiven der Doppelaxt und des Schmetterlings ist schon früh hingewiesen worden (Buchholz 1962).

Für das Verständnis der Stilisierungsphasen vom Schmetterling zur Doppelaxt sind vor allem solche Darstellungen wichtig, in denen die Doppelaxt in doppelter Ausführung auftritt, also gleichsam als Doppeldoppelaxt. Solch ein Objekt kann gar nicht funktionell erklärt werden, es wäre weder als Werkzeug noch als Waffe funktionsfähig. Hier ist allein die äußere Form ausschlaggebend, die die schuppige Oberfläche eines Schmetterlings in ihrer Doppellage stilisierend wiedergibt. Der Vergleich mit der figuralen Kunst Alteuropas legt die Vermutung nahe, dass das Motiv im Zuge der Kulturdrift vom Festland bereits in seiner hochstilisierten Gestalt von den Minoern übernommen worden ist.

Die Motivation für die Transformation des Motivs des Schmetterlings in das der Doppelaxt, d. h. vom Bereich des Organischen in den des Anorganischen, erscheint plausibel gerade im Zusammenhang mit der zivilisatorischen Entwicklung. In der frühen Agrargesellschaft Alteuropas verband man die Idee der Metamorphose im Vegetationszyklus mit einem Naturmotiv

(Schmetterling), in der Gesellschaft der Bronzezeit ist die stilisierte Form dieses sakralen Naturmotivs aus dem Material, der die Epoche ihren Namen verdankt, aus Metall (Axtgestalt).

Die formorientierte Interpretation des Doppelaxtmotivs und seine Assoziation mit dem Schmetterling als Sinnbild der Wiedergeburt und des Lebenszyklus bestätigt die Auffassung von der minoischen Religion als der einer Weltanschauung, die vom Wirken der großen Naturgöttin bestimmt wird. Die Regeneration der Vegetation wird konkret durch den Schmetterling mit seiner charakteristischen biologischen Metamorphose vom Raupenstadium über das Puppenstadium zum ausgewachsenen Insekt symbolisiert, und in abstrakter Form durch seine künstlerische Metamorphose, nämlich die Stilisierung zum Doppelaxtmotiv. Die Assoziation der Regenerationssymbolik mit dem Wirken der Göttin erfolgt durch die funktionale Metamorphose. Der Schmetterling wird zur Erscheinungsform der Göttin, zu ihrer Epiphanie. Die Doppelaxt ist insofern ein durchaus «weibliches» Element im minoischen Repertoire religiöser Symbole. Entsprechend sind auch alle Kombinationen des Doppelaxtmotivs mit anderen Symbolen, wie Bäumen, Doppelhörnern, Vögeln usw. als Assoziation mit einem Kennzeichen der weiblichen Gottheit auszudeuten.

V
Schrift – Höchstleistung der Donauzivilisation

Die traditionsreiche Lehrmeinung, wonach die Schrift um 3200 v. Chr. von den Sumerern erfunden worden sei, hält sich hartnäckig bis heute, obwohl in Ägypten inzwischen Schriftfunde gemacht worden sind, die noch älter sind. *Ex oriente lux* – die alte Weisheit, wonach das Licht der Zivilisation im Osten aufging, ist also in jedem Fall veraltet. Nach den Entdeckungen alter Schriftdokumente in Ägypten hätte man wohl sagen müssen: *ex meridie lux*, aus dem Süden kommt das Licht. Aber auch diese Lehrmeinung trifft nicht mehr zu, seit die alten Kulturschichten Südosteuropas mit Hilfe der Dendrochronologie neu datiert worden sind. Zeiträume, die nach einfachen Radiokarbonmessungen (C 14-Datierung) nur wenige Jahrhunderte umfassten, weiten sich jetzt auf Jahrtausende aus. Der Zeitrahmen der neuen Kulturchronologie bietet so manche Überraschung, wozu auch eine der großen Sensationen der Schriftgeschichte gehört. Die ältesten Schriftfunde der Welt stammen aus dem Gebiet der Donauzivilisation (Abb. 9).

Angesichts der erstaunlichen Kulturleistungen der Donauzivilisation und ihres Reichtums an visuellen Motiven kann es nicht verwundern, dass dort auch schon früh Schrift in Gebrauch war, also jene Technologie, durch die sich jede Hochkultur auszeichnet. Unter den zahlreichen Fundstücken sind solche, die eine eigene Gruppe bilden. Diese Gegenstände fallen dadurch auf, dass sich auf ihnen Sequenzen eingeritzter Zeichen befinden. Die Art und Weise, wie Beschriftungen auf den Statuetten platziert sind, unterscheidet sich deutlich von der Anordnung der Ornamente oder dekorativen Motive. Der ornamentale Dekor der Statuetten wird von einer rigiden Symmetrie dominiert, wo-

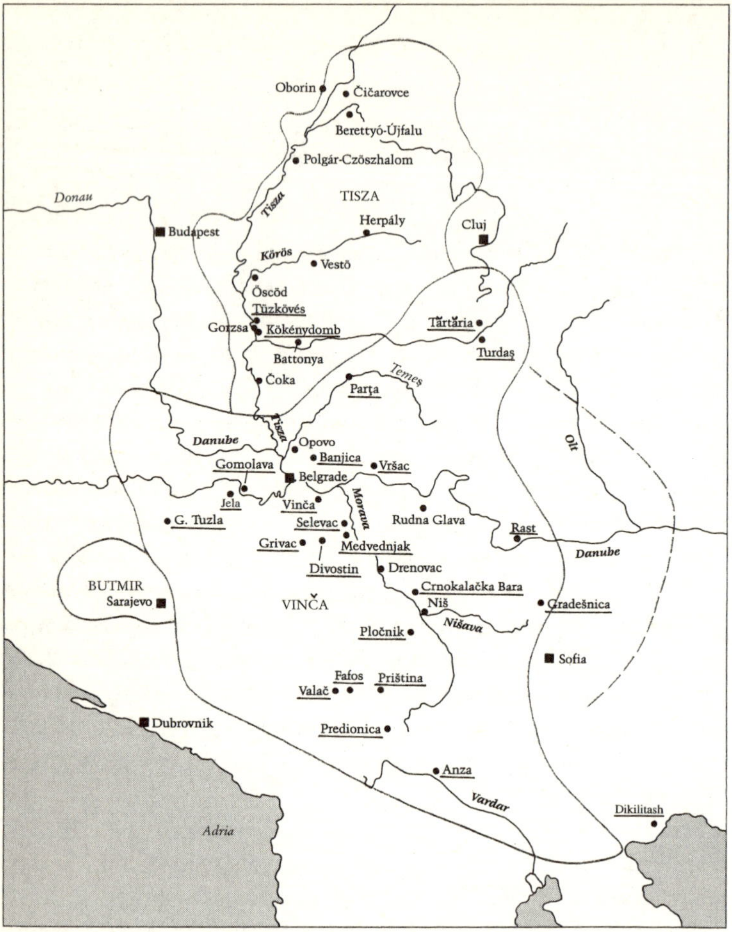

Abb. 9: Siedlungen des 5. Jahrtausends v. Chr. in der Vinča-Region, Orte mit Schriftfunden sind unterstrichen (nach Gimbutas 1991a: 63 und Winn 1981: 15 mit Ergänzungen).

hingegen die Platzierung von Schriftzeichen zum Ausdruck von Wortketten keinem symmetrischen Prinzip unterliegt. Die Zeichenfolge ist am Inhalt der Mitteilung orientiert, nicht an den Normen einer ästhetischen Symmetrie von Motiven im Schmuckdekor.

Die Entstehung der Schrift in Alteuropa

Schrift war vor den Klimaschwankungen des 7. und 6. Jahrtausends v. Chr. nicht gebräuchlich. Allerdings sind die mit Ritzzeichen versehenen Objekte der Donauzivilisation nach der neuen Kulturchronologie viel älter als bisher angenommen. Die ältesten Objekte stammen aus der Periode zwischen 5500 und 5000 v. Chr., aus einer Zeit also, als es die sumerische Zivilisation noch gar nicht gab. Hierzu gehören Kultgegenstände wie Schalen und Becher, vor allem aber weibliche Statuetten, auf deren Körpern bestimmte Zeichengruppen eingeritzt sind.

Forscher, die sich intensiv mit den Fundstücken befasst haben, sind sich einig, dass es sich bei den Zeichen weder um dekorative Motive noch um magische Symbole handelt. In ihrer Vielfalt weichen diese außerdem von den religiösen Grundsymbolen Alteuropas ab, so dass als Identifizierung dieser Zeichengruppen nur eine alternative Deutung bleibt: es handelt sich um Schrift. Dies bedeutet, dass die Anfänge der Schriftgeschichte weit zurückverlegt werden müssen. Die alteuropäische Schrift ist rund zweitausend Jahre älter als die sumerische. Das Licht der Zivilisation ging im Westen auf – *ex occidente lux.*

Die Existenz von Schrift in Alteuropa wird heute nicht mehr prinzipiell in Frage gestellt. Bis in die 1980er Jahren jedoch kamen gewisse Berührungsängste darin zum Ausdruck, dass die Skeptiker in der Schriftforschung die Schrift Alteuropas durch Anführungszeichen kennzeichneten, also alteuropäische «Schrift» im Deutschen, *Balkan «script»* im Englischen und *«écriture» néolithique* im Französischen. Inzwischen nimmt die Zahl der Befürworter beständig zu, und eine Schreibung ohne Anführungszeichen setzt sich immer mehr durch. Die Bedeutung des frühen Schriftgebrauchs für die Interpretation des alteuropäischen Kulturmilieus als Prototyp einer archaischen Zivilisation wird dagegen weiterhin verkannt.

Wie fügt sich die Schrifttechnologie ein in das Panorama der anderen innovativen Technologien, die den fortschrittlichen Kurs der Donauzivilisation im 6. und 5. Jahrtausend v. Chr. bestimmen? In der Kulturentwicklung der südlichen Schwarzmeerregion fällt bereits für die Phase gleich nach der Eiszeit auf, wie vielfältig und reich an Einzelmotiven der visuelle Symbolschatz ist (Kozlowski 1992: 72 f.). Die Verwendung von naturalistischen, aber mehr noch von abstrakten Motiven im Dekor von Schmuck (z. B. Zickzack-Bänder, V- und Mäander-Zeichen auf einem Armreifen aus Tierknochen), von Ritualgefäßen im Dienst des Göttinnenkults verdichtet sich bereits in der Ära vor der Großen Flut. In der Zeit danach erlebt dieser Symbolgebrauch dann eine qualitative Spezialisierung. Mit zunehmender Verfeinerung des Göttinnenkults verstärkt sich ganz offensichtlich das Bedürfnis, auch die Kommunikation zwischen den Menschen und der Sphäre des Göttlichen zu verfeinern. Und der Einsatz von Schrift zur Präzisierung des Inhalts von Gebeten, Anrufungen, Opferweihen oder anderen rituellen Handlungen war die einzige innovative Technologie, die dies leisten konnte.

Lange Zeit waren die Schriftforscher fixiert auf die Exklusivität der mesopotamischen Schrifttradition. Die Existenz von frühen Schriftdokumenten auf europäischem Boden konnte daher nur aufgefasst werden als Phänomen einer kulturellen Ausstrahlung von Osten nach Westen. Das Fehlen einer verlässlichen Kulturchronologie für das Neolithikum in Südosteuropa leistete solchen Assoziationen Vorschub. Eines der ältesten Schriftzeugnisse der Donauzivilisation sind die Schrifttafeln von Tărtăria in Transsylvanien, deren Entstehungszeit noch in den 1970er Jahren fälschlich ins 3. Jahrtausend v. Chr. datiert wurde. In einem solchen Zeitrahmen erschien die Suche nach mesopotamischen Vorbildern für den Schriftgebrauch in Europa unbedenklich. Es wurde viel über mögliche Handelskontakte spekuliert, über die Sumerer nach Europa gekommen sein könnten. Man stellte sich die Anwesenheit sumerischer Prospektoren vor, die angeblich die Metallvorkommen in Rumänien ausgebeutet hätten. Diese Besucher aus dem fernen Kulturland Sumer hätten womöglich eine Kolonie in Transsylvanien gegründet und dann auch die Rolle von Kulturheroen übernommen, indem sie den unzivilisierten Europäern die Schrift «schenkten». Solche Spekulationen wurden hinfällig, nachdem die neue Kulturchronologie für Südosteuropa die Einordnung der Schriftfunde Alteuropas in einen neuen Zeitrahmen ermöglichte. Demnach sind die Schrifttafeln von Tărtăria bereits um 5300 v. Chr. entstanden.

Was die Forscher beeindruckt, aber zu falschen Schlussfolgerungen verleitet hat, sind auffällige Parallelen zum Zeichenschatz der altsumerischen Piktographie, also desjenigen Schriftsystems, das bei den Sumerern vor der Entwicklung der Keilschrift in Gebrauch war. Orientalisten, die sich mit den Schrifttafeln von Tărtăria beschäftigt haben, bestätigen, dass es Ähnlichkeiten im Zeichenbestand beider Schriften gibt, dass eine Lesung der Inschriften aus Transsylvanien mit Hilfe sumerischer Zeichen aber keinen Sinn ergibt. Von einem Schriftexport aus Mesopotamien in die Balkanregion kann daher keine Rede sein: «Diese Täfelchen sind also keine Hinweise auf Übernahme ‹sumerischer› Schrift durch die Bewohner dieser Gegend.» (Helck 1979: 12) Auch bestimmte technische Details der Schrifttafeln von Tărtăria sprechen eindeutig dagegen: «Ihre materielle Beschaffenheit ebenso wie der Charakter der Gravuren schließen die Möglichkeit eines nahöstlichen Imports aus.» (Masson 1984: 116, Fn 75)

Da inzwischen bekannt ist, dass die Donauzivilisation weitaus älter ist als die sumerische Zivilisation im Zweistromland, ist es nicht mehr sinnvoll, nach sumerischen Kultureinflüssen in Südosteuropa zu fragen. Vielmehr wird bereits die Frage gestellt, ob nicht die alteuropäische Schrifttradition ihrerseits der sumerischen Kultur Impulse vermittelt haben könnte (s. Kap. IX). Die Zahl der Forscher, die über die in der Geschichte später verschüttete alte west-östliche Kulturdrift ernsthaft nachdenken, ist

1

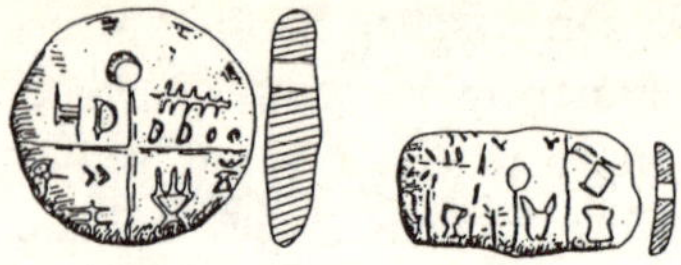

2

3

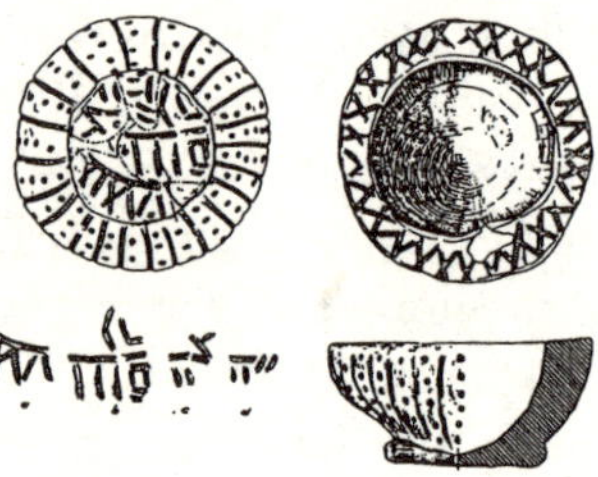

4

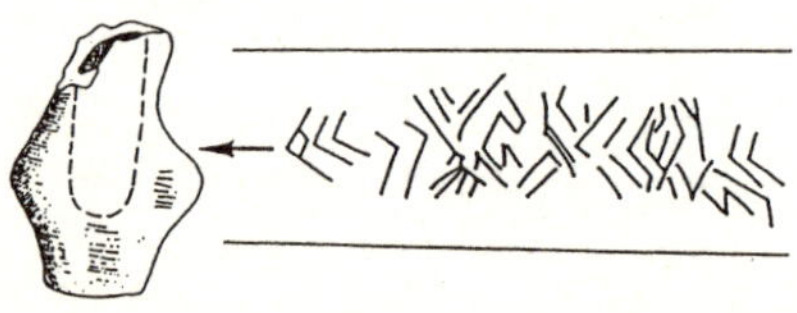

5

6

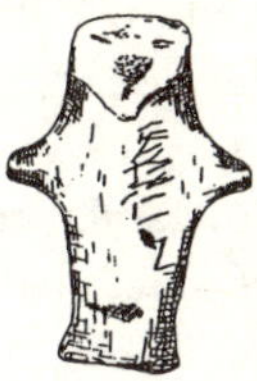

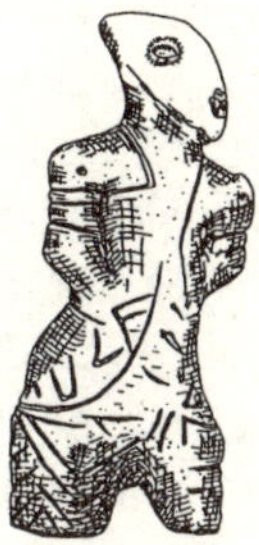

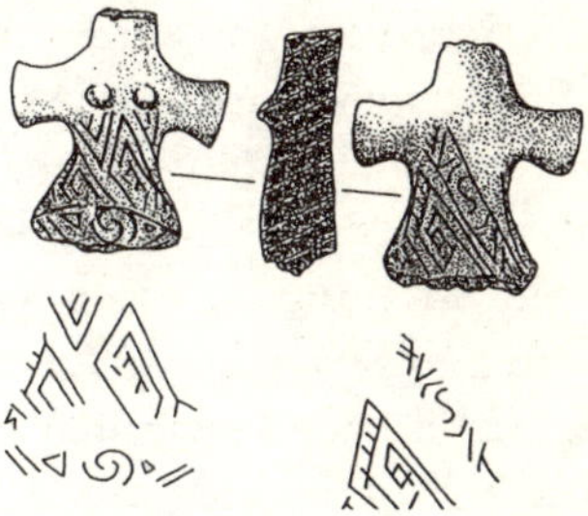

7 8 9

Abb. 10: Beschriftete Objekte aus Fundstätten der Donauzivilisation (nach Haarmann 1999: 203, 204).

1: Schrifttafeln von Tărtăria in Transsylvanien, ca. 5300 v. Chr.

2: Beschriftete anthropomorphe Vase aus Kökénydomb (nahe Szeged, Südungarn), ca. 5300–5000 v. Chr.

3: Siegelgefäß aus Daia Română in Transsylvanien, frühes 5. Jt. v. Chr.

4: Beschriftetes Weihgefäß aus Vinča in Serbien, Mitte des 5. Jt. v. Chr.

5: Kultschale aus Gradešnica (Nordwest-Bulgarien), ausgehendes 5. Jt. v. Chr.; auf der Außenseite befindet sich eine stilisierte anthropomorphe Figur, auf der Innenseite eine Inschrift, wahrscheinlich eine Weihinschrift.

6: Beschrifteter Spinnwirtel aus Dikili Tash (Nordgriechenland), um 4000 v. Chr.

7–9: Beschriftete Statuetten aus den Kulturprovinzen der Donauzivilisation, ausgehendes 6. bis frühes 4. Jt. v. Chr.

bislang verschwindend klein. Da diese Domäne der Forschung noch so wenig bearbeitet worden ist, stellt sie andererseits eine große Herausforderung dar.

Die Anfänge des Schriftgebrauchs in den Kulturstätten der Donauzivilisation sind bescheiden, so wie dies in allen frühen Zivilisationen der Fall ist. Bisher sind nicht sehr viele Dokumente mit längeren Inschriften gefunden worden. Beispiele für solche Schriftzeugnisse zeigt Abb. 10.

Die meisten Schriftfunde stammen aus der zweiten Hälfte des 5. vorchristlichen Jahrtausends, d. h. aus einer Periode zwischen 4500 und 4000 v. Chr. Beschriftete Gegenstände sind in einer breiten Streuung an nicht weniger als 35 Siedlungsplätzen der Donauzivilisation entdeckt worden. Die meisten der mehr als 1500 inzwischen bekannten Inschriften stammen aus dem zentralen Kulturareal, dessen Zentrum Vinča war. Der Schriftgebrauch setzt im Norden der alteuropäischen Kulturzone ein und verbreitet sich allmählich nach Süden. Auch an der Peripherie, im Areal der Kultur von Cucuteni-Tripolye (südliche Ukraine) sind beschriftete Objekte gefunden worden. Die jüngsten Inschriften stammen aus dem nördlichen Griechenland, und zwar aus der Zeit um 3200 v. Chr.

Eine besonders typische Kategorie von beschrifteten Objekten, gleichsam eine Leitform für die Schriftgeschichte der Donauzivilisation, sind Statuetten aus Ton, die in großer Zahl an den Kulturstätten im Vinča-Areal gefunden worden sind. Von diesen Figuren hat die Mehrheit weibliche Attribute. Die Statuetten fügen sich funktionell als Votivgaben (in Heiligtümern und als Grabbeigaben) sowie als Identifikationssymbole (in der weiblichen Sphäre des Haushalts) in das Gesamtbild einer matrifokalen Gesellschaftsform, wie sie für die Donauzivilisation rekonstruiert werden kann (s. Kap. VII).

Hinsichtlich der sozialen Funktionen von Schrift fallen deutliche Unterschiede zwischen der Donauzivilisation und Mesopotamien auf. Dort stehen die Anfänge der Schriftverwendung in einem profanen, ökonomisch-bürokratischen Zusammenhang. Die frühen Schriftzeugnisse in Europa sind jedoch keine Warenlisten oder Steuerurkunden, es sind in der Hauptsache Kultobjekte, die aus heiligen Bezirken, aus dem Umfeld von Hausaltären oder von solchen Stellen stammen, wo rituelle Handlungen der verschiedensten Art ausgeführt wurden. Letzteres gilt etwa für die heimische Herdstelle, die in vielen Kulturen (so auch in Alteuropa und im antiken Griechenland) als Sitz der häuslichen Schutzgeister galt.

In der Donauzivilisation ist die Schrift also ein Medium im Dienst der religiösen Vorstellungswelt. Bestimmte beschriftete Objekte stehen in einer klaren Beziehung zu weiblichen Tätigkeiten. Dies gilt einmal für die weiblichen Statuetten, die im Umfeld der häuslichen Backöfen gefunden wurden. Das Brotbacken war in den Schwarzmeerkulturen seit alters her eine Aufgabe der Frauen, und die weiblichen Statuetten neben dem Ofen zum Brotbacken können unschwer als rituelle Objekte gedeutet werden, als Talismane, die die Zuwendung der Großen Göttin als Schutzpatronin des Ackerbaus und der Getreidewirtschaft sichern sollten.

Eine andere Kategorie beschrifteter Objekte in enger Assoziation mit weiblichen Tätigkeiten sind Spinnwirtel, also Webutensilien, und in den allermeisten Kulturen der Welt ist dieses Handwerk eine weibliche Tätigkeit. In Südosteuropa war das Weben aufs Engste mit weiblichen Gottheiten als Schutzpatroninnen dieses Handwerks assoziiert. Deutlich sind solche Assoziationen in der griechischen Mythologie verankert. Die Tätigkeit des Webens wird symbolisch mit Göttinnen wie Hera, Aphrodite, Athene und Artemis verknüpft (Scheid/Svenbro 1996: 18 ff.). Athene bringt nach mythischer Überlieferung den irdischen Frauen das Weben bei. Für die Statue der Athene auf der Akropolis wurde anlässlich des alljährlichen Panathenaia-Festes ein Umhang gewebt, und heiratsfähige Frauen brachten der Artemis an ihren Kultplätzen Textilien sowie Webutensilien als Weihgaben dar. Spinnwirtel wurden auch im klassischen Griechenland beschriftet, und die viel älteren alteuropäischen Vorbilder sind wie diese unschwer als Invokationen an die Schutzpatronin des Webens zu verstehen.

Die Texte der alteuropäischen Inschriften sind also nicht für den Informationsaustausch, nicht für die Kommunikation zwischen den Menschen untereinander bestimmt, sondern dienen der Intensivierung des spirituellen Kontakts zwischen den Menschen und dem Göttlichen. Weihinschriften, Invokationen oder rituelle Formeln prägen die Schriftlichkeit in der Donauzivilisation. Ansätze für praktisch-profane Verwendungen der Schrift lassen sich erst für die Spätphase nachweisen. Aus dem ausgehenden 5. Jahrtausend v. Chr. stammen beschriftete Gewichte.

So mancher Forscher tut sich schwer mit diesem gleichsam exklusiven Gebrauch von Schrift, und es gibt Stellungnahmen, wonach die Existenz von Schrift in Alteuropa eben deshalb ausgeschlossen wird, weil Schrift per definitionem für den Informationsaustausch in einer bestimmten Sprachgemeinschaft bestimmt sei. Wenn der funktionale Bereich von Schrift von vornherein derart einseitig eingegrenzt wird, können bestimmte Frühstadien von Schrift in den Zivilisationen der Alten Welt gar nicht in ihrer kulturellen Einbettung begriffen werden. Damit bleibt dann auch der Entwicklungsprozess früher Schriftsysteme unerklärt.

Die funktionale Einbindung der alteuropäischen Schrift in das Kultleben der frühen Ackerbauern in Südosteuropa findet ihre Parallele in der frühen Zivilisation Chinas, wo die Schriftentstehung ähnlich motiviert ist wie in Europa. Im Frühstadium des Schriftgebrauchs in China – während der späten Shang-Periode und der älteren Zhou-Periode (ca. 1200–8. Jahrhundert v. Chr.) – hatte die Allgemeinheit keinen Anteil am Schriftgebrauch. Die

Technologie «Schrift» stand ausschließlich im Dienst des Orakelwesens, und davon profitierten allein der Kaiser und Angehörige der Herrscherfamilie. Die Befragung der Ahnengeister und die Erkundung guter oder schlechter Fügung der Schicksalsmächte wurde intensiviert durch das mächtige Medium der Schrift, das größere Effektivität versprach als das gesprochene Wort (Keightley 1985). Seit jener Zeit haben sich in China Vorstellungen über magische Funktionen der Schrift erhalten, und der praktische Nutzen von Schrift ist – anders als in der euroamerikanischen Welt – in China nie als deren alleiniger Zweck verstanden worden.

Organisationsprinzipien der alteuropäischen Schrift

Es sind inzwischen mehr als 230 Einzelzeichen als Inventar der alteuropäischen Schrift identifiziert worden. Sie treten an allen Fundstätten beschrifteter Objekte auf. Hinweise auf die Verwendung verschiedener regionaler Schriftarten gibt es nach der derzeitigen Fundlage nicht. Der Zeichengebrauch ist teilweise funktional geregelt. So treten bestimmte Zeichenformen nur auf dem Boden von Gefäßen auf, andere nur auf dem Bauch oder am Gefäßrand. Etliche Zeichen sind nur in den Inschriften auf Statuetten zu finden. Die Entzifferung der alteuropäischen Schrift wird dadurch erheblich erschwert, dass es keine zweisprachigen Inschriften gibt, von deren Texten eine Version lesbar wäre. Es gibt also bisher keine Ansätze zur Entschlüsselung.

Wenn man die Zeichen auf einem gedachten Kontinuum zwischen den beiden extremen Polen von Naturalismus auf der einen und Abstraktheit auf der anderen Seite ansiedelt, dann macht das Repertoire an Schriftzeichen einen hochgradig abstrakten Eindruck. Bei insgesamt 49 Zeichen ist klar zu erkennen, dass sie Dinge der natürlichen Umgebung abbilden, wie beispielsweise das Bild eines Tierkopfes, einer menschlichen Gestalt, einer Pflanze, eines Werkzeugs, eines Gebäudes, eines Bootes und von Naturphänomenen wie der Sonne oder einer Flussau. Weitere 26 Zeichen gehen möglicherweise auf bildhafte Ursprünge zurück. Ihre hochgradige Stilisierung erlaubt jedoch keine Rückschlüsse auf entsprechende naturalistische Motive. Insgesamt 156 Zeichen sind abstrakt.

Aus traditioneller Sicht müsste man auch bei allen abstrakten Zeichen nach naturalistischen Prototypen suchen, aus denen dann in immer stärkerer Stilisierung abstrakte Motive entstanden wären. Nach neueren Erkenntnissen der zeichentheoretischen Forschung besaß der Homo sapiens aber schon von Anbeginn die mentale Kapazität, gleichermaßen naturalistische wie auch abstrakte Motive zu verwenden. Diese Dualität ist bereits in den ältesten Felsbildern dokumentiert, und dieser alternative Symbolgebrauch setzt sich bis heute fort (Haarmann 1997 a: 671 ff.). Insofern wäre es nicht sinnvoll, prinzipiell auch für alle abstrakten Zeichenformen naturalistische Vorbilder aufspüren zu wollen.

Das alteuropäische Zeichenrepertoire illustriert recht anschaulich, wie sich in einem archaischen Schriftsystem naturalistische Tendenzen mit einem Trend zur Stilisierung und Abstraktheit verbinden können. Es gibt auch andere archaische Schriftschöpfungen – wie das älteste Zeicheninventar der sumerischen Schrift oder die Indus-Schrift –, wo eine kleinere Zahl von Zeichen mit erkennbaren naturalistischen Vorstufen in enger Nachbarschaft zu abstrakten Zeichen steht, für die keine ikonische Quelle auszumachen ist und deren Bedeutung einzig und allein aus dem Textzusammenhang erschlossen werden kann.

In der Zusammenschau mit anderen Schriftarten der Alten Welt ist die alteuropäische Schrift der Schrift der alten Indus-Zivilisation am ähnlichsten. Bereits ein einfacher Vergleich des graphischen Repertoires von elementaren Zeichenformen zeigt die Ähnlichkeiten. Eine typologische Besonderheit, die sowohl in der Schrift Alteuropas als auch in der Indus-Schrift deutlich ausgebildet ist, ist die Verwendung von nicht-selbstständigen

Hilfszeichen, die dazu dienen, Varianten von bestimmten Basiszeichen zu schaffen. Da die Schrift der Donauzivilisation die ältere der beiden Schriftarten ist, gilt also, dass die Tradition der Verwendung diakritischer Zeichen hier ihre ältesten Wurzeln findet. Diakritische Techniken sind während der gesamten Schriftgeschichte angewandt worden, für bestimmte Schriften mehr, für andere weniger. Zur Schreibung des Altgriechischen verwendete man Akzente wie den spiritus asper und den spiritus lenis, aus dem Französischen sind die drei Akzente (accent aigu, grave und circonflexe) wohlbekannt usw.

Im abstrakten Zeichenschatz Alteuropas gibt es bestimmte graphische Grundformen, die mit Hilfe von Zusatzzeichen variiert werden. Solche Zusatzzeichen sind Quer-, Längs- oder Schrägstriche, kleine Winkelhaken oder Punkte. Auf diese Weise entstehen zahlreiche abgeleitete Zeichen, und das Inventar der Basiszeichen wird erheblich erweitert. Insgesamt 61 % der alteuropäischen Zeichen sind Basiszeichen, 39 % einfache oder komplexe Variationen. Die entsprechenden Proportionen, die für die Indus-Schrift ermittelt worden sind, belaufen sich auf 52% Basiszeichen gegenüber 48 % Ableitungen (Parpola 1994: 79). Vom Standpunkt der typologischen Entwicklungsgeschichte der Schrift aus betrachtet, ist also das Verhältnis bei der jüngeren Indus-Schrift ökonomischer als im Fall der älteren Schrift Europas.

Angesichts des Abstraktheitsgrades, der im Repertoire alteuropäischer Schriftzeichen so eindrucksvoll zur Geltung kommt, stellt sich die Frage, ob wir es mit einer Erscheinung zu tun haben, die auf die Donauzivilisation beschränkt bleibt oder ob es Nachwirkungen in der weiteren Kulturentwicklung gibt. Kommt in der Kulturentwicklung der Donauzivilisation vielleicht ein langfristiger Trend zum Tragen, der sich im Repertoire der abstrakt-geometrischen Symbole späterer Epochen fortsetzt, im minoischen Kreta, im mykenischen Kulturkreis und in der griechischen Klassik? Vieles spricht dafür, dass die neolithische Donauzivilisation der eigentliche Impulsgeber für viele spätere

Entwicklungen in Südosteuropa und in der Ägäis gewesen ist, bis in die Ära der klassisch-griechischen Antike.

Der Zeichenschatz bleibt über eineinhalb Jahrtausende stabil. Lediglich in der Häufigkeit, mit der bestimmte Zeichen auftreten, sind periodische Unterschiede erkennbar. Etliche Zeichen wurden bevorzugt in der Frühphase verwendet, unter anderem naturalistische Motive, die Menschen, Naturphänomene oder Bauteile darstellen. Auch bestimmte Kreuzformen wie das Hakenkreuz treten in den Inschriften des 6. und 5. Jahrtausends v. Chr. auf. Eine andere Gruppe von Zeichen beschränkt sich auf beschriftete Objekte aus der Spätzeit der Donauzivilisation. Die meisten Zeichen aber werden während der gesamten Periode ohne nennenswerte Einschränkungen verwendet (Winn 1981: 101 ff.).

Die Platzierung von Schriftzeichen auf den beschrifteten Objekten verzichtet auf Symmetrie, Einzelzeichen treten überwiegend in Zeichengruppen oder Ligaturen auf, sie sind nicht zentriert und ihre Anordnung ist linear. Dort, wo Schriftzeichen in Blöcken auftreten, werden die Sequenzen durch Linien oder Kolumnenbildung voneinander getrennt. Ähnlich wie die Inschriften der Indus-Schrift sind auch die alteuropäischen Inschriften in der Regel sehr kurz und bestehen aus ein, zwei oder drei Zeichen. Längere Sequenzen können aber über zehn und sogar mehr als fünfzehn Einzelzeichen umfassen. Mit Bezug auf die Ein-Zeichen-Inschriften der Indus-Schrift hat Parpola (1986: 408) den Schluss gezogen, dass Einzelzeichen «notwendigerweise ein komplettes ‹Wort› repräsentieren müssen» und dass entweder alle oder die meisten grammatischen Formelemente nicht geschrieben wurden. Das Verständnis der Beziehungen von Wörtern im geschriebenen Satz hing vom Kontext ab. Die Indus-Schrift war also im Wesentlichen nach dem Prinzip einer logographischen Schreibweise – wie die altchinesische Schrift auch – organisiert.

Ein ähnliches, gleichsam archaisches Schreibprinzip darf auch für die Schrift Alteuropas angenommen werden. Die hier verglichenen Schriftarten (alteuropäische, altchinesische, Indus-Schrift), wie auch die älteste Schriftart Sumers, die altsumerische Piktographie (s. Kap. IX), illustrieren, dass die Motivation zu schreiben anfänglich nicht bestimmt war von dem Bestreben, die Laute der Sprache wiederzugeben. Im Vordergrund stand die Fixierung von Ideen und Begriffen (ohne Berücksichtigung grammatischer Formelemente). Dieses alte Prinzip des Schreibens weist auf folgende Verkettung der beteiligten elementaren Faktoren hin:

Ideenwelt (Begrifflichkeit) ↔ Schreiben // Sprache (Lautgestalt)

Erst in späteren Stadien der Entwicklung lokaler Schriftsysteme (z. B. in der akkadischen Keilschrift, in den kretischen Linearschriften A und B, in den lokalen Varianten des Alphabets) wandeln sich die Beziehungen zu folgender Verkettung:

Ideenwelt (Begrifflichkeit) – Schreiben ↔ Sprache (Lautgestalt)

VI
Voralphabetische Schriftkultur und Schriftexport im Mittelmeerraum

Der frühe Schriftgebrauch in Südosteuropa ist in vieler Hinsicht bemerkenswert. Die Schrifttechnologie entfaltet sich in der Donauzivilisation zu einer Zeit, als die kulturelle Entwicklung nirgendwo anders auf der Welt ein vergleichbares Niveau erreicht hat. In Mesopotamien gibt es damals noch nicht einmal städtische Siedlungen. Bis zur Organisation der frühen Stadtstaaten sollte es noch Hunderte von Jahren dauern. Auch wenn die Schriftkultur in Südosteuropa nicht so vielfältig wie später die sumerische oder akkadische ist, beeindruckt sie trotzdem wegen ihres hohen Alters. Hat diese älteste Schriftkultur der Welt gewissermaßen isoliert ihre Blütezeit erlebte und ist dann mit der Donauzivilisation untergegangen, ohne Spuren im Horizont der Kulturgeschichte zu hinterlassen?

Die Suche nach solchen Spuren, also die Expedition in das Labyrinth unzähliger späterer Kulturschichten in Südosteuropa, ist beschwerlich, und häufig hat man den Eindruck, man kann den Wald vor lauter Bäumen nicht sehen. Am Ende dann steht aber die befreiende Erkenntnis, dass es gelingen kann, das komplexe Mosaik der von Alteuropa ausgehenden kulturellen Ausstrahlung sichtbar zu machen. Die Donauzivilisation hat viel weiter ausgestrahlt, hat die Nachfolgekulturen wesentlich nachhaltiger beeinflusst, als man sich dies bis vor kurzem überhaupt vorstellen konnte.

Marija Gimbutas ist die Vision zu verdanken, dass die zivilisatorische Entwicklung in Südosteuropa von ihren Anfängen im ausgehenden 6. Jahrtausend v. Chr. bis in die Periode der mykenisch-griechischen Antike, d. h. bis ins 11. Jahrhundert v. Chr., von denselben Organisationsprinzipien, von weitgehend identischen Konventionen künstlerischer Ästhetik, von sehr ähnlichen religiösen Vorstellungen und von fortschrittlichen Technologien geprägt war. Zu den Neuerkenntnissen der jüngsten Zeit gehört die Entdeckung, dass auch die Schrifttechnologie auf eine lange Periode kontinuierlicher Fortentwicklung zurückblicken kann.

Im 5. Jahrtausend v. Chr. konzentrierte sich der Schriftgebrauch auf die zentrale Vinča-Region. Lange Zeit blieb die Kulturentwicklung in den Regionen an der Peripherie schriftlos. Der Schwerpunkt der Schriftkultur verlagerte sich in der Spätphase nach Südosten, nach Makedonien (Anza) und Nordgriechenland (Dikili Tash). Vielleicht handelt es sich bei dieser Ausdehnung um die ersten Anzeichen einer Kulturdrift, mit der Kulturgüter, religiöse Symbole und Ideen in den Süden transferiert wurden, und zwar bis an die Küsten des Mittelmeers und in den Inselarchipel der Ägäis.

Die von Nordwesten nach Südosten gerichtete Kulturdrift wurde ausgelöst durch tiefgreifende politische und soziale Umwälzungen, die Südosteuropa im ausgehenden 4. und 3. Jahrtausend v. Chr. erlebte. Indoeuropäische Viehzüchternomaden, die bereits um die Mitte des 5. Jahrtausends v. Chr. Kontakte mit der sesshaften Agrarbevölkerung Alteuropas aufgenommen hatten, waren über viele Generationen hinweg in einem langzeitigen Prozess von Wanderbewegungen über kürzere und weitere Distanzen begriffen (s. Kap. III). Im Verlauf dieser sukzessiven Kurgan-Migrationen kam es zur Kollision der Weltanschauungen von Steppennomaden aus der nördlichen Schwarzmeerregion und von Ackerbauern des Südens, später dann zur Überformung der alteuropäischen Kultur durch indoeuropäische Institutionen.

Das Ergebnis der zweiten Kurgan-Migration (ca. 3500 v. Chr.) schlägt sich bereits deutlich in den Regionalkulturen des Südens nieder: «... eine Amalgamation der kulturellen Systeme Alteuropas und der Kurgan-Leute ist klar erkennbar.» (Gimbutas 1991a: 371) Die Kulturdrift des 4. Jahrtausends v. Chr. erklärt sich als

Ausweichbewegung von Trägern alteuropäischer Kulturtraditionen an die Peripherie, d.h. an die Küsten der Ägäis. Auf dem Festland wird das alteuropäische Kulturerbe zwar marginalisiert, nicht aber auf den Ägäischen Inseln.

Es gibt aber Regionen, wo sich die kulturellen Institutionen der Donauzivilisation länger als anderswo auf dem Festland erhalten, umgeben von einem Milieu, in dem indoeuropäische Kulturmuster die Oberhand gewonnen haben. Eine solche Insel ist das Areal der Kultur von Gârla Mare in Rumänien, das sich in den historischen Landschaften Oltenien, Banat und im Südwesten Transsylvaniens erstreckt (Gimbutas 1992: 23). In der mündlichen Überlieferung dieser Region leben uralte Erzählmotive und folkloristische Elemente weiter. Hierzu gehört etwa das Motiv des Nadelbaums (Zypresse, Fichte u.ä.) nahe einer Quelle in Verbindung mit Begräbnisriten (Poruciuc 2001). Es ist nicht auszuschließen, dass diese und andere alte Motive der oralen Tradition Fragmente eines ansonsten verschütteten Kulturerbes sind, die über Jahrtausende tradiert worden sind.

Auswirkungen der alteuropäischen Kulturdrift an der Mittelmeerküste und auf den Agäischen Inseln

Es dauerte Jahrhunderte, bis sich die Lebensbedingungen in den alteuropäischen Kulturregionen wieder stabilisiert hatten. In jener Zeit des Umbruchs auf dem Festland erlebt allerdings die Küstenregion und die Inselwelt der Ägäis einen raschen kulturellen Aufschwung. Bereits die ältesten materiellen Zeugen in den Fundschichten der frühkykladischen Kultur (Grotta-Pelos-Kultur) des ausgehenden 4. Jahrtausends v.Chr., der frühhelladischen Kultur (Lerna) und der frühminoischen Kultur (altkretische Vorpalastperiode) des 3. Jahrtausends v.Chr. zeigen unverkennbar enge Verbindungen zum Kulturerbe der Donauzivilisation.

Besonders auffällig sind die Bindungen zwischen der Kultur der Kykladen-Inseln und der Altkretas, «zahlreiche Ähnlichkeiten, die Funde der Kultur von Keros-Syros mit denen Kretas aus der frühminoischen Periode [Frühminoisch II] verbinden» (Renfrew 1972: 199). Als Erklärung für das überraschende Aufblühen lokaler Kulturen im ägäischen Raum bietet sich nur die Hypothese an, dass die indoeuropäische Einwanderung nach Südosteuropa eine Fluchtmigration ausgelöst hat. Angehörige der früher einflussreichen Oberschicht, deren Vormachtstellung gebrochen war, spezialisierte Handwerker und andere, die sich der Assimilation widersetzten, wanderten auf die Inseln des ägäischen Archipels ab. Dies hat man sich nicht unbedingt als Massenbewegung vorzustellen, vielmehr als Migration von kleineren, aber einflussreichen Gruppen, die in ihren neuen Wohngebieten gleich daran gingen, das kulturelle und soziale Rahmenwerk der alten Gesellschaft zu reetablieren. In ihre neue Heimat nahmen sie die vertrauten Kulturgüter und das Ideengut der alteuropäischen Agrargesellschaft mit.

Neuere Forschungen weisen darauf hin, dass Dutzende kultureller Traditionen und zahlreiche Technologien mit der Kulturdrift vom Festland aus in die ägäische Inselwelt gelangten. In diesem Beziehungsnetz alteuropäisch-altägäischer kultureller Konvergenzen ist eine Reihe von Phänomenen hervorzuheben, angefangen von religiös-weltanschaulichen Vorstellungen bis hin zu speziellen Technologien. Auf diese Konvergenzen sind Archäologen bereits in den 1920er Jahren aufmerksam geworden, als erster Gordon Childe (1929). Eine systematische Erforschung der Parallelismen in den alten Kulturen des Festlandes und denen der Ägäis hat aber erst in den 1980er Jahren eingesetzt (Buchholz 1987: 65ff., Gimbutas 1991a: 344ff., Haarmann 1995: 57ff.); folgende Konvergenzen sind festzuhalten:

- Der Kult der Großen Göttin und ihrer Erscheinungsformen (s. Kap. IV)
- Schreine und ihre Funktion für die Verehrung der Großen Göttin
- Die Verwendung von Masken als Requisite des Kults
- Der Vogel als Attribut der Großen Göttin
- Der religiöse Symbolismus des Schlangenmotivs

- Das Spiralmotiv als Symbol des kosmischen Wassers
- Das Bienen- und Schmetterlingsmotiv als göttliche Attribute
- Das Doppelaxtmotiv als göttliches Attribut
- Merkmale für eine Transformation der Großen Göttin in den weiblichen Gottheiten der griechischen Mythologie
- Die Rolle des Schweins als Attribut der Vegetationsgöttin
- Das Motiv der Mutter mit dem Kind in der religiösen Ikonographie
- Das Motiv der Tiere nahe der Lebenssäule
- Der religiöse Symbolismus des Stiers und des Stierkults
- Der abstrakte Symbolismus männlicher Kraft und Macht: Die sakralen Stierhörner (Bukranien)
- Die Tradition, Votivfiguren mit Ornamenten zu verzieren
- Die Tradition, Tierfiguren als Votivgaben zu produzieren
- Die Sitte, Statuetten nach der Kultzeremonie zu zerbrechen
- Die Kontinuität von Bildmotiven im ornamentalen Design (z.B. der Mäander, die Spirale, das Hakenkreuz)
- Die Verwendung von Tonstempeln mit dekorativen Mustern (pintaderas)
- Die Tradition offener heiliger Bezirke mit Kultplattformen
- Die Verfeinerung alteuropäischer Technologien wie Weben und Textilproduktion sowie der Keramikherstellung
- Die Tradition und Weiterentwicklung metallurgischer Technologien
- Organisationsformen einer städtischen Siedlungsweise
- Die Tradierung alteuropäischen Sprachguts im Lehnwortschatz des Griechischen (s. Kap. II)

Am Fortleben zentraler Motive der alteuropäischen Kulturlandschaft bis in die Ära der altägäischen Zivilisationen kann der Prozess der Kulturdrift in Zeit und Raum (vom 4. bis 2. Jahrtausend v. Chr., vom Festland in die Inselwelt der Ägäis) verfolgt werden. Einige Reihenvergleiche mit Varianten von bestimmten Grundmotiven sollen die Dynamik kultureller Kontinuität in Südosteuropa illustrieren.

Im Inventar der alteuropäischen Schrift findet sich das ideographische Zeichen eines Bootes (oder Schiffes) mit einem dachähnlichen Aufbau (Abb. 11 a). Offensichtlich wurde damit ein Gefährt bezeichnet, das im Dienst einer rituellen Handlung stand. Diese Deutung bliebe rein spekulativ, wenn nicht das gleiche Motiv in entsprechenden religiösen Kontexten auftreten würde.

Darstellungen von Kultschiffen, deren äußere Gestalt samt überdachtem Innenteil dem stilisierten alteuropäischen Zeichen verblüffend ähnlich sehen, sind aus der mykenischen Periode überliefert. Eine Abbildung ist ein Siegelbild auf einem goldenen Ring aus Tiryns, die andere das berühmte Schiffsfresko von Thera, aus der Ruinenstätte von Akrotiri. Das Siegelbild wie auch das Freskenmotiv stehen eindeutig in einem kultischen Kontext. Dies deutet auf eine Kontinuität des Schiffsmotivs in der gleichen kultischen Funktion über einen langen Zeitraum.

Ein zentrales Bildmotiv im religiösen Kontext der Donauzivilisation ist der Opferaltar. Ein solcher wird in einem der ideographischen Zeichen der alteuropäischen Schrift in stilisierter Form dargestellt (Abb. 11 b). Parallele Abbildungen findet man im minoisch-mykenischen Kulturmilieu. Eine dem alteuropäischen Original bis ins Detail ähnelnde Darstellung eines Altars sieht man beispielsweise auf einem Siegelring, der aus dem Grab 91 in Mykene stammt. Hier ist eine Konstruktion abgebildet, die sich in mehreren Ebenen erhebt. Die wellenförmigen Streifen deuten wohl auf Wasser, das vom oberen Rand des Altars herunterfließt. Auf beiden Seiten steht jeweils eine Frauengestalt, in ein Kultgewand gehüllt, das die Brust freilässt. Die minoisch inspirierte Szene ist als Opferhandlung gedeutet worden, und die beiden Frauen als Priesterinnen, die neben einem Altar in der Nähe einer Quelle stehen (Marinatos 1988: 171).

Wasser, das Lebenselixir, war ein wichtiges Element im alteuropäischen Kultleben. Heilige Bezirke und Kultplätze der Großen Göttin sind häufig in unmittelbarer Nähe von Quellen, an Bächen oder Flussufern angelegt. Im alteuropäischen Zeichenschatz gibt es ein Ideogramm, das eine Flusslandschaft darstellt, vielleicht eine Bezeichnung für das Milieu, wo sich ein heiliger Bezirk befand. Dem Motiv der von Vegetation umwachsenen Flussau begegnen wir in den Fresken von Thera. Hier wird das Grundmotiv vielfältig variiert, in Ausführungen, die von rein naturalistischer bis hochgradig stilisierter Darstellung reichen (Morgan 1988: 14).

a)

b)

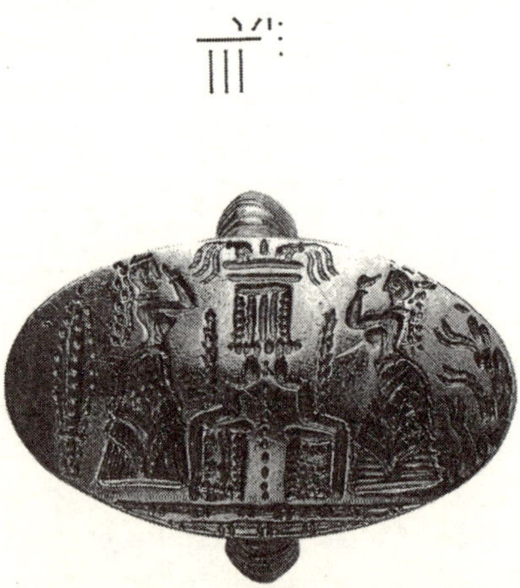

Abb. 11: Alteuropäisch-altägäische Motivvergleiche (nach Haarmann 1995, Abb. 34f.) a) Bootmotiv, b) Altarmotiv

Zu den Kulturgütern, die mit der Kulturdrift in die Ägäis gelangen, gehört auch die Schriftlichkeit. Die aus der alteuropäischen Tradition bekannten Grundtechniken der Schrifttechnologie sind in den altägäischen Kulturen vertreten:

- alte Zeichenformen
- die Verwendung von Hilfszeichen für die Variation von Basiszeichen
- die Vereinigung von Einzelzeichen in Ligaturen
- das lineare Prinzip der Aneinanderreihung von Einzelzeichen in der Zeichensequenz einer Inschrift
- Traditionen der Beschriftung von Kultobjekten (z. B. die Beschriftung weiblicher Statuetten, von Tierskulpturen als Votivgaben)
- Traditionen der Beschriftung von Gewichten (z. B. beschriftete Webgewichte)
- die Verwendung von Schriftstempeln
- die Verwendung der Schrift im religiösen Kontext

Das in Linear A und in kretischen Hieroglyphen aufgezeichnete Schrifttum ist reichhaltig und thematisch verzweigt. Die Schriftarten wurden sowohl für religiöse als auch für praktische Zwecke verwendet. Die meisten Zeugnisse des altkretischen Schrifttums sind über den engeren Expertenkreis hinaus kaum bekannt. Eine Ausnahme macht ein Text in Hieroglyphenschrift, der zu den berühmtesten Schriftdenkmälern der alten Mittelmeerkulturen zählt. Dies ist der Spiraltext auf dem Diskos von Phaistos (Abb. 12), der 1908 im Palastarchiv von Phaistos in Südkreta gefunden wurde. Diese beschriftete Tonscheibe stammt aus der Zeit um etwa 1700 v. Chr. Sie trägt auf beiden Seiten einen Text, dessen Zeichensequenzen sich jeweils in Gestalt einer Spirale formieren. Der Diskos von Phaistos ist das älteste Druckwerk der Kulturgeschichte, denn die Hieroglyphenzeichen wurden mit Stempeln in den weichen Ton gepresst, bevor die Scheibe hart gebrannt wurde. Für jedes Zeichen existierte also ein eigener Stempel. Diese Stempel sind allerdings bisher nirgendwo aufgetaucht.

Der Diskos birgt viele Geheimnisse, denn sein Text ist bisher nicht entziffert worden. Vielleicht wegen des Schleiers des Ge-

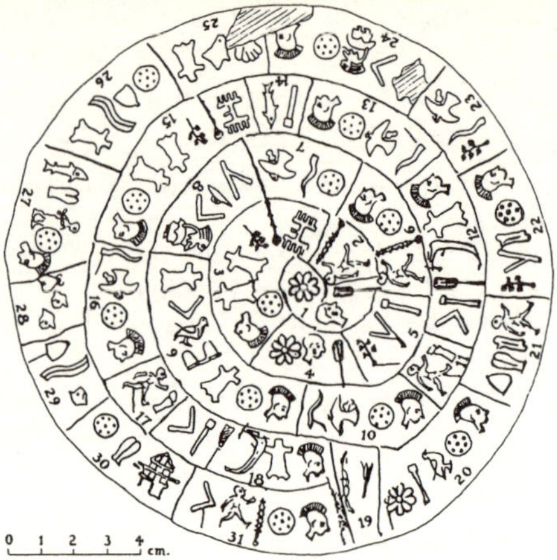

Abb. 12: Der Diskos von Phaistos (nach Haarmann 1995, Abb. 120).

heimnisvollen sind in den fast hundert Jahren seit seiner Entdeckung mehr als 140 Versuche unternommen worden, den Text zu entschlüsseln und die kulturhistorische Bedeutung des Diskos zu klären. Viele der Versuche stammen von Dilettanten, und es gibt nur wenige Ansätze, die einer wissenschaftlichen Kritik standhalten. Zu diesen gehört auch der Ansatz zu einer internen Rekonstruktion des Textinhalts: Auf der Basis eines Vergleichs der Textzeichen mit Motiven der minoischen Kultursymbolik wird eine Beziehung zwischen dem Text und religiösen Ritualen hergestellt, wie sie auf Fresken – etwa auf dem berühmten Sarkophag von Hagia Triada – dargestellt sind (Haarmann 1990a: 167 ff.). Demnach könnte der Text auf dem Diskos in Zusammenhang mit einer Begräbniszeremonie, die von Opferhandlungen begleitet war, gestanden haben. In der Rekonstruktion scheinen zahlreiche Elemente des minoischen Ahnenkults auf.

Beide alten Schriftsysteme Kretas sind bereits in der Periode gebräuchlich, als die minoischen Paläste noch gar nicht erbaut sind. Im 2. Jahrtausend v. Chr. weitet sich der soziale Anwendungsbereich dieser Schriftsysteme erheblich aus. Die Verwendung im religiösen Kontext setzt die Tradition der Schriftlichkeit in Alteuropa fort. Aus diesem Bereich sind Weihinschriften in Linear A auf Kulttischen für Trankopfer (Libationstischen) und auf Opferschalen zu nennen, außerdem der Diskos von Phaistos. Auf Kreta entfaltet sich ein neuer Anwendungsbereich dort, wo es in der Donauzivilisation nichts Vergleichbares gab, nämlich die Palastbürokratie. In diesem Kontext stehen Schriftsiegel und Inventarlisten auf Tontafeln für die Registratur von Waren in den Vorratslagern der Paläste.

Die kulturhistorische Abhängigkeit der altkretischen Schrifttradition von der in Alteuropa ist außer in den Schreibprinzipien und -techniken (Linearität, Verwendung diakritischer Hilfszeichen) auch in den Konvergenzen des Zeichenschatzes selbst erkennbar. Von den etwas mehr als 120 Zeichen des Systems Linear A weist die Hälfte graphische Parallelen zum alteuropäischen Zeichenrepertoire auf (Abb. 13). Die alteuropäisch-altägäischen Schriftkonvergenzen sind ein Reservoir, aus dem später auch die anderen Linearschriften schöpfen: Linear B und die beiden Schriften Altzyperns, Kypro-Minoisch und Kyprisch-Syllabisch. Obwohl geographisch außerhalb der Ägäis gelegen, gehört Altzypern zum ägäischen Kulturkreis. Die kulturellen wie wirtschaftlichen Bindungen der Insel zum Westen setzen sich bis in die klassisch-griechische Periode fort.

Die mykenischen Griechen übernahmen die Schrift von den Minoern. Jahrhundertelang stand die mykenische Kultur unter minoischem Einfluss. Insofern kann es nicht verwundern, dass auch die Schriftlichkeit von den Minoern an die Griechen vermittelt wird. Der konkrete Nachweis, dass die Sprache, mit der Texte in Linear B geschrieben wurden, tatsächlich das Griechisch der Mykener war, gelang erst in den 1950er Jahren. Michael Ventris, dem der entscheidende Durchbruch bei der Entzifferung gelang, hatte noch wenige Jahre zuvor geglaubt, die Sprache von Linear B sei das Etruskische gewesen. Inschriften in Linear B gibt es viele. Die Texte sind in den weichen Ton von Täfelchen

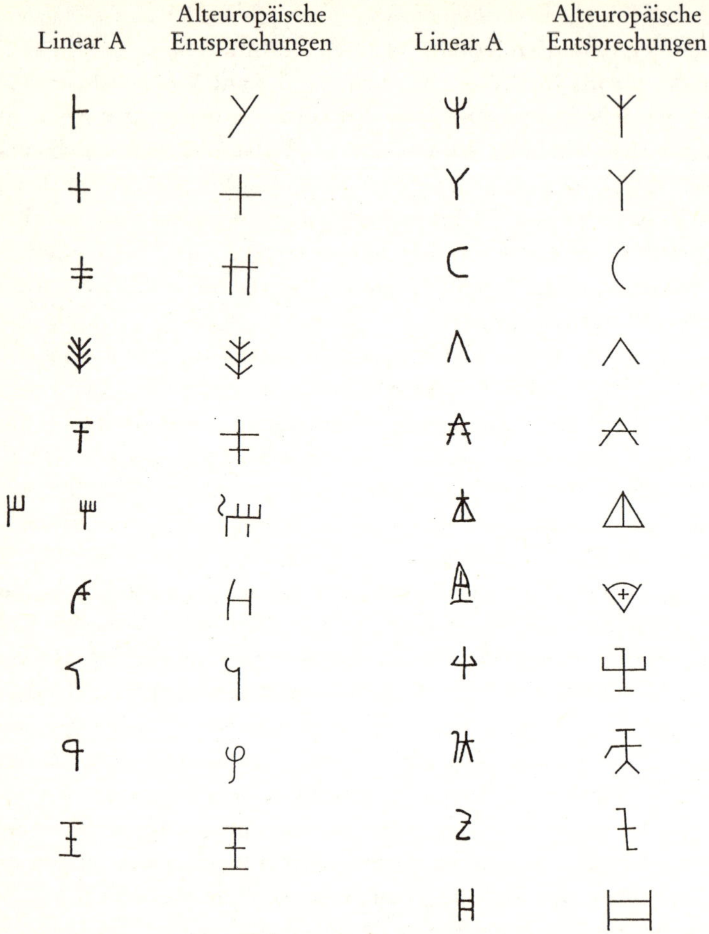

Abb. 13: Parallelen zwischen dem Zeichenschatz der alteuropäischen Schrift und altkretisch Linear A (nach Haarmann 1989: 255 f.).

geritzt, die dann hart gebrannt wurden. Eine andere Schreibtechnik war das Malen von Inschriften auf Vasen.

Bis vor kurzem noch setzte man den Beginn und Ort der Schrifttradition in Linear B auf das 15. Jahrhundert v. Chr. bzw.

Kreta an. Dort sind Tontafeln gefunden worden, die im Vernichtungsfeuer des Palastes von Knossos unbeabsichtigt hart gebrannt wurden und damit für die Nachwelt erhalten blieben. Heute ist eine Revision dieser Annahmen erforderlich: Der Fund einer Weihinschrift aus der Mitte des 17. Jahrhunderts v. Chr. in Linear B in der Kultstätte von Olympia bedeutet, dass Linear B viel älter ist als bisher angenommen. Außerdem steht jetzt fest, dass die Mykener bereits mit der minoischen Schrift (Linear A) auf dem Festland experimentiert hatten, bevor sie Nordkreta besetzten. Dorthin gelangten sie auch nicht erst im 15. Jahrhundert v. Chr., sondern etwa eineinhalb Jahrhunderte früher. Die Zeit ihrer Ankunft wird allgemein für die Zeit nach dem Vulkanausbruch auf Thera angesetzt; heute weiß man, dass der Ausbruch bereits um 1625 v. Chr. erfolgte.

Die in Linear B überlieferten Texte sind bis auf wenige Ausnahmen kulturhistorisch von geringem Interesse. Das hat wohl damit zu tun, dass nur vergleichsweise wenige Texte erhalten sind. Der größte Teil ist vermutlich auf vergänglichem Material wie Leder oder Palmblättern geschrieben worden; über ihre Zahl können aber nicht einmal Schätzungen angestellt werden. Ganz sicher aber hat es solche Texte gegeben, denn die Schriftart Linear B zeigt kursive Eigenschaften (z. B. in den Vasentexten), was darauf hindeutet, dass sie sich für vielerlei Zwecke außerhalb der Palastbürokratie eignete. Es gibt nur wenige Texte mit eindeutig nicht-bürokratischem Inhalt, und dies sind solche, die im Dienst religiöser Belange stehen. Dies gilt für einige Texte aus Pylos mit Angaben zur Ausübung von Kulten und deren Personal und für die Weihinschrift aus Olympia.

Aufsehen erregend ist der Fund von Textfragmenten aus der mykenischen Kulturmetropole Theben. Zwar fehlt der Zusammenhang eines vollständigen Textes, aber an einigen Namenformen ist zu erkennen, dass wir es hier mit einer mykenischen Version des aus der griechischen Mythologie bekannten Demeter-Mythos zu tun haben (Godart 2002: 155 f.). Es ist damit zu rechnen, dass mit dem Fortschritt der archäologischen Forschung die bisher gefundenen Texte mit religiösem und literarischem Inhalt keine Ausnahmen bleiben.

Verglichen mit der späteren Alphabetschrift ist die Schreibung des Griechischen mit dem Syllabar Linear B ziemlich umständlich. Die Silbenstrukturen werden nur unvollkommen wiedergegeben, silbenschließende Konsonanten bleiben ebenso wie viele flexivische Elemente unbezeichnet. Die mangelnde Präzision in der Lautwiedergabe war aber kein Hindernis, Linear B beizubehalten. Jahrhundertelang wurde damit Griechisch geschrieben. Als die Griechen mit Schrift in Kontakt kamen und zu experimentieren begannen, waren ihnen lediglich die kretischen Schriften vertraut. Insofern gab es zu diesen keine realen Alternativen.

Die Hälfte des Zeichenbestandes von Linear B ist aus dem Inventar von Linear A übernommen, die übrigen Zeichen sind Neuschöpfungen. Das Lautsystem und die Silbenstrukturen des Minoischen waren offensichtlich einfacher als die des Mykenisch-Griechischen. Dies wird deutlich bei der Lesung von Linear B-Syllabogrammen und ihrer Assoziation mit griechischen Wörtern. Die Zeichen von Linear B geben die griechische Lautung nur unvollkommen wieder. Vokallängen werden gar nicht bezeichnet, Konsonantenhäufungen finden nur in wenigen Sonderzeichen ihre Entsprechung. Insofern ist es recht umständlich, eine Sprache mit zahlreichen Konsonantenclustern wie das Griechische mit dem Linear B-Syllabar zu schreiben.

Die schriftliche Überlieferung in Linear B bricht in Nordkreta im 13. Jahrhundert v. Chr. ab, in den Kulturzentren der Mykener auf dem Festland etwas später, im 12. Jahrhundert v. Chr. Damit endet aber die Schrifttradition des Frühgriechischen nicht, nur verlagert sich nach dem Zusammenbruch der mykenischen Macht das Kulturschaffen nach Zypern. Nur wenige Jahrzehnte, nachdem Linear B im Westen der Ägäis aufgegeben worden ist, wird die Schrifttradition des Griechischen auf Zypern fortgesetzt. Jahrhundertelang wird dort die Sprache der griechischen Flüchtlinge, die in den Wirren des 12. Jahrhunderts v. Chr. aus

Arkadien nach Zypern geflohen waren, in der kyprisch-syllabischen Schriftart geschrieben.

Seit der Entdeckung der Einflüsse, die von der älteren Donauzivilisation auf die minoische Kultur Kretas und die der Kykladen ausgingen, und mit der Kenntnis der alteuropäischen Parallelen im Zeichenschatz des kretischen Schriftsystems Linear A hat sich das Gesamtbild einer Region mit vielerlei kulturellen Konvergenzen gefestigt. Dieser Komplex früher Hochkulturen lässt sich als alteuropäisch-altägäischer Kulturkreis identifizieren (Haarmann 1990b: 365 ff.). Von diesem Kulturmilieu sind Impulse ausgegangen, die bis ins klassische Griechenland und bis in die Epoche spürbar sind, als die Schrifttechnologie des Alphabets nach Europa gelangt.

Der ägäische Kultur- und Schriftexport nach Zypern und in den Vorderen Orient

Die politische Macht der Minoer stützte sich auf ihre mächtige Handelsflotte. Die Herrschaftsform dieser frühen Kolonisatoren des Mittelmeeres wird als Thalassokratie (griech. *thalassa* ‹Meer› + *kratia* ‹Herrschaft›) bezeichnet. Die damals unumstrittenen Herrscher des östlichen Mittelmeerraumes unterhielten Handelskontakte mit vielen Völkern. Dazu gehörten auch die Ägypter. Bereits im 3. Jahrtausend v. Chr. wurden Waren ausgetauscht, und im Laufe des 2. Jahrtausends v. Chr. verstärkten sich die Beziehungen zwischen Ägypten und dem Land Keftiu, wie Kreta in ägyptischen Quellen genannt wurde (Bard 1999: 118 ff.).

Die Minoer arrangierten sich auch mit den auswärtigen Herrschern über Ägypten, den Hyksos, die das Reich am Nil von ca. 1650 bis ca. 1550 v. Chr. regierten. In deren Hauptstadt Avaris (Tell ed-Dab'a) im östlichen Nildelta hat man Fresken gefunden, auf denen ein springender Stier abgebildet ist. Dieses Motiv ist aus den Fresken im Palast von Knossos wohlbekannt, und die Annahme liegt nahe, dass man in Ägypten nicht nur minoische

Waren schätzte, sondern auch die Kulturgüter Altkretas wie Kunststile und -formen.

Zur Festigung ihrer Seemacht bauten die Minoer auch Stützpunkte außerhalb Kretas. Akrotiri an der Südküste der antiken Insel Thera war eine minoische Kolonie. Die Stadt ist gut erhalten, denn seit dem Vulkanausbruch von 1625 v. Chr. war sie bis zu ihrer Entdeckung durch Archäologen von einer meterdicken Schicht vulkanischer Asche bedeckt. Auf Thera hat man nicht nur viele Waren kretisch-minoischer Herkunft gefunden, sondern auch Textfragmente in der Schriftart Linear A. Die minoische Schriftlichkeit war also auch außerhalb der Hauptinsel Kreta verbreitet.

Die minoische Kultur strahlte weit ins östliche Mittelmeer aus, ihre Einflüsse sind auch in Zypern nachzuweisen. Handelsgüter gelangten nicht direkt von Kreta aus nach Zypern, sondern wurden in der Hafenstadt Ugarit (Ras Schamra) an der syrischen Küste umgeschlagen. Unter den minoischen Waren war auch ein besonderes Kulturgut, das den Zyprern vermittelt wurde: die altkretische Linearschrift. Die auffälligen Ähnlichkeiten zwischen Linear A und der ältesten zyprischen Linearschrift rechtfertigen deren Namen «Kypro-Minoisch» vollauf.

Die lokale Schrifttradition auf Zypern setzt um 1500 v. Chr. mit Texten in der kypro-minoischen Schrift ein. Mit dieser Schrift wurde das Eteokyprische geschrieben, eine nicht-indoeuropäische Sprache. Von dieser ältesten zyprischen Schrift leitet sich eine lokale Schriftart ab, deren Texte nicht auf Zypern selbst, sondern in Ugarit gefunden worden sind. Die kypro-minoischen Inschriften aus Ugarit sind in einem Syllabar geschrieben, das weniger Zeichen als das heimisch-kyprische verwendet. Diese Schriftvariante wird «Levanto-Minoisch» (Buchholz 1982: 313) genannt.

Es gibt noch eine jüngere Schrift Zyperns, die sich länger gehalten hat als die älteren Schriftarten, das Kyprisch-Syllabische. Die ältesten Zeugnisse in dieser Schrift stammen aus dem 11. Jahrhundert v. Chr. Damit wurden sowohl das Eteokyprische als auch das Griechische geschrieben. Das Griechische wurde auf Zypern heimisch, als nach dem Zusammenbruch der mykenischen Macht Flüchtlinge aus Arkadien vom griechischen Festland über den Seeweg nach Osten emigrierten. Die mykenische Kultur ging zwar auf dem griechischen Festland und in der Ägäis unter, lebte aber noch Jahrhunderte auf Zypern weiter. Bis ins 1. Jahrtausend v. Chr. wurden mykenische Kulturtraditionen auf der Insel bewahrt.

Die historischen Abhängigkeiten zwischen den altägäischen Linearschriften (Linear A und B) und den altkyprischen Schriftarten (Kypro-Minoisch, Kyprisch-Syllabisch) verdeutlichen die engen kulturellen Kontakte im östlichen Mittelmeerraum (Haarmann 1995: 109ff.). Schrifthistorisch ist der Entwicklungssprung beeindruckend, der bei der Ausbildung der jüngsten zyprischen Schriftart festzustellen ist. Die ägäischen Schriftsysteme und das Kypro-Minoische sind Silbenschriften mit einer ideographischen Zusatzkomponente. Dies bedeutet, dass man Wörter mit Hilfe von Silbenzeichen schrieb und dass zusätzlich Ideogrammzeichen verwendet wurden, die bestimmte Grundbegriffe ohne Berücksichtigung ihrer Lautung bezeichneten (z. B. Warenbenennungen). Solchermaßen charakterisiert sind ebenfalls alle anderen bekannten Silbenschriften Kleinasiens und Mesopotamiens (Varianten der Keilschrift, anatolische Hieroglyphen).

Ideogramme fehlen völlig in der kyprisch-syllabischen Schrift, die ihren Namen eben nach ihrem charakteristischen und exklusiven Schreibprinzip (phonetische Schreibung mit Silbenzeichen) erhalten hat. Als eine rein phonetische Schriftart ist das Kyprisch-Syllabische die am weitesten entwickelte Silbenschrift der Alten Welt.

Im 6. Jahrhundert v. Chr. gelangt auch das griechische Alphabet nach Zypern und macht dem Kyprisch-Syllabischen Konkurrenz. Das Alphabet ist moderner und setzt sich schließlich durch. Bis ins 4. Jahrhundert v. Chr. ist das Kyprisch-Syllabische vital, verliert dann aber den Konkurrenzkampf mit dem griechischen Alphabet. Zu Beginn der klassisch-griechischen Epoche wird keines der altägäischen Schriftsysteme mehr verwendet. Damit erlischt die lange Tradition voralphabetischer Schriftlichkeit in Europa.

Über die Handelsstadt Ugarit festigten sich nicht nur die wirtschaftlichen Kontakte der Minoer im Küstengebiet des Vorderen Orients. Auch die kulturellen Beziehungen blühten auf. Die levanto-minoische Schrift war aber nicht das einzige Zeugnis ägäischen Kultureinflusses im westlichen Asien, auch nicht das älteste. Es gibt viel ältere Spuren der alteuropäischen Kulturdrift, und die hat man in Kleinasien entdeckt. Bereits in der ältesten Fundschicht Trojas (nach 3100 v. Chr.) findet man Reminiszenzen an Alteuropa. Die alten Töpferzeichen weisen eindeutig auf ihre Herkunft aus dem Kulturmilieu der späten Donauzivilisation.

In jener Periode gingen entscheidende Impulse von der Ezero-Kultur in Südbulgarien aus (Mallory 1989: 239). Nicht nur Elemente des linearen Zeichenschatzes, auch Techniken und Stilformen der Keramikherstellung wurden aus Europa übernommen. Um die Wende vom 4. zum 3. Jahrtausend v. Chr. lassen sich auch die ersten Kontakte zwischen Troja (Troja I) und Altkreta (Frühminoisch I) nachweisen. Ob dieser frühe Handelsverkehr auch Impulse für die Verbreitung des linearen Zeichenschatzes über kleinasiatische Vermittlung nach Kreta gab, ist bislang ungeklärt.

Von zentraler Bedeutung für die Kenntnis der Wege des Schrifttransfers aus der Ägäis nach Kleinasien und in den Vorderen Orient im 2. und 1. Jahrtausend v. Chr. ist die Vermittlerrolle Zyperns. Größere Mengen kyprischer Waren sowie Inschriften aus dem ausgehenden 2. Jahrtausend v. Chr. wurden gefunden. Kyprische Keramik ist in Al Mina (Nordsyrien) und in Tell Dan (Palästina) entdeckt worden. Von Al Mina aus sind kyprische Waren sogar bis nach Nimrud in Mesopotamien gelangt. Von den Schriftzeugnissen sind die Texte in der levanto-minoischen Schriftart die bedeutendsten (Haarmann 1997b: 50f.).

Der kyprische Kultureinfluss strahlte aber noch weiter als ins syrische Küstengebiet aus, insbesondere weiter im Süden, in den Kulturzentren der Philister. Diese kamen erst im 12. Jahrhundert v. Chr. in die Landschaft, die nach ihnen den historischen Namen Palästina erhalten hat. Sie waren als Verbündete der so genannten «Seevölker» nach Süden gezogen und hatten sich am Krieg gegen die Großmacht Ägypten beteiligt. In dem für die Seevölker verlustreichen Krieg konnte Ägypten seine Macht behaupten, und die feindlichen Streitkräfte wurden vernichtet oder zerstreut. Mit den Philistern gingen die Ägypter ein besonderes Bündnis ein. Sie durften sich als Vasallen in Palästina, das damals eine ägyptische Kolonie war, niederlassen.

Eindeutig kyprisch inspiriert sind die Stilformen und der ornamentale Dekor der philistischen Keramik. Diese lassen sich auf mykenische Vorbilder zurückführen, insbesondere auf solche der Periode Mykenisch IIIC1 b. Die Keramik jener Zeit wurde von mykenischen Flüchtlingen aus Arkadien auf Zypern produziert (Mazar 1992: 266f.). In Ashdod und anderen Küstenstädten sind philistische Schriftsiegel gefunden worden, deren Zeichenbestand sich in «augenfälliger» Weise von den kyprischen Syllabaren ableitet. Daher wird diese nahöstliche Schriftvariante als «philisto-minoisch» bezeichnet.

Schriftexport nach Italien und die Rolle der Etrusker

Minoer und Mykener hatten ihre Seemacht gegeneinander abgegrenzt. Dies betraf auch die Verteilung der Handelsrouten. Auf den Inseln der südlichen Ägäis und im östlichen Mittelmeer, auf Zypern und an den Küsten des Vorderen Orients, dominierte minoischer Einfluss. An der Küste Kleinasiens unterhielten die Mykener Stützpunkte (u. a. Milet); nur sie befuhren die Seerouten ins westliche Mittelmeer. In Süditalien sind viele mykenische Handelsgüter gefunden worden, aber keine kretischer Herkunft. Erst nachdem die minoische Vormacht gebrochen war, d. h. bald nach 1625 v. Chr., übernahmen die Mykener auch deren Handelsmonopol im östlichen Mittelmeer, und ebenso die Kontakte nach Ägypten.

Mykenischer Einfluss lässt sich zuerst in Süditalien nachweisen. Vieles spricht dafür, dass die alten mykenischen Handelsstützpunkte dort von den griechischen Kolonisatoren der nachmykenischen Periode übernommen und ausgebaut wurden. Noch in mykenischer Zeit (also vor dem 11. Jahrhundert v. Chr.) wurde auch die Schrifttechnologie in den Westen exportiert. Die ältesten, ägäisch inspirierten Schriftfunde Italiens findet man auf den Sizilien vorgelagerten äolischen Inseln. Dieser lokale Schriftableger wird nach dem Hauptfundort, der Insel Lipari, als liparische Schrift bezeichnet (Buchholz 1987: 249).

Der Transfer von Gütern und Ideen lässt sich sogar im Herzen der italischen Kulturlandschaft nachweisen. Um die Bedeutung ägäischer Einflüsse in Mittelitalien zu ermessen, müssen wir unseren Blick auf die Rolle der Etrusker richten. Bis heute wird darüber debattiert, ob die Etrusker zu den autochthonen Völkern Italiens zählen oder ob sie aus dem ägäischen Raum in ihre spätere italische Heimat eingewandert sind. Da sich ein etruskisches Volkstum erst in Italien ausgebildet hat, müssten die Vorfahren der Etrusker demnach Träger einer Kultur mit altägäischen Wesenszügen gewesen sein. Sind also im etruskischen Kulturgut Eigenheiten überliefert, die sich in Beziehung zu den altägäischen Kulturen der Kykladen und des minoischen Kreta setzen lassen?

Das Patronat der etruskischen Zivilisation in Latium Der kulturelle Aufschwung der Latiner, der italischen Bevölkerung der Landschaft Latium, so wie er in der historischen Zeit seit dem 6. Jahrhundert v. Chr. zu verfolgen ist, ist ohne das Patronat der etruskischen Zivilisation nicht vorstellbar. Die historische Periode beginnt in Rom um 600 v. Chr. Aus der Zeit vor dem 3. Jahrhundert v. Chr. sind nur insgesamt neun lateinische Inschriften überliefert. Dies zeugt von einem äußerst spärlichen

Schriftgebrauch, wenn man an die Tausenden von Inschriften in etruskischer Sprache denkt, die im gleichen Zeitraum entstanden.

Mehr als 13 000 Inschriften auf Stein, Bronze, Bleiplatten, Goldblech und verschiedenen anderen Materialien (z. B. Textilien) sind überliefert. Dass auch etruskische Bücher geschrieben wurden, erfahren wir aus römischen Texten, etwa bei Terentius Varro (116–27 v. Chr.), der von einem etruskischen Dichter namens Volnius berichet (*... qui tragoedias Tuscas scripsit ...* ‹der etruskische Tragödien schrieb›). Es gibt auch Hinweise darauf, dass eine etruskische Buchliteratur über religiös-rituelle und juristische Fragen existierte (Facchetti 2000: 167ff.). Davon ist allerdings nicht ein einziges Exemplar erhalten geblieben.

Der Schriftbesitz der Etrusker reicht sehr wahrscheinlich in eine Zeit zurück, als die Proto-Etrusker aus dem Kulturareal der östlichen Ägäis auf dem Seeweg in ihre spätere italische Heimat abwanderten (Haarmann 1995: 165 ff.). Die Zusammensetzung des etruskischen Alphabets weist auf die Kontaktregion Euböa-Böotien mit dem Handelszentrum Chalkis, wo die griechische Schrift übernommen wurde. Die älteste Version des etruskischen Alphabets, eingeritzt auf einer Elfenbeintafel aus Marsiliana d'Albegna (8. Jahrhundert v. Chr.), steht dem griechischen Original noch so nahe, dass sie auch in der griechischen Sprachgeschichte als historisches Dokument erwähnt wird (Pandolfini/Prosdocimi 1990: 19f.).

Jedenfalls war die griechische Schrift der etruskischen Sprache bereits angepasst und nach Italien transferiert worden, bevor die griechischen Siedler sie ihrerseits in die Kolonien Süditaliens mitbrachten. Die frühesten Hinweise auf Schriftgebrauch in der Kolonie von Kyme nördlich von Neapel stammen aus dem 7. Jahrhundert v. Chr.

Schon die Anfänge Roms um die Mitte des 8. Jahrhunderts v. Chr., das seinen Namen von einer etruskischen aristokratischen Familie, der Gens Ruma, hat, waren etruskisch geprägt. Zwar herrschten zu Beginn fünf latinische Könige, danach aber ging die Herrschaft über an die Tarquinier, eine etruskische Dynastie, die erst im Jahre 509 v. Chr. aus Rom vertrieben wurde.

Jahrhundertelang führte der Weg der Latiner zu den griechischen Kulturgütern über die Vermittlung der Etrusker. Die römischen Aristokraten schickten ihre Kinder zur Ausbildung nach Etrurien, und obwohl die Römer ihr eigenes Augurenwesen hatten, wurden etruskische Priester (*haruspices*) nach Rom eingeladen, wo sie im Ritual der Leberschau von Opfertieren wichtige Ereignisse voraussagten.

Als die Latiner das etruskische Alphabet übernahmen, war die etruskische Literatur bereits reich und verzweigt. Das Griechische wurde schon seit rund tausend Jahren geschrieben. Aus dieser enormen zivilisatorischen Distanz heraus entwickelte sich als Nachzügler der europäischen Antike die Zivilisation der Latiner, die sich später stolz Römer nannten. Diese gaben sich alle Mühe, das etruskische Patronat ihrer Kultur zu verschleiern. Die kulturellen Institutionen der Etrusker wurden aufgelöst, ihre Literatur vergessen, die sozialen Funktionen ihrer Sprache zunehmend eingeschränkt, bis schließlich die etruskische Kultur vollständig assimiliert war. Dies ging Hand in Hand mit einer starken Anlehnung an die griechische Zivilisation mit ihrer so attraktiven historischen Legitimation. Das Endergebnis dieses Prozesses ist das bekannte griechisch-römisch geprägte Image der Spätantike, das sich in der Tradition der Schriftlichkeit und Literatur, der bildenden Künste und der Ästhetik, der ethischen Werte und religiösen Vorstellungen, der Rechtsgeschichte und Philosophie und in vielen anderen Bereichen bis in die Neuzeit beständig reproduziert hat. Bei der historischen Betrachtung dieser Kultursymbiose sollte man aber die Rolle der etruskischen Zivilisation als vermittelnde Instanz nicht vergessen.

Den Römern selbst dürfte kaum bewusst gewesen sein, dass Wörter wie *elementum* ‹Element› (Originalbedeutung ‹Buchstabe des Alphabets›, *l* + *m* + *n*), *stilus* ‹Schreibgriffel› oder *cera* ‹Wachs› nicht direkt aus dem Griechischen stammten, sondern mit Lauttransformation über etruskische Vermittlung in den lateinischen Wortschatz gelangt waren. Ähnlich geht lat. *littera* ‹Buchstabe› (hierzu *litterae* ‹Schreiben, Schriftlichkeit›) über das Etruskische auf griechisch *diphthera* ‹Haut (eines Tieres, meist einer Ziege), Leder› zurück. Die Lautform des etruskischen Wortes ist nicht überliefert. Wohl aber kann man die etruskische Vermittlung an der «Deformation» des griechischen Originals im Lateinischen erkennen.

In den modernen Kultursprachen leben auch zahlreiche Lehnwörter in vielerlei Ableitungen weiter, die aus dem Etruskischen ins Lateinische direkt übernommen wurden, z. B. lat. *atrium* (aus etr. *athre* ‹Gebäude›) und *persona* (aus etr. *phersu* ‹maskierter Schauspieler; jemand, der die Identität einer bestimmten Person annimmt›). Auf das etruskische Verb *nunth* ‹ankündigen›, dazu lat. *nuntiare* ‹ankündigen›, *nuntius* ‹Bote› oder *adnuntiare* ‹ankündigen›, gehen in den romanischen Sprachen (und als Entlehnung aus dem Französischen auch im Englischen) die Ausdrücke für ‹ankündigen› zurück (franz. *annoncer*, ital. *annunciare*, engl. *announce* usw.).

Das altägäische Kulturerbe der Etrusker Die archäologische Forschung hat weder im ägäischen Raum noch in Kleinasien Artefakte ans Licht gebracht, die eindeutig als «etruskisch» zu bezeichnen wären. Allerdings lassen sich in der etruskischen Zivilisation eine Reihe von Eigenheiten feststellen, die als altägäisches Erbe interpretiert werden können.

Sprachverwandtschaft zwischen Etruskisch und Lemnisch: Das Etruskische ist mit zwei antiken Sprachen verwandt, mit dem Rätischen in Norditalien und mit der Sprache der Insel Lemnos in der Ägäis (wichtigster Text in lemnischer Sprache und alphabetischer Schrift ist die Inschrift auf einer Grabstele aus der ersten Hälfte des 6. Jahrhunderts v. Chr.). Etruskisch und Lemnisch sind entweder organische Fortentwicklungen einer gemeinsamen älteren Basis oder Schwestersprachen, die auf eine unbekannte altägäische Vorstufe zurückgehen. Sie gehören zu den altmediterranen Sprachen, die sich aus der Zeit vor der Einwanderung von Indoeuropäern in den ägäischen Raum erhalten haben. Es gibt verblüffende Ähnlichkeiten, nicht nur in den Alphabeten, sondern auch sprachlich. Eine Formel, die auf das Alter des Verstorbenen verweist, lautet im Lemnischen *avis sialchvis* ‹vierzig Jahre alt›; in etruskischen Grabinschriften findet man sie in der Form *avils machs sealchls* ‹(als er) fünfundvierzig Jahre alt (war)› (Bonfante/Bonfante 1983: 51).

Sprachkontakte der Etrusker im ägäischen Raum: Es lassen sich Spuren alter etruskisch-griechischer Sprachkontakte nachweisen. Das altgriechische Wort *opuio* (auch *opuo*) ‹jd. als Frau haben; in einer ehelichen Bindung mit jd. leben›, das sich allen indoeuropäischen Erklärungsversuchen entzieht, ist vermutlich zu etrusk. *puia* ‹Frau› zu stellen (Frisk 1970: 407; Edwards 1987). Da *opuio* bereits zum Vokabular der epischen Texte der archaischen Periode gehört, muss es zu einer Zeit entlehnt worden sein, als weder Etrusker noch Griechen in Italien siedelten, als also die Vorfahren der Etrusker noch in ihrer ägäischen Heimat lebten. Griechen und Proto-Etrusker unterhielten in Euböa und Böotien rege Handelsbeziehungen, wozu auch der Tausch von Frauen für die Handelspartner gehörte (und die griechische Schrift für die Etrusker).

In ägyptischen Quellen werden unter den «Seevölkern», die Ägypten im 12. Jahrhundert v. Chr. angriffen, die *Trs* erwähnt, ein Name, der dem griechischen Ethnikum für die Etrusker, *Tursenoi* (*Tyrsenoi*), ähnelt. Möglicherweise ist *Tursenoi* eine Kombination aus etruskisch *tur* (*thur*) ‹Sohn, Angehöriger eines Verbands› und der etruskischen Eigenbezeichnung *Rasenna* (*Rasna*), im Sinne von ‹Söhne des Volkes der Etrusker›. Diese Namensentlehnung mit Zusatzelement aus dem Etruskischen wurde demnach übernommen, als die Vorfahren der Etrusker noch im ägäischen Kulturkreis lebten.

Die Assoziation der Tursenoi mit den indoeuropäischen Lydern an der Küste Kleinasiens, wie sie Herodot in seinem Bericht vornimmt, ist von einigen Forschern als Fantasiegebilde abgelehnt worden. Im Licht der Sprachkontakte gibt es jedoch einige Hinweise auf eine mögliche Beziehung. Dazu gehören einige Formantien (z.B. das Suffix zur Bildung von Adjektiven) und Schlüsseltermini in Grabinschriften, die beiden Sprachen gemeinsam sind (Woudhuizen 1990: 95 ff.). Außerdem kennt sowohl die etruskische als auch die lydische Schrift ein Zeichen (in Gestalt einer 8), das ansonsten in keinem anderen Alphabet vorkommt und in beiden Systemen den Lautwert [f] hat.

Matrifokale Strukturen der etruskischen Gesellschaft: In keinem anderen Volk südlich der Alpen hatte die Frau so viele Vorrechte wie bei den Etruskern. Ob dies nur bei den etruskischen Aristokraten üblich war oder auch die unteren sozialen Schichten betraf, weiß man nicht. Gesichert ist, dass die Frauen im Toten- und Ahnenkult gleichrangig mit den Männern waren (Bonfante 1990: 370). Die etruskische Gesellschaft war offensichtlich matrifokal (matristisch), keineswegs matriarchalisch organisiert, d.h. die Frauen waren gleichgestellt, dominierten aber nicht.

Nur im ägäischen Raum hat Matrifokalität eine lange Tradition. In der antiken Überlieferung wird sie von Herodot für die Lykier in Kleinasien beschrieben. Die Proto-Etrusker haben, wenn sie in Siedlungsgemeinschaft mit den Lydern in der Küstenregion Kleinasiens lebten, auch Kontakt zu den Lykiern gehabt. Auf diese Weise könnten sich ähnliche soziale Verhältnisse wie bei den Lykiern auch bei den Etruskern entwickelt haben. Vielleicht aber haben Proto-Etrusker und Lykier unabhängig voneinander die matrifokale Sozialordnung in ihrer Gesellschaft aus den altägäischen Kulturen tradiert. Hinweise auf etruskisch-lykische Kontakte bieten auch die Sprachen. Im Etruskischen gibt es ein Wortpaar (*purthne, eprethne*), mit dem ein hoher Staatsbeamter bezeichnet wird. Parallele Ausdrücke finden sich im Lykischen (*epriti* ‹Satrap, Repräsentant des persischen Königs›) und im Griechischen (*prutanis* ‹Verantwortlicher in Staatsgeschäften, Prytan, Führer›). Die Quelle dieser Entlehnungen ist ein Wort aus einer der nicht namentlich bekannten altägäischen Sprachen.

Masken in religiösen Zeremonien: Masken als Requisiten im Kultleben sind aus der griechisch-römischen Antike wohlbekannt. In der römischen Kultur geht diese Tradition auf etruskische Vorbilder zurück. Die griechische und die etruskische Tradition entstammen einer gemeinsamen Quelle, dem Zeremonialwesen der altägäischen Kulturen, und diese setzen möglicherweise noch viel ältere Bräuche fort, nämlich das Maskenwesen der Donauzivilisation (Gimbutas 1989: 52ff., 168f., 205ff.).

Im Etruskischen wurde der Schauspieler, der in einer kultischen Aufführung mit einer Maske auftrat, *phersu* genannt. Diese Bezeichnung ist ins Lateinische in der Form *persona* entlehnt worden und über lateinische Vermittlung in den Kulturwortschatz vieler moderner Sprachen gelangt.

Die Doppelflöte: Dieses Instrument, das im Griechischen als *elymos aulos* bezeichnet wird und auch unter dem Namen «phrygische Flöte» (engl. Phrygian pipes) bekannt ist, ist aus Etrurien, aus dem minoischen Kreta, von den Kykladen und aus Zypern bezeugt. Hinweise auf die Doppelflöte stammen sämtlich aus dem 1.Jahrtausend v. Chr., der Umstand aber, dass sie auch in einem der Fresken auf dem Sarkophag von Hagia Triada dargestellt ist, legt die Vermutung nahe, dass die Tradition des Instruments auf die späte Bronzezeit zurückgeht (Castleden 1990: 151). Nach Zypern ist die Doppelflöte mit Siedlern aus dem ägäischen Raum gelangt, und die Existenz des Instruments im etruskischen Kulturkreis deutet auf die alten Beziehungen der Etrusker zu den ägäischen Kulturen.

Prozessionen im Kontext kultischer Zeremonien: Die Proto-Etrusker waren es, die das Prozessionswesen in Italien einführten. Detaillierte Darstellungen von Prozessionen im Kontext kultischer Zeremonien sind aus dem ägäischen Raum bekannt.

Zu den berühmtesten gehören die Fresken auf dem Sarkophag von Hagia Triada und die Schiffsprozession in den Fresken von Thera (Morgan 1988). Ähnlich wie bei den Minoern und Mykenern wurden Prozessionszüge auch bei den Etruskern anlässlich von Beerdigungen, von Tieropfern und von zyklischen Gottesdiensten in Heiligtümern veranstaltet. Die Römer übernahmen diese etruskische Tradition in ihr Kultleben.

Nahöstliches Erbgut in der etruskischen Zivilisation Die Eigenheiten des ägäischen Kulturerbes im Mosaik der etruskischen Zivilisation sind verwoben mit dem Erbgut aus nahöstlicher Quelle: Traditionen und Symbole, die bei den italischen Nachbarvölkern gänzlich unbekannt waren. So kommt der lange Stab mit gewundenem bzw. gedrehtem Ende, das Statussymbol der etruskischen Priesterschaft, der *haruspices*, vermutlich aus dem babylonischen Kulturkreis. Der Krummstab als Requisit der Priester ist aus spätbabylonischer Zeit bezeugt. Dieses Statussymbol, im Lateinischen *lituus* genannt, hat seinen Weg in eben dieser Funktion bis in die christliche Ära gefunden – als Hirtenstab der christlichen Bischöfe und des Papstes.

Die archäologische Hinterlassenschaft zeigt, dass im Kultleben der Etrusker offensichtlich die Divination (wahrsagerische Vorausschau) auf der Basis der Ausdeutung der Leber eines Opfertiers von besonderer Bedeutung war. Da die Lage einer Schafsleber in individuellen Opfertieren deutlich variiert, hat die Leberschau von Schafen wohl schon früh eine bevorzugte Rolle in den Praktiken von Auguren gespielt. Die ältesten Spuren stammen aus dem babylonisch-assyrischen Kulturkreis und gehen auf das 2. Jahrtausend v. Chr. zurück (Starr 1990: XXXVI).

Eine der eindrucksvollsten Requisiten der etruskischen Auguren und gleichzeitig eines der ausgefallendsten Dokumente der etruskischen Schriftlichkeit ist das Bronzemodell einer Schafsleber, die in Piacenza gefunden wurde und auf die Zeit um 150 v. Chr. datiert wird. Die Leber ist in 52 verschiedene Zonen eingeteilt, in denen Namen von Gottheiten verzeichnet sind, darunter tin (dem römischen Jupiter entsprechend), uni (Iuno), selvan (Silvanus), fufluns (Bacchus), catha (Sonnengottheit), tivr (Mondgottheit), cel (Muttergöttin) (Facchetti 2000: 255 f.). Am unteren Rand des Lebermodells ist eine Markierung zur Bestimmung der Nord-Süd-Linie erkennbar.

Während die Leberschau wohl bereits zu den religiösen Traditionen der Proto-Etrusker gehörte, haben sich bestimmte, nahöstlich inspirierte modische Vorlieben der etruskischen Aristokratie erst später entfaltet. Zu den seit dem 8. Jahrhundert v. Chr. auftretenden modischen Innovationen gehören Textilien mit kariertem Muster, verschiedene Hutformen (z. B. der Federhut), besondere Haartrachten und Frisuren nach nahöstlichen Vorbildern, der dreiviertellange Chiton und der weite «protoionische» Chiton aus fein gewebtem Stoff (Cristofani 1985: 2 f.).

Schrift- und Kulturexport ins westliche Mittelmeer

Der ägäische Kultureinfluss machte sich aber noch viel weiter westlich geltend, in einer Region, wo seine Hinterlassenschaft erst vor kurzem aufgespürt worden ist. Mykener haben offensichtlich im 2. Jahrtausend v. Chr. Handelskontakte mit der entfernten Iberischen Halbinsel unterhalten, und zwar mit den Bewohnern der Ostküste. Lange Zeit glaubte man, dass die Phönizier die einzigen Ausländer waren, die dort Handel trieben. Phönizische Kaufleute kamen seit Ende des 2. Jahrtausends v. Chr. nach Hispanien. Um 1100 v. Chr. wurde Gades (heute Cádiz) am Unterlauf des Guadalquivir gegründet. Permanente Siedlungen entstanden auch zwischen 800 und 775 v. Chr. in der Region von Málaga. Die Griechen kolonisierten den Nordosten der spanischen Levante, und zwar von dem um 600 v. Chr. gegründeten Massilia (heute Marseille) aus. Inzwischen weiß man, dass bereits mykenische Griechen Jahrhunderte vor den Griechen von Massilia Kontakte nach Südspanien unterhielten. Hinweise darauf vermitteln Funde mykenischer Keramik in

Montoro (Andalusien). Die Kultur der nicht-indoeuropäischen Iberer erlebte in der Zeit zwischen 700 und 550 v. Chr. einen durchgreifenden Wandel, unter dem Einfluss der Phönizier im Süden und der Griechen im Norden. Diese Periode des kulturellen Umbruchs wird die «orientalisierende Phase» genannt (Harrison 1988: 5 ff.). Auch die einheimischen Tartessier im Südwesten der Halbinsel standen unter dem kulturellen Einfluss aus dem Osten. Zu den zahlreichen neuen Technologien gehörten die Schrift, die Eisenverarbeitung, die Ausbeutung der einheimischen Silbervorkommen, die Produktion von Keramik auf der Töpferscheibe, die Anwendung der Gießtechnik zur Herstellung von Bronzefiguren, die Vorliebe für naturalistische Darstellungen als Kunststil usw.

Die Schriftsysteme, die bei den Völkern der Iberischen Halbinsel in vorrömischer Zeit verbreitet waren, spiegeln die verschiedenen kolonisatorischen Einflüsse wider. Drei regionale Systeme können unterschieden werden:

- die tartessische oder südwestliche Schrift; rein alphabetisch (dokumentiert seit etwa 600 v. Chr.);
- die bastulo-turdetanische oder iberische Schrift von Baetica (der römische Name für Andalusien); ein alphabetisch-syllabisches Mischsystem (dokumentiert seit dem 5. Jahrhundert v. Chr.);
- die levantinisch-iberische Schrift im Nordosten; ein alphabetisch-syllabisches Mischsystem (dokumentiert seit 425 v. Chr.).

Bei genauerer Betrachtung der Silbenzeichen im Inventar der bastulo-turdetanischen wie auch der levantinisch-iberischen Schrift drängen sich die graphischen Parallelen mit ägäischen Schriftzeichen geradezu auf. Die meisten Äquivalenzen ergeben sich im Vergleich mit den altkyprischen Schriftarten, insbesondere mit dem Kyprisch-Syllabischen (Abb. 14). Das graphische Repertoire dieser Schriftart hat die meisten Vorbilder für die beiden iberischen Schriftarten geliefert. Augenfällig ist die historische Abhängigkeit der Zeicheninventare zur Schreibung der Silben [ba], [be], [bo], [bu], [te], [ti], [to], [ka], [ko].

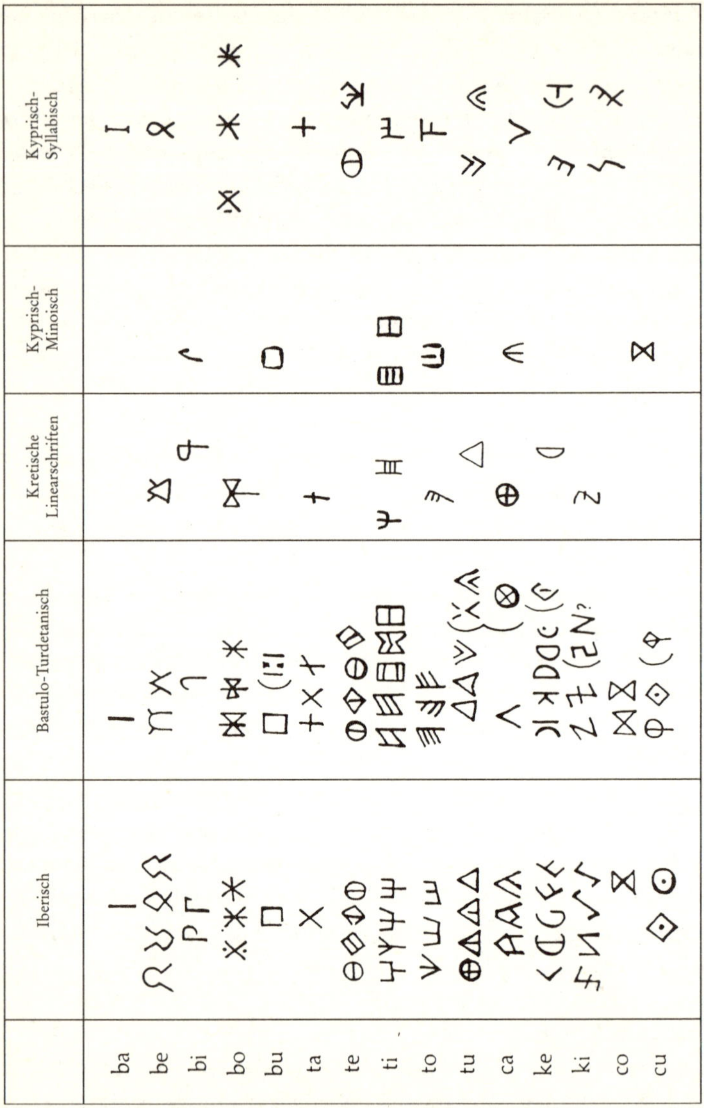

Abb. 14: Iberisch-ägäische Schriftkonvergenzen (nach Haarmann 1997b: 68).

Graphische Ähnlichkeiten mit Linear B sind in den levantinisch-iberischen Zeichen zur Schreibung der Silben [ta], [ti] und [ka] zu erkennen, solche mit Linear A in den Zeichen für [be], [bi], [bo], [ti], [to], [ke] und [ki]. Aber auch in Bezug auf die zugeordneten Laute zeigen sich auffällige Parallelen. So ist das kreisförmige Zeichen mit Kreuz graphisch und lautlich identisch in Linear B und in der bastulo-turdetanischen Schriftart. Mit diesem Zeichen wurde die Silbe [ka] geschrieben.

Die spezielle zyprische Komponente mag zunächst verwunderlich erscheinen, wo doch Zypern am weitesten von der Iberischen Halbinsel entfernt liegt und dessen Handelskontakte in den Vorderen Orient ausgerichtet waren. Erst seit kurzem weiß man, dass die alten Vorstellungen von einer phönizischen und einer davon getrennten griechischen Kolonisation an den Küsten des Mittelmeeres als Stereotypen ausgedient haben. Zypern spielte eine viel aktivere Rolle bei der Kolonisation des Mittelmeers, als man bislang vermutete (Reyes 1994). Es gab viele Gemeinschaftsunternehmen, die man mit einem modernen Ausdruck als Joint Ventures bezeichnen könnte. Geschäfte wurden in Kooperation abgewickelt, wobei sowohl Phönizier als auch Griechen ihren Profit machten. In den Handelsstützpunkten auf der Iberischen Halbinsel ist daher mit der Präsenz ebenso von Phöniziern wie von schriftkundigen Zyprioten zu rechnen. So wie phönizische, mykenische und zyprische Waren ausgetauscht wurden, so gelangte auch die Kenntnis der verschiedenen Schriftarten als Kulturgut zu den Iberern, die damit auf ihre Weise experimentierten und eines der originellsten Schriftsysteme im Mittelmeerraum schufen (Haarmann 1997b: 52ff.).

Die Bedeutung der ägäischen Linearschriften für die Entstehung des Alphabets

Die von der Tradition Alteuropas inspirierte Schriftlichkeit der altägäischen Zivilisationen entfaltete ihren Glanz nicht nur in den Kulturzentren der ägäischen Inseln, sondern sie strahlte auch auf das griechische Festland aus. Die ältesten Experimente der mykenischen Griechen, die Schrift der Minoer (Linear A) auf ihre Sprache anzuwenden (Linear B), fanden auf dem Kontinent statt. Die Kenntnis der ägäischen Schriften gelangte nach Zypern und in den Vorderen Orient (Levanto- und Philisto-Minoisch).

Angesichts des erstaunlichen soziokulturellen Potenzials, das die Linearschriften besonders im östlichen Mittelmeerraum entfalteten, wäre es verwunderlich, wenn die ägäische Schriftlichkeit keine Spuren in der Schriftgeschichte des Alphabets hinterlassen hätte. Im Gegenteil, es ist unter bestimmten kulturellen Kontaktbedingungen sogar zu einer Fusion der älteren ägäischen Tradition und der jüngeren alphabetischen Schrifttechnologie gekommen. Ein Beispiel ist die historische Landschaft Karien im Südwesten Kleinasiens, die Heimat der Karer, eines indoeuropäischen Volkes. Das Karische ist eine altkleinasiatische Sprache und gehört zur Gruppe der alten indoeuropäischen (altanatolischen) Sprachen Kleinasiens. Es ist in mehr als 200 Inschriften überliefert, die aus der Zeit zwischen dem ausgehenden 8. Jh. und dem Beginn des 3. Jahrhunderts v. Chr. stammen. Die älteren in Stein geritzten Inschriften wurden an verschiedenen Stätten in Nubien und Ägypten gefunden. Dorthin gelangten karische Söldner, die im Dienst der Pharaonen Psammetich I. und II. (7./6. Jahrhundert) standen. Die jüngeren Inschriften stammen aus Karien selbst, darunter eine im Jahre 1996 ausgegrabene karisch-griechische Bilingue.

Die karischen Inschriften sind in einer lokalen Schriftart geschrieben, in der sich 45 Einzelzeichen unterscheiden lassen. Wenn auch nur fragmentarisch, so findet hier die lange Überlieferung der alteuropäisch-altägäischen Schriftlichkeit ihre letzten «visuellen» Spuren. Denn ein Teil der karischen Zeichen weist auf Parallelen zum griechischen Alphabet westlicher Prägung, ein anderer Teil auf das Zeichenrepertoire der kyprisch-syllabischen Schrift. Die bisherige Entzifferung hat ergeben, dass es sich bei der karischen Schrift um ein Buchstabenalphabet handelt (ohne Silbenzeichen), wobei lediglich ein Teil der Zeichen in regelmäßigem Gebrauch war. Allerdings besteht noch keine endgültige Klarheit hinsichtlich der Buchstabenwerte (Blümel/Frei/Marek 1998). Das Kyprisch-Syllabische konnte sich also über die Zeichenselektion in der karischen Schrift flexibel an die höchste Entwicklungsstufe der phonetischen Schreibweise anpassen, nämlich an die Buchstabenschreibung nach dem alphabetischen Prinzip.

Die ägäischen Schriftsysteme haben aber viel ältere Spuren in der Geschichte des Alphabets hinterlassen. Auf die eine oder andere Weise haben sie sogar den Entstehungsprozess der alphabetischen Schriftrevolution beeinflusst, die im 2. Jahrtausend v. Chr. im Vorderen Orient stattfand. Die Schreibweise nach dem alphabetischen Prinzip ist eine echte Revolution, denn hiermit zeichnet sich ein enormer Entwicklungssprung gegenüber älteren Prinzipien des Schriftgebrauchs ab. Im Unterschied zu den im Vorderen Orient, in Anatolien und in Mesopotamien verbreiteten Silbenschriften, wo ein Zeichen ganze Silben, also einen Cluster von Lauten wiedergibt, ist der Zeichengebrauch in Alphabetschriften mit ihrer Eins-zu-Eins-Entsprechung von Buchstabe und Laut wesentlich präziser.

Inspiriert wurden die ältesten Experimente mit einer alphabetischen Schreibweise zweifellos von den Ein-Konsonanten-Zeichen der ägyptischen Hieroglyphenschrift. Dies sind Zeichen, die nur ein Segment einer Silbe schreiben, nämlich deren Konsonanten, unabhängig von der Qualität des damit in Verbindung stehenden Vokals. Diese Zeichen werden auch wegen ihrer Quasi-Entsprechung von Zeichen und Laut «ägyptisches Alphabet» genannt.

Die frühen Alphabetschriften dienten zur Schreibung semitischer Sprachen. In der ältesten bekannten Version einer Alphabetschrift, der Sinai-Schrift aus der Zeit um 1700 v. Chr., kann man ein bestimmtes Prinzip erkennen, nach dem Zeichenformen selektiert und in das Inventar der Buchstaben integriert wurden. Dies ist das Prinzip der Akrophonie (von griech. *akros* ‹äußerster, höchster, oberster› + *phone* ‹Laut›), der Abspaltung des Anfangslautes eines Wortes. Beispielsweise wird der Buchstabe mit dem Lautwert [b] mit einem Zeichen geschrieben, dessen graphische Form ein stilisiertes Haus ist. Die Ausgangsbasis für diese Lautselektion ist das Wort *bajit* ‹Haus›, von dessen Lautsequenz nur noch der erste Laut übrigbleibt. Der Buchstabe zur Schreibung von [b] ist also eine Art Kürzel des Wortes für Haus.

Auf diese Weise sind etliche Buchstaben des semitischen Alphabets aus dem Bestand der ägyptischen Ein-Konsonanten-Zeichen selektiert worden. Für die meisten der Zeichen mit akrophonischem Ursprung gibt es semitische Namen (*Aleph, Bet, Gimel* usw.). Zur Benennung von gewissen Buchstaben fehlen allerdings solche Namen, und zwar von solchen, deren Ursprung nicht nach dem akrophonischen Prinzip erklärt werden kann. Hier sind andere Quellen verantwortlich für die Zeichenselektion. Eine von ihnen sind die ägäischen Schriften mit ihrem Zeichenschatz (Abb. 15). Wenn man die Zeichenformen der alten Schriften in der östlichen Mittelmeerregion miteinander vergleicht, so fallen die graphischen Parallelismen insbesondere bei den Buchstaben ohne semitische Namen auf (*he, het, ṭet* und *çade*).

Das phönizische Alphabet, das sich als kultureller Exportschlager im gesamten Mittelmeerraum erweisen sollte und das in Form seiner zahlreichen Transformationen (als griechische, lateinische, kyrillische Schrift) bis heute als nahöstliches Kulturerbe in unserer modernen Welt lebendig geblieben ist, stammt also nicht nur aus einer einzigen Quelle, sondern sein Zeicheninventar setzt sich – wie ein Mosaik mit verschiedenfarbigen Steinen – aus Elementen verschiedener Herkunft zusammen. Die Zeichenselektion aus verschiedenartigen Quellen bei der Ausbildung der Alphabetschriften ist als Steinbruchprinzip bezeichnet worden (Haarmann 1994).

Ägäischer Einfluss machte sich aber nicht nur in der formativen Periode der frühen Alphabetschriften geltend, es kam auch zu Nachwirkungen zu jener Zeit, als die phönizische Schrift für

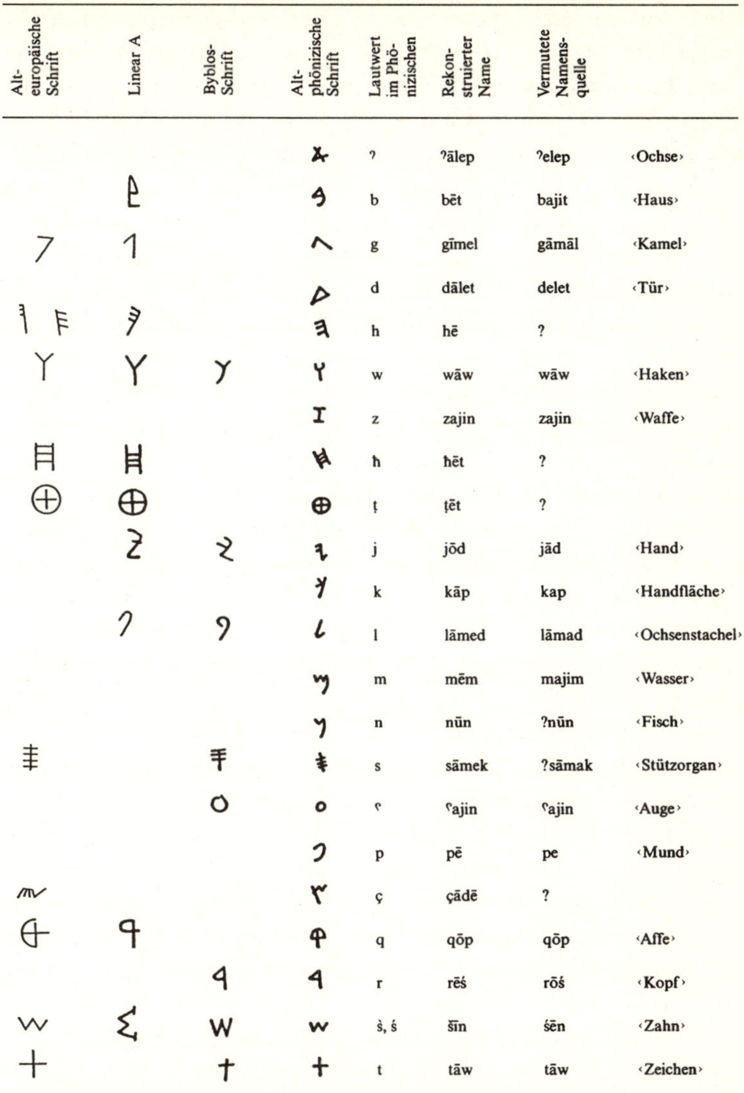

Lautwert im Phönizischen	Rekonstruierter Name	Vermutete Namensquelle	
ʔ	ʔālep	ʔelep	‹Ochse›
b	bēt	bajit	‹Haus›
g	gīmel	gāmāl	‹Kamel›
d	dālet	delet	‹Tür›
h	hē	?	
w	wāw	wāw	‹Haken›
z	zajin	zajin	‹Waffe›
ħ	ħēt	?	
ṭ	ṭēt	?	
j	jōd	jād	‹Hand›
k	kāp	kap	‹Handfläche›
l	lāmed	lāmad	‹Ochsenstachel›
m	mēm	majim	‹Wasser›
n	nūn	?nūn	‹Fisch›
s	sāmek	?sāmak	‹Stützorgan›
ʕ	ʕajin	ʕajin	‹Auge›
p	pē	pe	‹Mund›
ç	çādē	?	
q	qōp	qōp	‹Affe›
r	rēś	rōś	‹Kopf›
ŝ, ś	šīn	śēn	‹Zahn›
t	tāw	tāw	‹Zeichen›

Abb. 15: Parallelen zwischen altägäischen, byblischen und phönizischen Schriftzeichen (nach Haarmann 1994: 333).

das Griechische adaptiert wurde. Der Fund einer phönizischen Inschrift auf einem Importgefäß aus Kreta, das ins ausgehende 10. Jahrhundert v. Chr. datiert wird, verdeutlicht, dass der phönizische Kultureinfluss – als Folge der regen Handelsbeziehungen – bereits in jener Zeit in der Inselwelt der Ägäis spürbar war.

Aus traditioneller Sicht der Schriftgeschichte wird die Übernahme der phönizischen Schrift in Europa als typisch griechische Kulturleistung verstanden. Die ältesten Experimente mit der phönizischen Schrift zur Schreibung nichtsemitischer Sprachen sind aus dem Kulturmilieu Kretas bekannt, aber dort war das Kulturschaffen nicht einseitig griechisch geprägt (Haarmann 1995: 131 ff.). Im 10. Jahrhundert v. Chr. lebten auf Kreta außer den eingewanderten dorischen Griechen auch noch Reste der mykenisch-griechischen Bevölkerung und die Nachkommen der einheimischen Minoer. Das Leben in Kreta war also damals geprägt durch Multikulturalität und Mehrsprachigkeit. Die dorischen Immigranten, die im 11. Jahrhundert v. Chr. auf die Insel gekommen waren, hatten die lokale Kultur nicht vernichtet, sondern sich mit den dortigen Bewohnern arrangiert. Minoische und mykenische Traditionen (z. B. im religiösen Brauchtum) lebten weiter.

Die einheimische Tradition der ägäischen Schriftlichkeit hatte zwar aufgehört zu existieren, die Erinnerung daran lebte aber im kulturellen Gedächtnis der Menschen weiter. Ein Beweis dafür ist der sporadische Gebrauch von Zeichen der kretischen Linearschriften. Die jüngste Inschrift in dieser Schriftart stammt aus dem 3. Jahrhundert v. Chr. (Duhoux 1981). Der Zeichenschatz der voralphabetischen Linearschriften war also zumindest in Fragmenten bekannt, als sich kulturbeflissene Kreter daran machten, das phönizische Alphabet für die lokalen Sprachen zu adaptieren. Diese Sprachen waren das Eteokretische, eine späte Entwicklung des Minoischen, und das Griechische.

Einen Beweis dafür, dass das so genannte «griechische» Alphabet in einem multikulturellen Milieu entstanden ist, findet man darin, dass sich das Zeicheninventar auch dieser Schriftart nach dem Steinbruchprinzip zusammensetzt, dass also die Zeichen nicht ausschließlich aus dem phönizischen Alphabet übernommen worden sind. Die Positionen im Alphabet, die für bestimmte, dem Phönizischen eigene, dem Eteokretischen und Griechischen dagegen fremde Laute reserviert waren, wurden mit Vokalen besetzt. Auf diese Weise wurden bestimmte Konsonanten und Halbkonsonanten mit den griechischen Vokalen assoziiert, und zwar *Aleph* mit *Alpha*, *He* mit *Epsilon*, *Heta* mit *Eta*, *Jodh* mit *Iota*, *Ajin* mit *Omikron*. Im Unterschied dazu werden die Zusatzzeichen des griechischen Alphabets – der ersten Buchstabenschrift der Geschichte mit einer regelmäßigen Lautbezeichnung von sowohl Konsonanten (wie im Semitischen) als auch Vokalen – mit Zeichen geschrieben, die nicht phönizischer Herkunft sind. Vergleicht man die Zeichenformen zur Schreibung von [phi], [khi] und [psi] mit dem Bestand an ägäischen Schriftzeichen, so erkennt man unschwer die Parallelen.

An den Experimenten mit dem phönizischen Alphabet auf Kreta waren nicht allein Griechen, sondern mit Sicherheit auch Eteokreter beteiligt. Dafür gibt es einen klaren Beweis. Der Text der ältesten Inschrift Kretas in Alphabetschrift ist nicht griechisch, sondern eteokretisch. Die neue, auf Kreta entstandene Schriftart, das «eteokretisch-griechische» Alphabet, wurde also von Anbeginn für beide lokale Sprachen verwendet. Das Verdienst, das erste vollständige Alphabet geschaffen zu haben, gebührt den Vertretern jenes kulturellen Kontaktmilieus auf Kreta, keineswegs ausschließlich den Griechen, die diesen Ruhm später einseitig für sich in Anspruch genommen haben. Allerdings schied das Eteokretische schon bald als Schriftsprache aus. Als Schriftmedium breitete sich das Griechische rasch über die gesamte Ägäis und das griechische Festland aus. Von dort gelangte das neue Schriftmedium mit der Kolonisation nach Nordafrika und bis ins westliche Mittelmeer.

Es gibt noch andere Nachklänge des auf Kreta herrschenden multikulturellen Lebens, die sich in der Epoche fortsetzen, als sich die einheimische Bevölkerung schon ans Griechische assimiliert hatte. Der mythischen Überlieferung zufolge ist der legendäre König Minos bekannt als weiser Gesetzgeber. Dies ist durchaus als Hinweis auf die uralte Tradition der Gesetzgebung auf Kreta zu verstehen, und die Griechen übernahmen diese Tradition als Vermächtnis von den Nachkommen der Minoer. Die ältesten überlieferten (d. h. nach ihrem Wortlaut bekannten) Gesetze stammen aus Kreta.

In der altgriechischen Terminologie des Rechtswesens findet sich ein spezieller Ausdruck, *kyrbis*, für den es keine indoeuropäische Etymologie gibt. *Kyrbis* ist ein vorgriechisches Kulturwort; dafür sprechen auch formale Eigenheiten, es wird nämlich in den klassischen Texten mit unterschiedlichem grammatischem Geschlecht verwendet, manchmal als Maskulinum, manchmal als Femininum. *Kyrbis* hat mehrere Bedeutungen: Im dichterischen Stil wird es seit dem 5. Jahrhundert v. Chr. im Sinne von ‹überkommene Gesetze; alte Weisungen, Maßregeln› verwendet. Seit dem 4. Jahrhundert v. Chr., und zwar seit Theophrast von Eresos (372–288 v. Chr.), bedeutet *kyrbis* auch: ‹hohe Stele mit Inschrift›. Mit großer Wahrscheinlichkeit wurde der Ausdruck «aus der vorgriechischen Sprache Kretas entlehnt, denn Kretas wohl überlieferte Vorliebe für die Ausarbeitung von Gesetzen während der archaischen Periode mag letztlich auf den Gesetzgebern der minoischen Periode beruhen» (Jeffery 1990: 53 f.).

VII
Die frühen Agrargesellschaften in der Schwarzmeerregion

In der Siedlungsgeschichte nach der Großen Flut sowie nach den Klimaschwankungen des 7. und 6. Jahrtausends v. Chr. und im Ausbreitungsprozess des Ackerbaus treten zwei Phasen hervor, die Zeit um 6500 v. Chr., als sich die bewährten kulturellen Institutionen der vorsintflutlichen Zeit endgültig festigen und fortentwickeln, und die Zeit um 5500 v. Chr., als sich die Technologien zu entfalten beginnen, die die Zukunft der damaligen Gesellschaft prägen sollten. Das, was seit der Mitte des 6. Jahrtausends v. Chr. in der südlichen Schwarzmeerregion entsteht, ist Zivilisation.

Der Kriterienkatalog der kulturellen Institutionen, innovativen Technologien und religiösen Vorstellungen zeigt, dass die zivilisatorischen Leistungen der Menschen nach 5500 v. Chr. nicht aus dem Nichts kamen, sondern auf älteren Grundlagen aufbauten, die ihrerseits verfeinert und verbessert wurden. Der qualitative Entwicklungsstand einer Zivilisation kann danach bemessen werden, wie effektiv ältere Technologien den neuen Lebensbedingungen angepasst werden. Der kulturelle und technologische Fortschritt war nur möglich, weil sich auch die Gesellschaft veränderte, die ihn hervorbrachte.

Frühformen agrarischer Gesellschaften

Nach traditioneller Auffassung ist die Entstehung der frühen Zivilisationen ursächlich mit der Stärkung staatlicher Autorität verknüpft, mit der Existenz eines Staatswesens. Der Kanon der älteren Forschung ist ein Lehrstück stereotypischen Denkens (Kristiansen 1998: 44 ff.). Der historische Zufall wollte es, dass gerade diejenigen Hochkulturen am bekanntesten und am besten erforscht waren, die tatsächlich diesen Prototyp von Zivilisationsmodell vertreten, nämlich Ägypten, der Vordere Orient, Mesopotamien und Altchina. Und das Studium dieser Kulturen hat dazu geführt, dass man sich die längste Zeit in der Kulturforschung gar nicht gefragt hat, ob es nicht vielleicht alternative Zivilisationsmodelle gibt.

Die Idee der Staatsbildung als politische Spezialisierung hierarchisch gegliederter Gesellschaften wird bis heute als der wesentliche Schlüssel zur Erklärung des Entwicklungsschubs verstanden, der die Entstehung von Zivilisationen ermöglicht. In der Tat treffen auf Ägypten und Mesopotamien Aussagen wie die folgende zu: «Stratifizierte Gesellschaften besitzen die elementaren Merkmale staatlicher Organisation, so wie deutlich ausgeprägte soziale und ökonomische Differenzierungen und die Betonung des territorialen Elements (an Stelle der Sippenbindung), aber ihnen fehlen entwickelte Verwaltungsinstitutionen» (Kristiansen 1998: 45).

Heute stehen Archäologen, Anthropologen und Kulturwissenschaftlern Erkenntnisse über andere Zivilisationen der Welt zur Verfügung, für deren Frühstadium sich eine staatliche Ordnung entweder nicht nachweisen lässt oder deren Existenz lediglich ein marginaler Faktor im Gesamtbild ist. Die Diskussion über frühe Zivilisationen kann sich nicht länger auf diejenigen Hochkulturen beschränken, die der traditionellen Forschung zugänglich sind, wie die oben erwähnten, sondern muss notwendigerweise ausgedehnt werden auf andere alte Hochkulturen wie die Donauzivilisation und dic alte Indus-Zivilisation.

Einen entscheidenden Schritt in Richtung auf eine Erweiterung der Vergleichsbasis hat der Anthropologe Charles Keith Maisels mit seiner im Jahre 1999 erschienenen Studie über den Entstehungsprozess früher Zivilisationen in der Alten Welt getan. Bedauerlicherweise bleiben die Ausführungen gleichsam auf halbem Wege stehen, denn der gesamte Komplex der Donauzivilisation findet keine Berücksichtigung. Trotzdem ist Maisels Studie bahnbrechend, weil es dem Autor hiermit gelingt, den Nachweis zu erbringen, dass das Organisationsprinzip staatlicher Ordnung keine Universalie im Entstehungsprozess früher Zivilisationen ist.

Der eindrucksvollste Fall eines regionalen Experiments mit zivilisatorischen Einrichtungen ohne Staatsbildung ist die frühe Hochkultur im Industal mit ihren alten Kulturzentren Mohenjodaro und Harappa. Dort gab es kein Staatsgebilde, das vergleichbar wäre mit den sumerischen Stadtstaaten oder mit der Vereinigung der beiden prädynastischen Teilreiche Ägyptens zu einem einheitlichen Staat, dem Alten Reich. Die städtischen Zentren der Indus-Zivilisation erlebten ihre Blütezeit zwischen ca. 2550 und ca. 1900 v. Chr., im Südosten sogar bis etwa 1600 v. Chr. In jene Periode fällt auch der Schriftgebrauch. Nach neuesten Erkenntnissen liegen die Anfänge der formativen Phase der Indus-Zivilisation aber weiter zurück im Horizont der Zeit, und auch der Schriftgebrauch setzt womöglich schon im 4. Jahrtausend v. Chr. ein. Dieser Ansicht ist Richard Meadow, Leiter der Ausgrabungen von Harappa (s. Hinweis bei Owens 1999: 114). Demnach wäre die Indus-Zivilisation älter als die Schrifttradition Mesopotamiens (Haarmann 2002d: 35).

Ähnlich wie im Industal unterstanden auch im Donautal die städtischen Zentren keiner staatlich-politischen Kontrolle, die in das traditionelle Schema früher Staatsformen passen würde. Wenn aber die Staatsbildung keine Universalie bei der Entstehung früher Zivilisationen ist, kann das Hauptaugenmerk vom politischen Bereich weg und in die soziokulturelle Domäne gelenkt werden. Diese «Befreiung» vom politisierenden Ballast der traditionellen Forschung bringt uns in der Tat näher an das Kernthema, nämlich zur Frage der Gesellschaftsordnung in frühen Zivilisationen.

Bis heute halten die meisten Anthropologen, Archäologen und Kulturwissenschaftler an einer hierarchischen Abfolge gesellschaftlicher Entwicklung fest, wonach die Jagdgemeinschaft am Anfang sozialer Ordnung steht. Eine höhere soziale Organisationsform wird mit dem Sippenverband oder Clan erreicht. Die Interaktion zwischen Sippenverbänden ermöglicht Zusammenschlüsse zu Stämmen. Auf dieser Entwicklungsstufe wird das Kriterium politischer Autorität relevant, die im Stammesverband beim politischen Oberhaupt (Häuptling, König u. ä.) liegt. In diesem Konstrukt sozialer Hierarchie ist die nächsthöhere Stufe eine Frühform staatlicher Ordnung.

Die Annahme einer solchen hierarchischen Stufengliederung sozialer Ordnung vereinfacht zu stark und ist nicht geeignet, die verschiedenen Experimente mit Zivilisation in ihrer regionalen Spezifik zu verstehen. Die größte Schwäche in diesem Konstrukt liegt in irreführenden Auffassungen über Kernbegriffe wie «stratifizierte Gesellschaft» bzw. «soziale Stratifikation», wonach die Anhäufung von Reichtum durch bestimmte soziale Gruppen das entscheidende Kriterium für das Enstehen einer Hierarchie wäre.

Tatsächlich ist es viel wichtiger festzustellen, wer unter welchen Bedingungen Zugang zu den wirtschaftlichen Ressourcen hat. Der Zugang kann unbegrenzt, vorrechtlich und egalitär sein, d. h., alle sozialen Gruppen haben daran teil. Der Zugang kann aber andererseits auf eine Elite beschränkt bleiben, ist dann ungleichgewichtig, zentralisiert und kann zur Staatsbildung führen. Nach neueren Erkenntnissen der kulturwissenschaftlichen und anthropologischen Forschung sind beide Alternativen in den frühen Zivilisationen der Alten Welt vertreten.

Das hier hervorgehobene Beispiel der Gesellschaftsordnung in der alten Indus-Zivilisation veranschaulicht die Bedingungen einer egalitären Nutzung wirtschaftlicher Ressourcen. Es wird sogar die provozierende Behauptung aufgestellt, dass diese Gesellschaft, die die Zivilisation im Industal aufbaute, in sozialer Hinsicht gar nicht stratifiziert war. «Die Indus-Zivilisation … ist in zweifacher Hinsicht bemerkenswert: einmal deshalb, weil es die einzige komplexe Gesellschaft sowohl der Antike als auch der modernen Welt war, die ohne soziale Stratifikation und

Staatsbildung funktionierte; zum anderen deshalb – und dieses Phänomen ist ganz sicher damit verknüpft –, weil es eine agrarische Gesellschaft war, in der die Dörfer nicht von den Städten unterdrückt wurden.» (Maisels 1999: 252f.) Die endgültige Beurteilung der Indus-Zivilisation ist nicht weniger sensationell: «Zusammenfassend ist die Indus-Zivilisation die weitaus egalitärste aller frühen Zivilisationen der Alten und Neuen Welt, und das mit großem Abstand und nach allen Maßstäben.» (Maisels 1999: 254)

Eine durch Gleichberechtigung der Geschlechter und sozioökonomisches Gleichgewicht charakterisierte Gesellschaft lässt sich auch für Alteuropa rekonstruieren. Marija Gimbutas hat in ihren Studien den Aspekt der Gleichberechtigung zwischen Mann und Frau als besondere Facette im egalitären Organisationsprinzip der alteuropäischen Gesellschaft hervorgehoben.

Die Gesellschaft der Donauzivilisation, in der sich keine patriarchalischen Machtstrukturen nachweisen lassen, ist als «matrilineal», «matristisch» und «matrifokal» kategorisiert worden. Die matristischen Verhältnisse in Alteuropa haben die Schöpfung eines eigenen Fachterminus für diesen Prototyp von frühagrarischer Gesellschaft inspiriert: «Gylanie» (Eisler 1987). Der Ausdruck integriert die beiden altgriechischen Bezeichnungen für Frau und Mann (*gyne* und *aner*, Gen. *andros*). Es gibt keine griffige Übersetzung für Gylanie. Es umschreibt eine ‹Gesellschaft, in der Männer und Frauen gleiche Rechte haben›.

Da die matristische Ordnung der Gesellschaft Alteuropas den hierarchischen Sozialstrukturen, wie sie aus den anderen frühen Zivilisationen bekannt sind, so wenig entspricht, bleiben viele moderne Beobachter dem traditionsgeprägten, schablonierten Denken verhaftet. Somit erkennen sie den Charakter der Donauzivilisation als Alternativmodell zum bekannten mesopotamischen Prototyp nicht. Kritiker machen es sich leicht, die angeblich «matriarchalischen» Spinnereien der Feministinnen zu bespötteln, die sich des Alteuropa-Themas angenommen haben.

Aber weder Gimbutas noch andere seriöse feministische Forscher haben sich darauf festgelegt, die alteuropäische Gesellschaft mit dem Konstrukt eines Matriarchats im Sinne von ‹Frauenalleinherrschaft› in Zusammenhang zu bringen (s. die kritische Diskussion bei Marler 2003).

Der Mythos vom Matriarchat

Es ist inzwischen eindeutig festgestellt worden, dass es ein Matriarchat, also eine Gesellschaft, in der die Frauen dominieren und den Männern kein Freiraum zur sozialen Entfaltung bleibt, zu keiner Zeit und in keiner Kultur der Welt gegeben hat (Wesel 1990). Auch für den so populären, etwa in Herodots «Historien» beschriebenen Mythos von den kriegerischen Amazonen lässt sich kein geschichtlicher Kern ausmachen; er ist eher als warnend formulierte Antithese zum griechischen Kulturmodell zu interpretieren. Insofern gilt, dass das vom Klassiker des Martriarchat-Kultes, J. J. Bachofen (1861), postulierte «Urmatriarchat» ein theoretisches Konstrukt ohne kulturhistorischen Realitätsbezug bleibt. Die Gegenüberstellung von Matriarchat versus Patriarchat ist daher eine Scheinpolarität, die im Hinblick auf die Erfordernisse der kulturwissenschaftlichen Forschung zu ersetzen ist, beispielsweise durch die von Riane Eisler vorgeschlagene Begriffsdualität von Gylanie (‹Frau-Mann-Gesellschaft›) und Androkratie (‹Männerherrschaft›).

Im Horizont der Kulturgeschichte fällt auf, dass eine an männlicher Autorität orientierte patrifokale (bzw. androkratische) Sozialordnung der Regelfall in neueren Gesellschaften ist, während eine matrifokale Sozialordnung nur in bestimmten Pflanzer- und Ackerbauergesellschaften vorkommt (Müller 1984: 186ff.). Als matrifokal gelten solche Gesellschaften, in denen die Rolle der Frau in bestimmten Domänen gegenüber den Männern bevorzugt ist, beispielsweise im Sozialstatus innerhalb der Familie oder in der Erbfolge. Von einer sozialen oder politischen

Entmachtung der Männer kann aber in einer matrifokalen Gesellschaft keine Rede sein.

In den archaischen Kulturen der Welt, die das Stadium des Wildbeutertums (d.h. der Nahrungsbeschaffung durch Jagd, Fischfang und Sammeln) vertreten, bestehen keine matriarchalischen Strukturen, vielmehr eine klare Arbeits- und soziale Rollenteilung der Geschlechter, und diese ist im wesentlichen gleichgewichtig. Den Männern obliegt die Jagd und die Versorgung mit Fleisch, außerdem die wehrhafte Verteidigung der Familie bzw. der Gemeinschaft. Die Verantwortlichkeiten der Frau sind im engeren Kreis der familiären Bezugspersonen zu suchen, im Sammeln von Grundnahrung, in der Nahrungszubereitung und in der Pflege der Kinder.

Die Transformation der Wildbeutergemeinschaft zur Gesellschaft sesshafter Pflanzer und Ackerbauern bewirkt eine Zunahme der natürlichen Verantwortung der Frau für die Beschaffung der Grundnahrungsmittel. Die Frau, die Beeren, Früchte, Kräuter und Kleintiere rings um den Lagerplatz der Sippe sammelt, übernimmt auch die neuen Aufgaben, Hülsenfrüchte anzupflanzen, zu ernten und zu horten. In engem Zusammenhang damit steht ihre Rolle, für die Fruchtbarkeit des Ackerbodens rituell Sorge zu tragen. Damit wird die Frau zur Hüterin der Fruchtbarkeitsrituale in Verbindung mit dem Anbau von Nutzpflanzen. In diesem Sinn sind das Schwergewicht weiblicher Verantwortlichkeiten und die Vermehrung weiblicher Autorität in einer matrifokalen Gesellschaft an das Entwicklungsstadium der Sesshaftigkeit und an agrarische Lebensweisen gebunden.

Wenn in Gesellschaften mit matrifokalen Strukturen nicht nur die konkrete Tätigkeit des Ackerbaus ausschließlich oder überwiegend in der Verantwortung der Frau liegt, sondern auch die Wachstumsperioden von der Aussaat bis zur Ernte durch Rituale begleitet sind, die von Frauen veranstaltet und kontrolliert werden, wird man religiöse Vorstellungen erwarten, in denen das Wirken weiblicher Gottheiten in den Vordergrund gestellt und die «magisch-religiöse Aura» (Meier-Seethaler 1992) des Weiblichen betont wird. Die Vorstellungswelt von der Großen Göttin, von ihren lebensspendenden und -erhaltenden Funktionen findet in einem solchen Kulturmilieu ihren Nährboden, wie etwa vor und nach der Großen Flut in der südlichen Schwarzmeerregion (s. Kap. IV).

Gesellschaftliche Grundmodelle früher Zivilisationen der Alten Welt

Matrifokale Gesellschaftsformen sind für verschiedene altmediterrane Kulturen bezeugt. Herodot (I, 173) hebt die matrilineale Sozialordnung der Lykier in Kleinasien hervor. Auch die Gesellschaft der Etrusker, zumindest nach Aussage der sozialen Stellung der aristokratischen Frauen, war matrifokal orientiert (Torelli 1988: 90 f.). In der Schwarzmeerregion gab es noch andere matrifokale Gesellschaften. Für die Kulturen im südlichen Kaukasus in der Periode zwischen dem 5. und 3. Jahrtausend v. Chr. sind matrifokale Sozialstrukturen und ein Göttinnenkult nachgewiesen worden (Antonova/Esajan 1988: 234 f.).

Die Donauzivilisation zeigt uns die Sozialstrukturen einer matrifokalen Gesellschaft, wo das Gemeinwesen nicht durch hierarchisch zentrierte Autorität geprägt ist, sondern durch ein Beziehungsnetz, in dem die Interessen sozialer Gruppen ebenso wie die der Geschlechter zum Ausgleich kommen. Dieser Ausgleich kristallisiert sich in gleichmäßigen Anteilen der Menschen am wirtschaftlichen Zuwachs und am Kulturschaffen aus. In Alteuropa wurde der erwirtschaftete ökonomische Mehrwert über ein Netz intensiver Handelskontakte zwischen dörflichen und städtischen Siedlungen verteilt, ohne dass das Wirken einer urbanen, monopolisierenden Autorität erkennbar wäre, wie im Fall der bürokratischen Steuerkontrolle in den sumerischen Stadtstaaten. Was das Verhältnis der Geschlechter zueinander betrifft, so tritt in den Siedlungen der Donauzivilisation die Bedeutung der matrilinearen Sippenordnung in den Vordergrund. «Der Erfolg der Nahrungsproduktion war abhängig von Frauen als deren Erzeugerinnen, und Sippen traten in einen Wettbewerb um die Kontrolle der Arbeitskraft der Nachkommen. In diesem Bezugsnetz spielten Frauen und das häusliche Milieu eine zentrale Rolle, sie waren die Zentren der sozialen Spannungen.» (Hodder 1992: 67)

Erst im Verlauf des 4. Jahrtausends v. Chr. verlagert sich das Schwergewicht der Kontrolle über die Produktionsmittel auf die Seite der Männer, deren politische Autorität im öffentlichen Leben zunimmt. In diesem Prozess, der ganz offensichtlich mit der Überformung der alteuropäischen Gesellschaft durch die Sozialstrukturen der einwandernden Indoeuropäer in Zusammenhang steht, wird der Einflussbereich der Frauen immer mehr auf das häusliche Milieu eingeschränkt. Damit werden Zustände geschaffen, wie sie aus der griechischen Gesellschaft der Antike bekannt sind.

Wenn wir als moderne Betrachter unseren Blick weiten, so werden wir uns bewusst, dass es keinen universellen Prototyp von Zivilisation gibt, sondern zumindest zwei elementare Bahnen kultureller Evolution, auf denen sich Zivilisationen entfalten konnten. Zwei Basismodelle früher Zivilisationen haben sich zu verschiedenen Zeiten in der Alten Welt konsolidiert (Abb. 16). Sie haben in der Forschung noch keine einheitlichen Namen, ganz einfach deshalb, weil die Erkenntnisse dieser Variation noch so neu sind. Im Folgenden schlage ich für diese Polarität die terminologische Unterscheidung zwischen dem «Modell der Ökumene» und dem «Modell der Staatsbildung» vor:

Das Modell der Ökumene Diese erst kürzlich «entdeckte» Entwicklungsschiene ist durch Eigenschaften wie Gleichberechtigung in den sozialen Beziehungen, die Beachtung wechselseitiger sozioökonomischer Interessen und den Aufschwung eines städtischen Gemeinwesens charakterisiert. Die Entwicklung führt in Richtung auf eine Ökumene ohne zentrierte politische Macht, eine Gemeinschaft mit ausbalancierten wirtschaftlichen und kulturellen Interessen. Dafür ist in der englischen Fachliteratur der Ausdruck *egalitarian commonwealth* (auch: *oecumene*) verwendet worden (Maisels 1999: 146).

Das Zivilisationsmodell der Ökumene entfaltete sich im 6. Jahrtausend v. Chr. in Alteuropa, später in der alten Indus-Zivilisation, und es ist auch im Horizont der Halaf-Kultur in Nordsyrien festzustellen. Die Blütezeit der Halaf-Kultur im Gebiet zwischen Mosul und Aleppo lag zwischen ca. 5200 und 4000 v. Chr. Ihre Ökumene auf egalitärer Basis wird beschrieben als «ein Netz von zentralen Siedlungen, die durch Beziehungen im Rahmen eines Tauschhandels zu gegenseitigem Nutzen miteinander im Verbund standen» (Maisels 1999: 143). Bemerkenswerterweise entfaltete das Ökumenemodell seine Wirksamkeit auf beiden Seiten des Bosporus, d. h. sowohl in Südosteuropa (Donauzivilisation) als auch in Westasien (Halaf). Ist dies ein Fall von konvergenter gesellschaftlicher Innovation des 6. Jahrtausends v. Chr.? Die Verhältnisse in der Halaf-Kultur weichen auffällig ab von dem kulturellen Horizont mit Samarra als Ausgangsbasis und dem Übergang zur Ubaid-Kultur, aus dem sich als höchste Stufe später die sumerische Zivilisation entwickelt hat (s. Kap. VIII.).

Das Modell der Staatsbildung Dies ist das wohlbekannte Beziehungsnetz im Rahmen eines Gemeinwesens mit zentralisierter politischer Autorität. Die Gesellschaft dieses Zivilisationsmodells ist gekennzeichnet durch eine hierarchisch gegliederte Sozialstruktur, durch die Entwicklung städtischer Siedlungen und durch die politischen Institutionen (Bürokratie, Steuerwesen, Herrscherkult) der Staatsmacht. Das Modell der Staatsbildung ist seit den Zeiten der frühen sumerischen Stadtstaaten in Mesopotamien bekannt. In Altägypten und Altchina ist dieses Zivilisationsmodell ebenfalls klar vertreten.

In den Beziehungssystemen beider Modelle spielt der Trend zur Verstädterung eine zentrale Rolle. Dieses Erkennungsmerk-

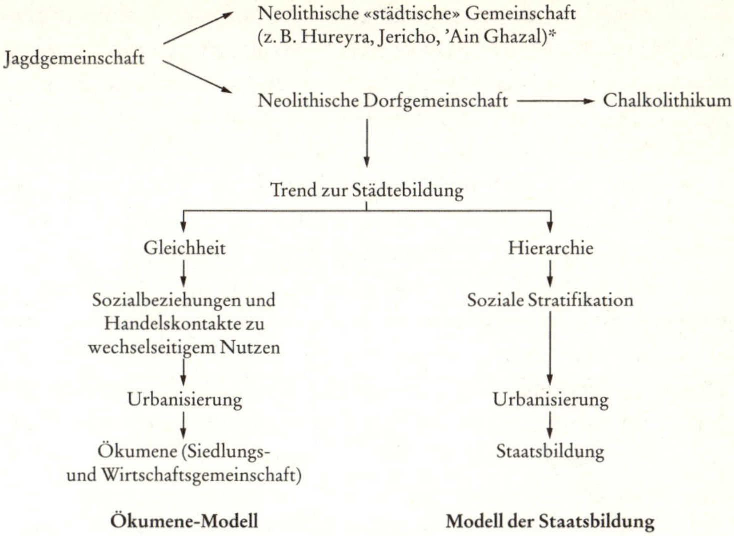

* Diese Entwicklungsrichtung ist blockiert. Siedlungen wachsen zu schnell und werden zu groß.

Abb. 16: Basismodelle früher Zivilisationen (mit Ergänzungen nach Maisels 1999: 343).

mal zivilisatorischer Entwicklung entfaltete sich als sozioökonomische Innovation sowohl in Europa (d.h. im Ökumene-Modell) als auch in Mesopotamien (d.h. im Modell der Staatsbildung). Allerdings ist der städtische Charakter der Siedlungen in der südlichen Schwarzmeerregion ein anderer als in den städtischen Zentren Mesopotamiens.

Während die Entwicklung in Europa auf einer kontinuierlichen Expansion dörflicher Siedlungen zu städtischen Agglomerationen mit Tausenden von Einwohnern beruht, ist die Anlage der Städte in Mesopotamien von vornherein zentriert. Dies bedeutet, dass die Wohngebäude um ein administratives Zentrum mit zentralem Tempelbau angelegt sind. Ob dies von den ökologischen Bedingungen des ariden Umlandes vorgegeben wurde oder ob sie möglicherweise die soziale Hierarchie in der Gemeinschaft der Stadtbewohner widerspiegelt, ist bislang nicht untersucht worden. Wenn also vom Urbanismus in den beiden Zivilisationsmodellen die Rede ist, sind der gemeinsame Nenner die komplexen administrativen Organisationsformen städtischer Siedlungen, aber nicht deren städteplanerische Anlage.

Die beiden Hauptmodelle zivilisatorischer Entwicklung sind hier als getrennte Modelle vorgestellt worden, weil sie sich als solche in geographisch voneinander getrennten Regionen entfaltet haben. Die Grundprinzipien dieser beiden Zivilisationsmodelle treten in späteren Epochen der Kulturgeschichte auch kombiniert auf. Ein illustratives Beispiel dafür, wie symbiotisch Organisationsformen des Ökumene-Modells mit dem Modell der Staatsbildung verwoben sein können, zeigt uns der soziokulturelle Zusammenhalt der Kulturzentren in der griechischen Ökumene der Antike.

Das Basismodell der Staatsbildung ist hier in der Organisation der lokalen Stadtstaaten (griech. *polis*) und ihrer Tochterstädte rings ums Mittelmeer vertreten (Osborne 1996: 104ff.). Alle diese Städte standen gleichzeitig in einem Verbund, der nicht durch bi- oder multilaterale Staatsverträge geregelt war, sondern belebt wurde durch gleichgerichtete Handelsinteressen, durch das Bewusstsein sprachlich-kultureller Zusammengehörigkeit, durch die Vertrautheit mit gemeinsamen mythisch-epischen Traditionen und durch den Stolz auf zivilisatorische Errungenschaften. Diejenigen, denen dies alles nach Auffassung der antiken Griechen fehlte, wurden von ihnen «Barbaren» genannt.

VIII
Die frühen Zivilisationen Europas und Mesopotamiens im Vergleich

Es sollte lange dauern, bevor sich im östlichen Anatolien und im nördlichen Mesopotamien Regionalkulturen mit Eigenprofil ausbildeten. Den entscheidenden Anstoß für einen kulturellen Aufschwung hat wohl die Veränderung der Umwelt nach dem Einsetzen der Wärmeperiode von 5800 v. Chr. vermittelt. In jener Zeit entstand die charakteristische Wüstenlandschaft Mesopotamiens. Die zunehmende Austrocknung weiter Teile der ehemals fruchtbaren Landschaft veranlasste die Menschen, sich in bestimmten Siedlungsoasen niederzulassen und sich besser zu organisieren, um den sich verschlechternden klimatischen Bedingungen zu trotzen. Die Umwelt mit ihrer unwirtlichen Trockenheit forderte auch die Erfindungsgabe der Menschen heraus. In der zweiten Hälfte des 6. Jahrtausends v. Chr. entsteht das älteste Bewässerungssystem der Region, das von den Vertretern der Halaf-Kultur in Betrieb genommen wird. Mit der Technologie der künstlichen Bewässerung hatten schon die Samarrianer experimentiert, systematisch ausgebaut wurde das System aber erst von den Halafianern.

Die Ubaid-Kultur (ca. 5000–ca. 4000 v. Chr.) im Süden Mesopotamiens, Vorläufer der sumerischen Kultur, zeigt die typischen Merkmale einer von außen importierten Kultur. Die Ubaid-Leute kamen aus dem Norden. Die genetische Untersuchung von Skeletten in Gräberfeldern hat ergeben, dass sie entfernt mit den Bewohnern des Kaukasus verwandt sind. Die Entstehung des Kulturkomplexes von Ubaid und der ethnischen Identität eines Ubaid-Volkes ist sehr komplex. Sollten die Vorfahren der Bevölkerung von Ubaid tatsächlich aus dem Kaukasus stammen, wie die Geologen William Ryan und Walter Pitman (1998: 194) vermuten, dann wäre dies die alte Bevölkerung in der Ebene von Kolhida in Westgeorgien. Die ethnische Charakteristik der Leute von Ubaid bildete sich in einem Prozess heraus, der länger als tausend Jahre dauerte.

Als eine Vorstufe der Ubaid-Kultur gilt die von Samarra im nördlichen Mesopotamien. Diese ist verantwortlich für eine Neuerung, die das Enstehen einer frühen Zivilisation im Süden, die der Sumerer, überhaupt erst ermöglicht, nämlich die Anlage städtischer Siedlungen. Die älteste Stadt Mesopotamiens ist Sawwan am Ufer des Tigris. Deren früheste Bauten stammen aus der Zeit um 5500 v. Chr.

Die Kulturen Ostanatoliens und Mesopotamiens nehmen ihr typisches Lokalkolorit um die Mitte des 6. Jahrtausends v. Chr. an. Weder die Kultur von Halaf noch die von Samarra stehen isoliert. Über Handelskontakte stehen beide in regem Kontakt, später kommt noch Ubaid hinzu. Diese alten Kulturen Asiens und die zeitgenössischen Kulturen im südlichen Schwarzmeergebiet müssen aber schon früh miteinander in Verbindung gestanden haben, denn es gibt eine Reihe von gemeinsamen Eigenschaften (z. B. ornamentaler Dekor der Keramik, Sozialstrukturen der frühen Agrargesellschaft), die nicht auf Zufall beruhen können.

Trotz der markanten Unterschiede, die sich im Vergleich der Gesellschaftsformen in der südlichen Schwarzmeerregion und in Mesopotamien offenbaren, gibt es eine ganze Reihe von Ähnlichkeiten in der archäologischen Hinterlassenschaft beider Kulturen. Es ist naheliegend, sich zu fragen, ob solche Ähnlichkeiten nicht sehr alt sind und auf eine Zeit kultureller Konvergenz des 7. und 6. Jahrtausends v. Chr. zurückgehen. Eine konvergente Entwicklung ist auch mit Bezug auf einige innovative Trends festzustellen, die zum Erfahrungshorizont der Menschen sowohl in Alteuropa als auch in Westasien gehören.

Die Entfaltung kultureller Neuerungen in der frühen Agrargesellschaft Mesopotamiens fällt in die Periode vor dem Aufstieg der sumerischen Stadtstaaten. Die Halafianer waren die ersten, die systematisch Techniken zur Bewässerung anwendeten, die Samarrianer haben als erste städtische Anlagen gebaut, und den Ubaidianern gebührt das Verdienst, eine technische Neuheit in die Keramikherstellung eingeführt zu haben, nämlich eine drehbare Arbeitsplattform. Von den Völkern, die für die Neuerungen verantwortlich waren, spielen die Leute von Ubaid eine Schlüsselrolle, denn über sie gelangten diese kulturellen Innovationen zu den Sumerern, die sie übernahmen und weiterentwickelten.

Kulturschaffen und frühe Sprachkontakte im 6. und 5. Jahrtausend v. Chr.

Gefäßformen und Techniken der Keramikherstellung sind ein bevorzugtes Forschungsfeld der Archäologen, um Ähnlichkeiten bzw. Unterschiede zwischen lokalen Kulturen aufzuzeigen. Im Verlauf des 6. Jahrtausends v. Chr. vereinheitlicht sich der kulturelle Horizont im Vorderen Orient und in Mesopotamien. Auffällig sind die Ähnlichkeiten in den Stilformen und im ornamentalen Dekor der Keramik in den Lokalkulturen von Halaf in Syrien sowie von Samarra und Ubaid im nördlichen Mesopotamien. Ganz offensichtlich gehören diese lokalen Traditionen der Keramikproduktion zu derselben kulturellen Domäne (Maisels 1999: 142).

Auf den ersten Blick überraschend mag die Beobachtung anmuten, dass sich der Gesamteindruck deutlicher Ähnlichkeiten in den lokalen Traditionen vertieft, wenn man den Vergleichsrahmen auf Südosteuropa erweitert. Die Stilformen und die Ornamentik der Keramik zeigen auch in den Produktionsstätten der Donauzivilisation die gleichen Charakteristika wie im nördlichen Mesopotamien. Die Parallelismen beinhalten sogar Details wie die Gestalt einzelner Motive des Dekors. Das Motiv der Doppelaxt findet sich auf Gefäßen des Vinča-Areals ebenso wie auf Keramik der Halaf-Kultur, das Hakenkreuz als zentrales Motiv erscheint auf Gefäßen aus Vinča ebenso wie aus Samarra. Solche

Parallelismen sind beeindruckend, und es drängt sich die Frage nach möglichen Beziehungen zwischen der Tradition des Westens und des Ostens auf. Auf der Suche nach kulturhistorischen Kontakten weitet sich der Blick auf eine sehr alte Schicht kultureller Konvergenzen in der südlichen Schwarzmeerregion. In diesem Gebiet ist der gemeinsame Ursprung für die alten Kulturtraditionen in Südosteuropa und in Mesopotamien zu suchen.

Die Konvergenzen sind nicht unmittelbar in den Wirtschaftsformen zu erkennen, denn die ökologischen Bedingungen waren in Südosteuropa sehr unterschiedlich von denen in Mesopotamien. In Kultur und Sprache lassen sich allerdings Spuren alter Gemeinsamkeiten erschließen. Das Bild in Mesopotamien ist wegen der Aufeinanderfolge verschiedener Kulturschichten und wegen der geographischen Zersplitterung lokaler Wirtschaftszentren recht komplex.

Nach ihrer materiellen Hinterlassenschaft zu urteilen steht die Kultur von Samarra in einer direkten Abhängigkeit zu der von Ubaid. Die Unterschiede der beiden Traditionen treten in der Kulturchronologie als verschiedene Entwicklungsstadien auf einem Kontinuum in Erscheinung. Im Zuge einer Siedlungsbewegung, die von Norden nach Süden gerichtet war, «gelangten die Samarra-Leute über die Uferzone [der Flüsse] bis zum südlichsten Gebiet des Schwemmlandes (engl. *alluvium*) und wurden in diesem Prozess ‹zu Trägern der Ubaid-Kultur transformiert›. Später kehrten sie in den Norden zurück, um das zentrale Schwemmland in seiner ganzen Breite zu besiedeln. In einer weiteren Nordbewegung überformten sie die Halaf-Kultur.» (Maisels 1999: 150f.) In der zweiten Hälfte des 5. Jahrtausends v. Chr. machte sich der Einfluss der Ubaid-Kultur im Nordwesten bis nach Syrien und in den Vorderen Orient bemerkbar. Der Grund dafür ist in der Kontrolle der Handelsrouten in der Region zu suchen (Kuhrt 1995: 20f.). Die Ubaid-Leute brachten Formen der Bodenbearbeitung nach Süden, die entwickelter waren als die lokalen vorsumerischen Traditionen. Die sumerische Terminologie des Ackerbaus ist nicht einheitlich. Dieser Spezialwortschatz setzt sich aus Elementen unterschiedlicher Herkunft zusammen, und zwar zum einen aus älteren Wörtern der Samarra-Kultur und aus jüngeren Ausdrücken, nämlich aus der Sprache der Ubaidianer des Südens. Diese Sprache setzte sich ihrerseits schon aus mehreren Schichten zusammen.

Dieselben Quellen, die für die Modernisierung des sumerischen Wortschatzes verantwortlich sind, bereicherten auch die semitischen Sprachen im nördlichen Mesopotamien. Die ältesten Elemente des Lehnwortschatzes sind im Akkadischen und Babylonischen dokumentiert, spätere Manifestationen findet man im Ugaritischen, Assyrischen, Aramäischen und Hebräischen. Ganz offensichtlich war die Terminologie des Ackerbaus nicht der einzige Bereich, wo sich Fremdeinflüsse bemerkbar machten. Lehnwörter nicht-semitischer Herkunft sind breit gestreut und in zahlreichen Sektionen des Kulturwortschatzes nachzuweisen.

Einige Beispiele sollen die Intensität dieses vorsemitischen Spracheinflusses veranschaulichen. Gestützt auf das lexikalische Material in dem vergleichenden Wörterbuch der semitischen Sprachen von Murtonen (1989) lassen sich folgende Entlehnungsbereiche (mit Seitenverweisen und Umschrift nach Murtonen) ausmachen:

– Bezeichnungen für Wildpflanzen: Buchsbaum (Lycium; z.B. eblaitisch *a-7a-dum*; 88), Zypresse (z.B. syrisch *brot*; 122), Schilf (Lathyrus; z.B. aramäisch *xurl*; 197), Ginster (Genista; z.B. aramäisch *ratm*; 406), Ahorn (z.B. arabisch *sawqam*; 436)
– Bezeichnungen für Heilkräuter und für Pflanzen (bzw. deren Bestandteile) mit speziellen Anwendungen: Heilpflanze, deren Blüten zum Rotfärben verwendet wurden (z.B. phönizisch *nk't*; 281), Myrte (z.B. aramäisch *h(a)dass*; 155), Koriander (Coriandrum sativum; z.B. akkadisch *kisibirrit*; 235), schwarzer Kümmel (z.B. ugaritisch *qcx*; 383), Räucherharz (z.B. syrisch *carw*; 367)
– Bezeichnungen für Nutzpflanzen im Garten- und Feldbau: Weinrebe (z.B. syrisch *gupn*; 139), Weizen (z.B. ugaritisch *x7t*; 188), Linse (z.B. arabisch *&adas(at);* 312), Bohne (z.B. phönizisch *p'l*; 337), Gurke (z.B. phönizisch/punisch *kisson*; 389), Olive (z.B. phönizisch *zyt*; 164), Feige (z.B. akkadisch *titt*; 440)
– Bezeichnungen für Gewürze: Salz (z.B. ugaritisch *mlxt*; 259), Pfeffer

(z.B. aramäisch *pilpl*; 339), Kampfer (Cinnamomum; z.B. aramäisch *qunnåm*; 380), Knoblauch (z.B. syrisch *tum*; 415)

– Bezeichnungen für Tiere: Gans (z.B. akkadisch *us*; 85), Schlange (z.B. aramäisch *pitn*; 352), Gazelle (z.B. akkadisch *cabit*; 353), Büffel (z.B. ugaritisch *r'um*; 391)

– Bezeichnungen im Bereich der Mineralien und Edelsteine: Schwefel (z.B. akkadisch *kibrit*; 139), Antimon (z.B. akkadisch/spätbabylonisch *gukhl*; 230), Jasper (z.B. akkadisch *(y)ashpu*; 224)

– Bezeichnungen für Gerätschaften des Pflanzenanbaus: Sichel (z.B. akkadisch *niggall*; 272), Mahlstein (z.B. ugaritisch *rxm*; 397)

– Bezeichnungen für Behälter und Gefäße: Schale (z.B. phönizisch *'bst*; 80), Tasse (z.B. ugaritisch *ks*; 229), Phiale (z.B. akkadisch *sakhkhar(r)*; 360), Kasten (z.B. akkadisch *qupp*; 381), flaschenförmiger Behälter zum Aufbewahren von Speiseöl (z.B. aramäisch *qanqann*; 379)

– Bezeichnungen für Maße: ein besonderes Flüssigkeitsmaß (z.B. aramäisch *lugg*; 245)

– Terminologie des Hausbaus und der Innenausstattung von Gebäuden: Schemel (z.B. aramäisch *'uddån*; 83), Fenster (z.B. ugaritisch *'urbt*; 100), Wand (z.B. phönizisch *gzt*; 131), Türpfosten (z.B. akkadisch *sipp*; 304), Bett (z.B. akkadisch *ersh*; 332), Wasserrinne (z.B. akkadisch *ra7*; 395)

– Terminologie des Webens und der Textilherstellung: Wolle (z.B. aramäisch *'udd*; 83), Leinen (z.B. phönizisch/punisch *bwc*; 108)

– Bezeichnungen für verschiedene Dinge mit speziellen Funktionen: Rad (z.B. ugaritisch *'apn*; 98), Saiteninstrument, Lyra (z.B. akkadisch *kinnar*; 235), Tafel (z.B. syrisch *petq*; 352), Wachs (z.B. aramäisch *sh&u^{w}t*; 432)

Anm.: *&* bezeichnet hier einen besonderen r-Laut, *7* einen emphatischen Knacklaut.

Um 4500 v.Chr. gelang den Ubaidianern eine revolutionäre Erfindung. Als technische Innovation wurde eine Arbeitsplattform für die Töpfer in Form einer Scheibe (im Französischen und Englischen *tournette* genannt) eingeführt (Nissen 1988: 46). Diese Einrichtung war der Vorläufer der Töpferscheibe. Obwohl schwerfälliger in der Handhabung, erleichterte die Tournette die Arbeit in der Töpferwerkstatt erheblich. Der Arbeitsprozess des Bemalens und Dekorierens von Gefäßen war weniger aufwändig. Die Produktion von bemalter Keramik erhöhte sich, und Töpferware aus Ubaid-Werkstätten verbreitete sich überall.

Das Rad ist eine der erfolgreichsten technischen Erfindungen, die sich schon bald über Mesopotamien hinaus in andere Regionen der Alten Welt verbreitete. Bemerkenswerterweise ist diese revolutionäre Technologie nicht im Milieu der einheimischen Bevölkerung erfunden worden, sondern sie stammt aus älterer Quelle: aus dem kulturellen Horizont der Samarra- und Proto-Ubaid-Leute. Zu den Völkern im Süden und Westen Mesopotamiens ist das Rad über die Migration der Ubaid-Leute gelangt. Es gibt keine sumerische oder semitische Deutung für die Herkunft des Ausdrucks für Rad, dessen Stamm in den semitischen Sprachen auf *'PN* zurückgeht. Als Kulturwort stammt es aus vorsemitischer Quelle (Murtonen 1989: 99).

Sucht man nach den Spuren für alte Konvergenzen in der südlichen Schwarzmeerregion, die sich von Südosteuropa bis nach Mesopotamien nachweisen lassen, dann findet man sie in der Sprache der vorsemitischen Lehnwörter und in der Kultur von deren Sprechern. Der Weg der alten Kulturwörter weist in beide Richtungen, d. h. nach Alteuropa und in den Vorderen Orient. Auf europäischer Seite erweitert sich der Kreis der Sprachen über die Balkanregion nach Westen und schließt das Lateinische ein. Die Reichweite der Kulturwörter erstreckt sich auf asiatischer Seite weit in den Süden, sogar bis nach Ägypten und Äthiopien. Bei diesen gemeinsamen europäisch-asiatischen Entlehnungen handelt es sich um Bezeichnungen wohlbekannter Begriffe. Die uralten Wortstämme treten in verschiedenen Varianten in den Sprachen der Antike auf und sie leben in vielfacher Transformation in den modernen Kultursprachen weiter (Katičić 1976: 55 f.):

Entlehnte Bezeichnung im Griechischen und Lateinischen	Entlehnte Bezeichnung in afroasiatischen Sprachen
molybdos, plumbum ‹Blei›	–
kyparisos, cupressus ‹Zypresse›	hebr. *gofer* ‹dass.›
rodon, rosa ‹Rose›	aram. *varda* ‹dass.›
leirion, lilium ‹Lilie›	ägypt. *hrr-t*, kopt. *hreri, hleli* ‹dass.›
sykon, ficus ‹Feige›	–
oinos, vinum ‹Wein›	äthiop. *wain*, hebr. *jajin* ‹dass.›

Die Parallelismen setzen sich in einigen alten indoeuropäischen Sprachen der südlichen Schwarzmeerregion fort. Die Rose wird im Armenischen mit *vard* bezeichnet, die Feige in derselben Sprache mit *tuz*. Der Ausdruck für Wein ist ebenfalls ins Hethitische *(winija-)* und ins Armenische *(gini)* entlehnt.

Die Göttinnen Europas und Mesopotamiens als Kulturheroen

Die altägäischen Göttinnen, die Töchter der Großen Göttin der Schwarzmeerregion, sind nicht spurlos mit der alten Kultur verschwunden, sondern sie haben sich auch gegen die männliche Götterwelt der einwandernden Indoeuropäer zu behaupten gewusst (Robbins 1980). Als starke Frauen sind sie in die griechische Mythologie eingegangen. Denn das Alter der Kultplätze und deren Vorgeschichte deuten ebenso wie der archaische Charakter mancher Rituale auf eine vorgriechische Herkunft hin. Dies gilt für Aphrodite, Artemis, Demeter, Hestia und Athene, deren Gestalten alle Bindungen an die Geschichte der altägäischen Kulturen und der Zivilisation Alteuropas zeigen (Haarmann 1996: 132ff.).

In der modernen Forschung wird betont, wie wichtig die Beachtung vorgriechischer Kulturschichten für das Verständnis der klassischen Antike und ihrer mythologischen Tradition ist. «Wenn Religion ursächlich Tradition ist, dann kann es sich eine Darstellung der griechischen Religion kaum leisten, die noch frühere vorhomerische und vorgriechische Welt außer Betracht zu lassen.» (Burkert 1985: 6)

Die «Ungereimtheiten» der griechischen Mythologie, wie etwa die Existenz starker weiblicher Gottheiten in einer Welt, die ganz deutlich von der Dominanz des Männlichen im öffentlichen Leben geprägt war, reimen sich sehr viel leichter, wenn man das Puzzle der Kulturchronologie in Südosteuropa zusammensetzt. Über die Mütter der griechischen Göttinnen gelangt man zur Großen Göttin und ihren Wesenszügen (s. Kap. IV).

Unter den Enkelinnen der Großen Göttin der Donauzivilisation nehmen Demeter und Athene eine Sonderstellung ein. In die Wesenszüge und Aktivitäten dieser Gestalten sind elementare zivilisatorische Errungenschaften der griechischen Welt projiziert. Demeter ist die Schutzpatronin des Ackerbaus, der wichtigsten Wirtschaftsform der griechischen Agrargesellschaft. Andererseits ist Athene wegen ihrer vielfältigen Schöpferfunktionen eine wahre Supergöttin, die ihren männlichen Partnern im Pantheon nicht nur Paroli bietet, sondern sie sogar übertrifft. In der Gestalt der Athene kristallisieren sich gleichsam die kollektiven Fähigkeiten zum Kulturschaffen in sublimer Form aus, die weiblichen Gottheiten seit der Zeit der Donauzivilisation zugesprochen worden sind.

Eine bemerkenswerte Parallele finden wir ebenfalls im sumerischen Götterpantheon. Auch dort sind es weibliche Gottheiten, die für den Aufbau der mesopotamischen Zivilisation und für den Zusammenhalt des Gemeinwesens verantwortlich sind. Die im Folgenden aufgezeigten Grundzüge dieser zivilisatorischen Projektion im Götterpantheon Griechenlands und Altsumers beruhen nicht auf einer zufälligen Ähnlichkeit. Vielmehr haben wir es hier mit Bausteinen im Mosaik alter kultureller Konvergenzen zu tun.

Die griechischen Schutzpatroninnen zivilisatorischer Errungenschaften

Demeter, die Kornmutter: In der Gestalt Demeters, von den Römern Ceres genannt, sind Wesenszüge der alten Göttin erhalten. Die «blonde Demeter» (griech. *ksanthe Demeter*; «Ilias» V, 500) wollte nach mythischer Überlieferung unabhängig bleiben und nichts mit den Göttern des Olymp zu tun haben. Dies ist offensichtlich ein Hinweis auf ihre vorgriechische Herkunft. Dennoch wurde sie als griechische Kornmutter eine der populärsten Gottheiten des griechischen religiösen Lebens. Das älteste und gleichzeitig wichtigste Zentrum ihres Kultes war Eleusis.

Die alten Wurzeln des Demeterkults auf dem griechischen Festland sind durch Aristoteles (384–322 v. Chr.) bezeugt, der darauf hinweist, dass die Mysterien der Demeter die ältesten Griechenlands seien und bis auf die frühe Königszeit (ca. 1500–300 v. Chr.) zurückgingen. Als Hinweis auf das hohe Alter des Kultes der Demeter mag man die Bemerkung im «Demeter-Hymnos» (2, 273–274) verstehen, wonach die Rituale nicht von den Menschen, sondern von der Göttin selbst eingerichtet und somit von den Griechen nur tradiert worden seien.

In der Tat kristallisieren sich im Kultleben der Demeter Elemente des kulturellen Gedächtnisses aus, die in die Frühzeit weisen, Rituale von «außerordentlicher Altertümlichkeit» (Burkert 1985: 13). Eines dieser Rituale, dessen Sinn sich selbst nach Auffassung der Griechen der klassischen Periode im Nebel der Vorgeschichte verlor, war das dreitägige Fest des Ferkelopfers, Thesmophoria genannt, das im Monat Boedromion (entsprechend Sept./Okt.) anlässlich der Feierlichkeiten der großen Mysterien zu Ehren der Kornmutter Demeter abgehalten wurden. Zu den von den Zeitgenossen als abstrus betrachteten Opferriten gehörte es, das verfaulte Fleisch von Opfertieren – von Ferkeln, deren Kadaver monatelang in unterirdischen Höhlen oder Gruben gelegen hatten – mit Körnern zu vermischen und auf das Feld zu verstreuen, das rituell bestellt wurde.

In den Opferriten der Thesmophoria haben sich offensichtlich Vorstellungen der frühen Agrargesellschaft über den Sinn von Fruchtbarkeitsriten und entsprechenden Opferhandlungen für die Göttin in gleichsam fossilierter Form erhalten. Die Grube, in der die Opfertiere vor der Zeremonie lagen, wurde *megaron* genannt; erst später nahm dieser Begriff die allgemeine Bedeutung ‹heiliger Bezirk› an und ging so in die Geschichte der antiken Architektur und Kunst ein.

Die Episode mit dem sterblichen Iasion, mit dem sich Demeter auf dem dreimal gepflügten heiligen Feld vereinigt, erinnert an das alte Motiv von der Göttin und ihrem irdischen Heros. Das Kind ihrer gemeinsamen Beziehung ist Plutos. Dem griechischen Mythos zufolge findet die «heilige Hochzeit» (griech. *hieros gamos*) in Kreta statt, und dort finden sich auch die ältesten assoziativen Wurzeln. Zu den Zeremonien der minoischen Göttin gehörte unter anderem die Inszenierung der heiligen Hochzeit. Als Fruchtbarkeitsritual war sie integrativer Bestandteil im religiösen Kanon der Agrargesellschaft, und ihre rituelle Funktion legt das Rollenverhältnis der Göttin und ihres männlichen Partners fest (Marinatos 1993: 188 ff.). Auf kretischen Siegeln, Gemmen und Ringen finden wir Variationen des Themas der heiligen Hochzeit, unter anderem auch eine Familienidylle mit dem göttlichen Kind.

Im Demetermythos ist von Kore, der Tochter der Göttin, die Rede. Hekate, eine alternde, lebenserfahrene Frau kümmert sich um Kore, das Blumenmädchen. Kore wird vom Herrscher der Unterwelt, Hades, entführt, der sie zwingt, seine Frau zu werden. Als Persephone, als erwachsene Frau, wird die Tochter mit der Mutter Demeter vereint. Bei der Ausdeutung der Rollen des Mädchens, der erwachsenen Frau und des alten Weibes als funktionale Metamorphosen gelangt man zur Synthese einer hierarchischen Ordnung der göttlichen Weiblichkeit: Kore, Persephone und Hekate sind die Personifikationen der dreifaltigen Demeter.

Über Persephone wird am meisten erzählt. Ihr Name ist rätselhaft. Darauf, dass er nicht befriedigend in die Formenmuster der griechischen Nomenklatur eingeordnet werden kann, deutet schon die Vielzahl der Varianten: Persephone, Persephoneia, Phersephona, Phersephoneia, Periphona, Perephoneia, Persephassa, Phersephassa, Pherrephatta. Die Form Pherrephatta, unter der Persephone auch bei den Athenern bekannt war, bedeutet ‹Töterin [der Ferkel]›, was sich auf das Ritual des Ferkelopfers bezieht. Eine Deutung aus vorgriechischen Quellen erscheint plausibel, wenn man bedenkt, dass die Namensform «eine Umgestaltung bzw. Weiterbildung einer ägäischen, wohl am ehesten kretischen Namensform sein könnte» (Pötscher 1990: 164).

Athene, die «Supergöttin»: Vielleicht die strahlendste der Enkelinnen der Großen Göttin ist Athene. Alte Spuren ihres Kults in Arkadien lassen sich bis in mykenische Zeit zurückverfolgen. Der Name der Göttin leitet sich von Athenai, dem Burgberg auf der Akropolis, ab und ist ungriechisch. Das vorgriechische Suffix *-ene* ist ein typisches Element in vorgriechischen Ortsnamen wie Mykene, Pallene, Messene oder Kyrene.

Aus verschiedenen Gründen bietet sich die Identifizierung der Athene mit der minoischen Schlangengöttin an. Das Erkennungsmerkmal der kretischen Göttin, das Motiv der Schlange, ist in Gestalt der Burgschlange auch aus dem Athene-Kult bekannt. Mit der minoischen Göttin ebenso wie mit Athene ist auch die Biene assoziiert. Zu den Ritualen des Athene-Kults gehörte unter anderem das der orgiastischen Bienennymphe des Hochsommers.

Mit Athena assoziiert sich eine ganze Skala von kreativen Tätigkeiten und elementaren geistigen und sozialen Funktionen, dargestellt im farbenfrohen Erzählgut der griechischen Mythologie. Die praktische Intelligenz und das Wirken der Göttin werden so beschrieben, dass bereits die sprachliche Ausdrucksform die dynamische Wechselbeziehung zwischen konkretem Schaffen und geistiger Tätigkeit plastisch beschreibt. Athenes mentale Fähigkeiten kommen in besonderer Weise zum Tragen: «Das Vokabular von *techne* [‹technische Geschicklichkeit›] stellt Bilder bereit, um diese Technik zum Ausdruck zu bringen, selbst wenn sie mit geistigen Operationen zu tun hat. Die Verben ‹spinnen› (*hyphainein*) und ‹bauen› (*tektainesthai*) treten oft zusammen mit dem Substantiv *metis* (‹Klugheit›) auf: daher spinnen Athene und ihre Schützlinge ihre Ideen und weben ihre Pläne, manchmal fügen sie ihre Projekte zusammen und konstruieren ihre scharfsinnigen Fallen.» (Frontisi 1992: 88)

Athene als Schutzpatronin des Handwerks. – Die Göttin ist verantwortlich für die Erfindung, Herstellung oder Vervollkommnung aller wichtigen technischen Errungenschaften der Menschen. Sie ist die Schutzpatronin der Töpfer und Keramikkünstler und wird während des kritischen Brennprozesses angerufen. Ihr schreibt man die Erfindung der Webkunst zu; sie bringt nach der mythischen Überlieferung den irdischen Frauen das Spinnen der Wolle, das einfache Weben und das Musterweben bei. Zu den bevorzugten Handwerken der Göttin gehört der Schiffsbau. Sie hilft nicht nur Danaos, dem Konstrukteur des ersten Schiffes (Apollodoros, «Mythographos» 2. 1. 4) oder dem Zimmermann Tekton, der das Schiff für Paris baut, mit dem Helena nach Troja gebracht wird («Ilias» V, 59–60), sie leitet auch die Arbeiten am Schiff der Argonauten (Apollonios von Rhodos, «Argonautika» 2. 1187–89) und unterweist Odysseus, als er sich zum Verlassen der Insel der Kalypso ein Schiff baut, sowohl in der technischen Konstruktion als auch in der Kunst der Navigation («Odyssee» V, 234–274). Der Mythos macht Athene außerdem zur Erfinderin des Streitwagens (Athene Hippia) und sie bildet die besten Wagenlenker aus (Nonnus, «Dionysiaca» 37). Und schließlich wird ihr die technische Verbesserung des Pflugs zugeschrieben (Hesiod, «Opera» 430ff., Vergil, «Aeneis» 4. 402), des einfachen, von Demeter den Menschen geschenkten Pfluges zum wesentlich effektiveren Schwenkpflug.

Athene als Mäzenatin der Künste und der Wissenschaften. – Faszinierend ist auch die Spannweite der kreativen Fähigkeiten, die der Mythos der Göttin in den Bereichen von Kunst und Wissenschaften zuschreibt. Athene ist nicht nur Schirmherrin der Töpferei, sie schöpft auch eigene Skulpturen (vgl. die Darstellung auf einer attischen Weinkanne, in der Athene ein Pferd aus Ton modelliert). Sie erfindet Musikinstrumente wie die Flöte, und als Göttin der Weisheit sind ihr die Wissenschaften anvertraut. Dass nach abendländischer Auffassung die Eule Sinnbild der Weisheit ist, geht auf die griechische Mythologie zurück. Athene erscheint als «Göttin mit den Augen einer Eule» in der «Ilias» (z.B. II, 446) und in der «Odyssee» (dort insgesamt 57mal, z.B. VI, 112), sie tritt auch in Gestalt einer Eule auf, so beispielsweise auf einer korinthischen Relieftafel und als Schutzgeist der Töpfer.

Athene als Stadtschützerin. – Eine aus der Bronzezeit tradierte Rolle der Göttin ist die als Stadtschützerin. Die für die kretische Göttin typische Aufgabe, den Palast zu schützen, findet ihre Entsprechung in der Rolle Athenes als Herrin der Akropolis (Helck 1971: 146). Die Stadtschützerfunktion war nicht auf Athen beschränkt. Auch in Argos, Sparta, Smyrna, Gortyn, Larissa und an anderen vorgriechischen Orten war Athene das Symbol der Verteidigung der Stadt (Pausanias, «Dihegesis» II, 24, 3; III, 17, 1; Strabon, «Geographika hypomnemata» IV, 1, 4). Selbst Troja («Ilias» VI, 88ff, 297) wird von Athene – gegen die Griechen! – geschützt.

Athene als Hüterin des Gemein- und Rechtswesens. – Auch die Organisation der regelmäßigen Versammlungen der Aristokraten sowie des ersten Gerichtshofes auf dem Areopag wird Athene zugeschrieben. Diese Sorge für das Gemeinwohl wird seit den Zeiten des Perikles (ca. 495–429 v. Chr.) besonders hervorgehoben. Damals entstand der Kult der friedfertigen Athene, der die ältere Tradition der wehrhaften Stadtschützerin ergänzte. So stellte sie zwischen 447 und 438 v. Chr. der Bildhauer Pheidias in seiner vollständig mit Gold und Elfenbein verkleideten 11 m hohen Monumentalstatue der Athene Parthenos (‹der jungfräulichen Athene›) dar.

Die sumerischen Kulturheroen und ihre zivilisatorischen Errungenschaften Die religiöse Ikonographie der frühen Agrargesellschaft in Alteuropa bezeugt den Göttinnenkult für das 7. Jahrtausend v. Chr. Aus den Anfängen entwickelt sich in der Zeit nach der Sintflut das verfeinerte Bild der Großen Göttin in ihren vielfältigen Funktionen, und dieses Bild tritt uns in der Hinterlassenschaft der Donauzivilisation entgegen. Auch auf asiatischer Seite findet der frühe Göttinnenkult von Çatal Hüyük sein Echo in den Kulturen Mesopotamiens. Anders aber als in Alteuropa enthält die Kulturchronologie Mesopotamiens Lücken, so dass gerade die Frühzeit in mysteriösem Dunkel liegt.

Die frühesten Hinweise auf die Struktur des Götterpantheons einer mesopotamischen Lokalkultur finden sich in der sumerischen Mythologie. Viele der mythologischen Figuren sind wohl vorsumerischer Herkunft, und die sumerischen Gottheiten tradieren Wesenszüge älterer Gestalten. Bislang weiß man jedoch nicht, auf welche Art und Weise mythologische Gestalten aus der Kultur von Ubaid und Samarra transformiert und in das sumerische Kulturmodell integriert worden sind.

Aufbauleistungen für das Gemeinwesen und das Mäzenatentum für zivilisatorische Errungenschaften begegnen auch bei den Funktionen, die sumerische Göttinnen übernehmen. Vergleicht man die Verhältnisse im kulturellen Horizont Südosteuropas und der Ägäis mit denen in Mesopotamien, werden die funktionalen Konvergenzen im Kult und in den Wesenszügen der Göttinnen offensichtlich. Im sumerischen Götterpantheon wurden folgende Göttinnen als Schutzpatroninnen zivilisatorischer Errungenschaften verehrt:

Uttu, Schutzpatronin der Webkunst: Sie webt Tuch aus der Wolle des göttlichen Mutterschafs. Beinamen der Göttin sind *munus dím.ma* ‹geschickte Frau› und *munus-zi* ‹treue Frau›. Uttu symbolisiert die treue Ehefrau, die sich um das Wohl der Familie kümmert und sich sinnvoll beschäftigt. Ihr Kontrapunkt ist die unbändige sumerische Inanna, die von den Akkadern und Babyloniern Ishtar genannt wurde. Frymer-Kensky (1992: 22f., 25f.) stellt Uttu als «domestizierter» Frau Inanna als «nicht domestizierte (ungezähmte)» Frau gegenüber.

Ninkasi, Schutzpatronin des Bierbrauens: Im Mythos von «Lugalbanda und Anzu» wird berichtet, dass der Bottich, in dem Ninkasi Bier braute, aus Lapislazuli war und der Schöpflöffel aus Silber.

Ninurra, Schutzpatronin der Töpferei: Die Göttin gilt als Gemahlin des Gottes Shara, des Stadtgottes von Umma, und in frühdynastischen Texten wird sie als «Mutter von Umma» verehrt. Später wird ihre Gestalt männlich umgedeutet und ihre Rolle von Ea (Enki) absorbiert.

Nisaba, Schutzpatronin der Schreibkunst und der Gelehrsamkeit: Ursprünglich ist Nisaba eine Vegetationsgöttin. Sie gilt als Schutzpatronin der wilden ebenso wie der kultivierten Natur, insbesondere der Feldfrucht. Außerdem ist sie die Aufseherin über die Getreidevorräte und die Vorratslager. Die enge Assoziation der Vorratslager mit der weiblichen Tätigkeit der Vorratswirtschaft ist auch sprachlich verankert. Der sumerische Ausdruck *ama*$_5$ hat zwei Grundbedeutungen, ‹Vorratslager› und ‹weibliche Gemächer im Haus› (Frymer-Kensky 1992: 34). Später nimmt Nisaba die Rolle «einer Göttin des Schreibens, Rechnens und des Wissens» (Black/Green 1992: 143) an. Nisaba wird von den Schreibern, überwiegend Männern, verehrt. Gleichsam als eine Schreibgewohnheit mit ritueller Bedeutung pflegen die Schreiber ihre Schriftstücke mit dem Vermerk zu beenden: «Gepriesen sei Nisaba.» Nisaba wird als der Prototyp der weisen, wissenden Frau betrachtet. Sie gilt als die Unterweiserin der Könige, die sie an ihrer Weisheit teilhaben lässt.

Die Rolle der sumerischen Frau wird traditionsgemäß als an die häusliche Sphäre gebunden verstanden. Die einfache Frau war die Erzieherin ihrer Kinder, die Ernährerin und sie kümmerte sich um das Wohl der ganzen Familie. Dazu gehörte auch die Kunst des Bierbrauens. Außerdem schloss dies ihre Verantwortung für die häuslichen Vorräte und deren Aufbewahrung ein. In dieser letzteren Aufgabe manifestiert sich die bevorzugte Stellung der aristokratischen Frau in der Öffentlichkeit. Man weiß aus der textlichen Überlieferung, dass die sumerischen Aristokratinnen die Aufgaben von Tempelaufseherinnen und Verwalterinnen der Tempelgüter wahrnahmen. So wird in einem Keilschrifttext berichtet, dass die Gemahlin des Königs von Lagash Tempelgüter als diplomatische Geschenke mit der Gemahlin des Herrschers von Adab austauschte (Hallo 1976).

Die Reihenfolge, in der hier die sumerischen Göttinnen mit ihren zivilisatorischen Leistungen aufgeführt sind, ist durchaus als Rangfolge zu verstehen, in der die Erkennungsmerkmale der Zivilisation nach dem Verständnis der Sumerer standen. Für einen modernen Betrachter mag die Kunst des Bierbrauens als zivilisatorische Errungenschaft ein marginaler Faktor sein, im Milieu der sumerischen Gesellschaft allerdings hatte die Kultur des Bierbrauens und des Bierkonsums einen hohen Stellenwert. Im «Gilgamesch-Epos» wird die Definition dessen, was das Leben in der zivilisierten Welt von einer Lebensweise in natürlicher Umgebung unterscheidet, in die Erzählung von Enkidu, dem Kulturheros, eingebettet. Enkidu, der mit den Tieren lebt und Gras wie die Gazellen isst, soll nach dem Willen der Götter an ein zivilisiertes Leben gewöhnt werden. Dies ist erreicht, nachdem Enkidu sich daran gewöhnt hat, Brot zu essen, sich in Kleider zu hüllen und Bier zu trinken.

IX
Europa und Mesopotamien im 4. Jahrtausend v. Chr.

Wir werden durch immer mehr aktuelle Daten der archäologischen, kulturanthropologischen und linguistischen Forschung herausgefordert, unsere traditionellen Vorstellungen von den frühen Kulturkontakten zwischen Europa und Mesopotamien zu revidieren. Lange wurden die Anfänge solcher Kontakte ins 3. Jahrtausend v. Chr. verlegt. Zu dieser Zeit gingen die kulturellen Impulse in der Tat von Mesopotamien aus, wo sich schon die sumerischen Stadtstaaten konstituiert hatten. Einflüsse der sumerischen Kultur wirkten um die Mitte des 3. Jahrtausends v. Chr. bereits weit im Westen. Die Palastarchive von Ebla in Nordsyrien mit ihren reichhaltigen Keilschrifttexten legen davon ein beredtes Zeugnis ab (Fronzaroli 1995).

Das Zeitgefälle in der Kulturentwicklung der europäisch-asiatischen Konvergenzzone

Bei einer näheren Betrachtung der Verhältnisse in der europäisch-asiatischen Konvergenzzone fällt das erhebliche Zeitgefälle in der Kulturchronologie auf. Die formative Periode der Zivilisation in Alteuropa setzt um 5500 v. Chr. ein. In Mesopotamien dagegen liegen die Anfänge der altsumerischen Zivilisation später, um 3300 v. Chr. Ganz offensichtlich verlief die kulturelle Entwicklung auf europäischer Seite rasanter als in Westasien.

Das Entwicklungstempo in seiner Gesamtwirkung zu definieren, ist äußerst schwierig. Es gibt bestimmte Technologien, die sich in Europa wie in Mesopotamien gleich schnell entfalten, wie etwa die Keramikherstellung. Andererseits finden wir auf beiden Seiten spezielle Technologien ohne Parallelen im jeweils anderen Areal. Beispielsweise ist in Mesopotamien bereits früh, und zwar schon im 6. Jahrtausend v. Chr., Bewässerungstechnik entwickelt und angewandt worden. Da die ökologischen Verhältnisse in Südosteuropa keine Bewässerung der Felder erforderlich machten, hat sich dort nichts Vergleichbares entwickelt.

Städtische Siedlungen sind aus Anatolien bereits im 7. Jahrtausend v. Chr. bekannt (Çatal Hüyük, Hacilar). Im Verlauf des 6. Jahrtausends v. Chr. nehmen auch in Südosteuropa einige Siedlungen städtischen Charakter an. Städtische Siedlungen in größerer Zahl entstehen in Mesopotamien allerdings erst um die Mitte des 5. Jahrtausends v. Chr. Die Verwendung der Informationstechnologie Schrift lässt sich in Europa bereits in der zweiten Hälfte des 6. Jahrtausends v. Chr. nachweisen, in den urbanen Zentren Altsumers erst im ausgehenden 4. Jahrtausend v. Chr. Auch die Pyrotechnologie, d. h. die Technologie der Brennöfen zur Keramikherstellung und zur Metallverarbeitung, entwickelt sich früher und schneller in Alteuropa als in Mesopotamien. Verschiedene Schmelztechniken sind in Europa eher in Gebrauch als in Asien (s. Kap. IV).

Der Rhythmus der kulturellen Entwicklung in der Periode zwischen der Mitte des 6. und der Mitte des 4. Jahrtausends v. Chr. ist in Mesopotamien bedeutend langsamer als vergleichsweise in Südosteuropa, obwohl auch in den Lokalkulturen von Halaf und Samarra-Ubaid eine progressive Entfaltung innovativer Technologien zu beobachten ist. Es gibt derzeit keine stichhaltige Erklärung dafür, weshalb die Dynamik der Kulturentwicklung in jener Zeitspanne in den beiden Kulturkreisen so verschieden war. Es bleibt viel Raum für Spekulationen über das Zeitgefälle und dessen mögliche Gründe.

Betrachtet man die Gesamtdynamik der sozioökonomischen Veränderungen als Folge der Großen Flut und der nachfolgenden Klimaschwankungen, dann war die Bewegung von Menschen auf der europäischen Seite der Schwarzmeerregion offensichtlich ausgedehnter und hat von Anfang an mehr entscheidende Impulse für den technologischen Fortschritt vermittelt als im abgelegenen Mesopotamien. Die Migrationen auf der asiatischen Seite waren kleinräumiger und wurden von vergleichsweise kleineren Gruppen getragen. Womöglich zogen sich die lokalen Wanderungen dort auch über längere Zeiträume hin. Letztlich mögen die ariden Bedingungen der ökologischen Umwelt das Ihre dazu beigetragen haben, dass es in Mesopotamien länger als in Südosteuropa dauerte, bis sich eine Hochkultur entfaltete.

Die formative Periode der altsumerischen Zivilisation fällt in eine Zeit, als Alteuropa die Kollision zweier Welten erlebt, die der Ackerbauern, der Träger der Donauzivilisation, mit der der indoeuropäischen Viehzüchternomaden. Die Donauzivilisation konnte nicht mehr mit der sumerischen Zivilisation wetteifern, weil die einwandernden Indoeuropäer die natürliche Kulturentwicklung in Südosteuropa unterbrachen. In jenem Zeitalter soziokultureller Umwälzungen in Europa festigten sich die Grundlagen der ältesten Zivilisation Mesopotamiens. Der kulturelle Aufschwung, den die frühen sumerischen Kulturzentren nahmen, speiste sich aber nicht allein aus einheimischen Quellen. Auch aus dem Westen gelangten kulturelle Impulse nach Osten, und diese Impulse hatten einen nicht geringen Anteil an der Durchsetzung zivilisatorischer Einrichtungen der sumerischen Gesellschaft (s.u.).

Die west-östliche Kulturdrift im 4. Jahrtausend v. Chr.

Vor dem Hintergrund der neueren Forschung lohnt es durchaus, nach Kontakten zwischen Europa und Mesopotamien in einer Periode zu fragen, als es die sumerische Zivilisation noch gar nicht gab. Schon das Zeitgefälle zwischen den zivilisatorischen Experimenten in Südosteuropa (beginnend ca. 5500 v. Chr.) und Mesopotamien (beginnend ca. 3300 v. Chr.) sowie das Wissen um die west-östliche Kulturdrift von der Balkanregion in den ägäischen Raum legen eine solche Fragestellung nahe. Der konkrete

Bezug liegt darin, sich zu fragen, ob die vom europäischen Festland nach Osten gerichtete Kulturdrift des 4. Jahrtausends v. Chr. Mesopotamien erreicht hat, und wenn ja, welche Spuren dafür nachzuweisen sind.

Tatsächlich gibt es eine Reihe von Anhaltspunkten für die Annahme, dass Kontakte zwischen der ägäischen Welt und Mesopotamien in jener Periode bestanden. Für solche Kontakte kamen die Impulse offensichtlich aus beiden Richtungen. Die Dynamik der von den in Südosteuropa einwandernden Indoeuropäern ausgelösten Kulturdrift trifft in Westasien mit Bemühungen zusammen, wirtschaftliche Beziehungen mit entfernteren Regionen aufzunehmen. Für die Belebung des Fernhandels gab es in Anatolien und Mesopotamien konkrete ökologische Gründe.

Im frühen 4. Jahrtausend v. Chr. machen sich im westlichen Asien die Folgen einer Klimaschwankung bemerkbar; es setzt eine Trockenperiode ein. Weite Landstriche, die früher für die Nahrungsproduktion bebaut worden sind, trocknen aus. Diese ökologischen Umbrüche fordern die Menschen zu einem effektiveren Einsatz der Bewässerungstechnik und zu einer intensiveren Nutzung des verfügbaren Ackerlands heraus, außerdem zu «einer Intensivierung kultureller und wirtschaftlicher Beziehungen» (Dolukhanov 1994: 274). In jener Periode liegen die Anfänge eines intensiven Fernhandels zwischen dem nördlichen Mesopotamien, Anatolien und Südosteuropa.

Will man die Auswirkungen dieser beiden Hauptströmungen des 4. Jahrtausends v. Chr. in der südlichen Schwarzmeerregion, die west-östliche Kulturdrift und die interregionalen Handelskontakte, ermessen, sollte man die Aufmerksamkeit auf die formative Periode der sumerischen Zivilisation richten. Wer sich um ein realistisches Bild der Kontaktprozesse bemüht, ist aufgefordert, traditionelle Konzepte von «sumerischer» Identität zu hinterfragen. Demnach war der Träger der ältesten Zivilisation Mesopotamiens das Volk der Sumerer, und dieses Volkstum wird – entsprechend einer dem Zeitalter des Nationalismus im 19. Jahrhundert verpflichteten Mentalität – als eine kollektive nationale Einheit verstanden. Bis heute werden Ethnonyme wie «Sumerer», «Akkader» usw. wie nationale Etikette verwendet.

Die Erkenntnisse der neueren anthropologischen Forschung weisen allerdings darauf hin, dass die sumerische Ethnizität ebenso wie die kulturellen Institutionen das Produkt einer ethnisch-kulturellen Fusion sind (Maisels 1999: 147ff.). Diese ist durch eine Art multiple Drift gekennzeichnet:

(a) Eine demographische Drift bringt Ubaid-Leute aus dem Norden Mesopotamiens in den Süden, wobei sich deren Kultur im Laufe der Zeit wandelt und lokale «sumerische» Züge annimmt. Dieser Wandel ist als Umbruch in der soziokulturellen Orientierung zu verstehen. Die Ubaid-Leute, die in den Süden migrieren, siedeln sich dort in unmittelbarer Nachbarschaft der ethnisch anonymen Einheimischen an oder leben in Siedlungsgemeinschaft mit ihnen. Zunächst dominiert die Ubaid-Kultur, später dann setzt sich in der Kulturentwicklung das neue «sumerische» Element durch. Diesem Element ist auch die Dynamik der zentralisierenden politischen Ordnung zu verdanken, die die Entstehung der sumerischen Stadtstaaten charakterisiert.

(b) Eine soziokulturelle Drift (Ausläufer der west-östlichen Drift) wird wirksam, die Impulse aus dem Westen in den formativen Prozess der sumerischen Zivilisation einbringt.

(c) Es lassen sich außerdem Einflüsse nachweisen, die aus dem Kulturmilieu des vordynastischen Ägypten stammen (Haarmann 2002c: 585f.). Auch diese Impulse werden in der formativen Periode der sumerischen Zivilisation wirksam.

Die unter (a) genannte Drift ist getragen von einer Migrationsbewegung. Die unter (b) und (c) spezifizierten Drifts dagegen beinhalten die Verbreitung von Handelswaren, Kulturgütern und Ideen und sind nicht abhängig von einer Migration. Diese Feststellung ist allerdings nicht exklusiv zu verstehen, denn auch die Drift unter (b) kann von der Zuwanderung kleiner Gruppen aus dem Westen begleitet gewesen sein.

Demnach lassen sich drei Quellen für den Fusionsprozess ausmachen, in deren Verlauf sich die Institutionen der sumerischen

Zivilisation ausbilden. Die Hauptquelle ist lokal (a), die beiden anderen (b und c) bewirken bestimmte Modulationen in der Kulturentwicklung. Wie lassen sich nun die Wirkungen dieser Quellen konkret unterscheiden? Gibt es Beweise dafür, dass die erwähnten Drifts unabhängig voneinander, aber gleichzeitig gewirkt haben? Und in welcher Weise spiegelt sich die Wirkung der Quellen in den Funktionen sumerischer Kulturinstitutionen? Es ist derzeit verfrüht, die synchronen Nachklänge der Drifts für das gesamte Mosaik der sumerischen Zivilisation nachzuweisen. Allerdings gelingt dies für eine der zentralen Technologien, für die Schrift.

Entsprechend ihrer visualisierenden Funktion setzen sich alle Schriftsysteme der Welt aus einer kleineren oder größeren Zahl optischer Zeichen zusammen. In vielen Fällen lassen sich für das graphische Zeichenmaterial individueller Schriftsysteme Ursprünge nachweisen, die vor der Schriftverwendung liegen und nicht im Zusammenhang mit Schrift stehen. Für bestimmte Zeichenformen der armenischen und georgischen Schrift sind Besitzerzeichen als Quelle ermittelt worden. In einigen der ägyptischen Hieroglyphen sind Töpferzeichen der vordynastischen Periode zu erkennen. Vorbilder für einige Zeichen der alten Indus-Schrift findet man in Felsbildern und im ornamentalen Dekor von frühen Tongefäßen. Etliche Zeichen der alteuropäischen Schrift scheinen von viel älteren Symbolen abgeleitet worden zu sein, nämlich solchen, die schon im Mesolithikum und sogar Paläolithikum bekannt waren. Hierzu gehören beispielsweise Symbole in Form eines Mäanders und das V-Motiv.

Bereits in der Zeit des Jungpaläolithikums ist in der nördlichen Schwarzmeerregion die Verbreitung von elementaren visuellen Motiven bezeugt, deren Formen sich im Mesolithikum Südosteuropas (z.B. im Motivschatz der Felszeichnungen) vervielfältigen und die fragmentarisch in das Inventar von Schriftzeichen der Donauzivilisation eingehen (Kozlowski 1992: 72ff.). Auch im anatolischen Teil der südlichen Schwarzmeerregion sind elementare Symbole bereits für die vorsintflutliche Ära überliefert, z.B. im Repertoire religiöser Symbole in Çatal Hüyük (Gimbutas 1989: 145ff., 178f.).

In den beiden Makrozonen, in denen sich in der Zeit nach der Flut und nach den klimatischen Umwälzungen technologische Innovationen durchsetzen, inspiriert das kulturelle Gedächtnis einen alternativen Zeichengebrauch. Auf europäischer Seite kulminiert die Entwicklung in der frühen Entstehung einer Schrift mit sakralen Funktionen (s. Kap. V). Im westlichen Asien festigt sich ein systematischer Symbolgebrauch für praktische, kommerzielle Zwecke, nämlich zur Inventarisierung von Handelsgütern und deren Transport. Die Anfänge für ein solches System von Symbolsteinen (im Englischen *tokens* genannt), die im Dienst eines prähistorischen Rechnungswesens stehen, liegen bereits in vorsintflutlicher Zeit, seine systematische Fortentwicklung verdankt dieses System aber erst dem Aufschwung der Handelsbeziehungen zwischen den Völkern des Vorderen Orients seit dem 6. Jahrtausend v. Chr.

Während der formativen Periode der sumerischen Zivilisation wird der Symbolgebrauch des Rechnungswesens abgelöst von der altsumerischen Schrift und ihren Numeralzeichen. Der hauptsächliche Anwendungsbereich der altsumerischen Piktographie, einer Vorstufe der später erfundenen Keilschrifttechnik, ist das Rechnungs- und Inventarwesen. Hier zeigt sich bald, dass die Verwendung des alten Systems von Symbolsteinen überflüssig wird und es gerät rasch in Vergessenheit. Fragmente dieses Systems sind in das Repertoire der sumerischen Schrift eingegangen (s. u.). Auch die westliche Drift (aus Richtung Anatolien und Europa) und die südliche Drift (aus Richtung Ägypten) bringen konkrete visuelle Einflüsse ein.

Die Entstehung der sumerischen Schrift und die Rolle der west-östlichen Kulturdrift

Die Verwendung von naturalistischen und abstrakten Symbolen als informationstragenden Elementen im alten Rechnungswesen war aufs Engste mit dem Warenverkehr assoziiert, der sich über ein ausgedehntes Netz von Handelsrouten entfaltete. Die elementarste Entwicklungsstufe dieses Rechnungswesens war dadurch charakterisiert, dass Symbolsteine (d.h. aus Ton gefertigte und hart gebrannte Zählobjekte), die Waren oder Verkaufsartikel symbolisierten, in einem Behälter (*bulla*) aufbewahrt wurden, und zwar ein Symbolstein für jeden Artikel. Die äußere Gestalt eines jeden Zählobjekts entsprach einem Abbild der Ware (z.B. Schaf, Weinkrug, Ölbehälter), die transportiert wurde. Der Empfänger der Waren brach den Behälter auf und kontrollierte, ob die Zahl der transportierten Waren mit der Zahl der Symbolsteine übereinstimmte.

In einer fortgeschrittenen Stufe war nur jeweils ein Symbolstein in Gebrauch, auf den die Anzahl der betreffenden Ware mittels Strichen eingeritzt war. In einem zusätzlichen Schritt vereinfachte sich der Symbolgebrauch noch weiter. Das Bild der Ware wurde zusammen mit der numerischen Angabe auf ein Stück Ton geritzt, das dann hart gebrannt wurde und als eine Art «Quittung» diente. Der Symbolgebrauch auf dieser Entwicklungsstufe machte die Symbolsteine selbst überflüssig. Die frühen sumerischen Tontäfelchen mit den ikonischen und abstrakten Ritzzeichen zur Wiedergabe von Waren und Mengen bezeugen diese am weitesten fortgeschrittene Stufe des Rechnungswesens. Die piktographische Schrift erwies sich schon bald als so effektiv, dass das alte Rechnungswesen außer Gebrauch kam.

Der scheinbar nahtlose Übergang von den symbolischen Formen der Waren- und Mengenlisten zur Schriftverwendung verführt leicht zu der Annahme, das Schriftsystem sei eine konsequente Weiterentwicklung des älteren Rechnungswesens. Was den Zeichenbestand der altsumerischen Piktographie angeht, so haben nur etwa 30 Schriftzeichen (aus einem Gesamtinventar von rund 2000 Einzelzeichen) nachweislich Parallelen im Symbolschatz des alten Rechnungswesens (Schmandt-Besserat 1992/I: 140ff.). In der Tat sind die Konturen von Schriftzeichen zur Bezeichnung von Begriffen wie ‹Mutterschaf›, ‹Wolle›, ‹Metall› und einige andere so charakteristisch, dass sie graphisch eindeutig auf ihren Ursprung im visuellen Repertoire der vorschriftlichen Symbole hinweisen (Abb. 17).

Es gibt eine Reihe von Schriftzeichen, deren äußere Gestalt der von Symbolen für Waren im alten Rechnungswesen ähnlich sieht. Dies gilt etwa für das Bild eines Bierkrugs mit der Bedeutung ‹Bier› oder eines Brotlaibs mit der Bedeutung ‹Brot›. Solche Parallelismen deuten aber nicht notwendigerweise darauf hin, dass die alten Symbole zu Schriftzeichen umgedeutet wurden. Derartige Zeichenbildungen konnten ohne weiteres spontan-assoziativ im sumerischen Kulturmilieu entstehen. Wie viele Symbole des alten Rechnungswesens auch immer in das Inventar der altsumerischen Schriftzeichen übernommen worden sein mögen, ihre Zahl im Gesamtinventar ist verschwindend gering.

Zusätzlich zum Symbolschatz der alten Inventarlisten gibt es eine weitere lokale Quelle, aus der sich der Zeichenschatz der altsumerischen Piktographie speist, und dies sind die naturalistischen Motive des Kulturmilieus im südlichen Mesopotamien. Bei der Adaption solcher Motive für die Zeichenformen der Schrift war aber eine besondere Triebkraft am Werk, nämlich ein feiner Sinn für das Abstrakte. Wie der sumerische Sinn für Abstraktion gewirkt hat, illustrieren besonders gut solche Schriftzeichen, wo statt eines zu erwartenden naturalistischen Abbilds ein stark stilisiertes Motiv auftritt. Ein Beispiel dafür ist die Schreibung des Begriffs ‹Frau›. Das entsprechende sumerische Schriftzeichen ist der stilisierte Umriss des weiblichen Geschlechts. Das Zeichen für den Begriff ‹Mann› ist – gleichsam als abstrahiertes Pendant der stilisierte Umriss eines Penis.

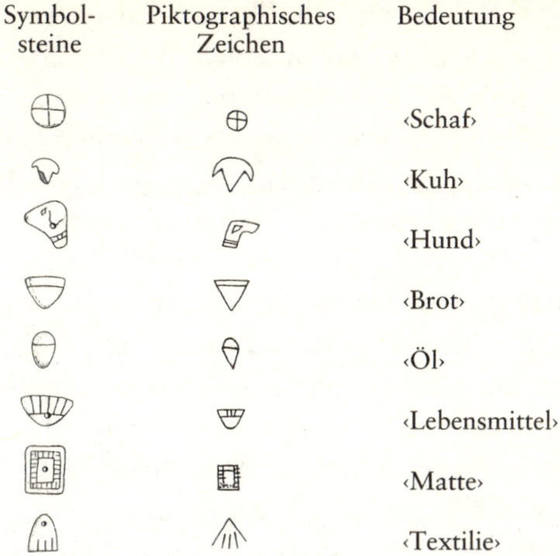

Abb. 17: Symbolsteine und Zeichenäquivalenzen in der altsumerischen Piktographie (Schmandt-Besserat 1996: 72ff.).

Im Zeichenschatz der altsumerischen Piktographie sind hochgradige Abstraktionen wie die Zeichenbildungen für ‹Quelle› (zwei konzentrische Kreise), ‹Obstgarten› (zwei stilisierte Pflanzen auf einer Plattform) oder die zahlreichen piktographischen Abstraktionen in den Listen zum Zeichengebrauch in Uruk III und IV (Green/Nissen 1987) keine Ausnahmen. Schriftforscher haben sich schon lange darüber gewundert, weshalb bereits das älteste Stadium des sumerischen Schriftgebrauchs in graphischer Hinsicht einen so auffälligen Grad an Abstraktheit zeigt. Die stark stilisierten Zeichenformen lassen häufig nicht erkennen, aus welchen naturalistischen Vorbildern sie entstanden sein mögen. «Bilder eines Ochsen oder einer Gerstenähre sind zu identifizieren, aber es gibt viele Zeichen, die wir noch nicht als Bilder erklären können, selbst wenn wir auf der Basis der Wortlisten aus späterer Zeit in der Lage sind, deren Bedeutung festzustellen.» (Walker 1990: 21)

Man hat sich um eine Erklärung dieses Phänomens bemüht. Es wird vermutet, dass es ältere Entwicklungsstufen des Zeichenschatzes gegeben hat, die aber keine Spuren in den Schriftdokumenten hinterlassen haben. Solche Vermutungen sind nicht unbedingt logisch, denn die ältesten Inventarlisten aus der Zeit um 3200 v. Chr. zeigen einen sehr altertümlichen Schreibduktus, und man kann sich eigentlich nicht vorstellen, dass das Schreiben auf einer noch einfacheren Stufe begonnen hätte.

Niemand scheint sich bisher die Frage gestellt zu haben, ob der hohe Grad an Abstraktheit im altsumerischen Zeichenschatz nicht der Ausdruck eines Organisationsprinzips sein könnte, das von Anbeginn auf eine abstrakt-stilisierende Formgebung ausgerichtet war. Für die vielen abstrakten Zeichen im altsumerischen Repertoire ist also vielleicht deshalb keine naturalistische Quelle auszumachen, weil es eine solche gar nicht gibt.

Dieser Gedankengang mag diejenigen verblüffen, die generell davon ausgehen, dass jede Form von Abstraktion auf naturalistischen Vorbildern beruht. Im Kulturschaffen des Menschen kristallisieren sich aber seit altersher komplexere Denkformen aus. Die Fähigkeit, mit naturalistischen wie abstrakten Symbolen umzugehen, ist bereits eine Komponente des frühesten Kulturschaffens des modernen Menschen (Homo sapiens). Schon in den ältesten Felsbildern der Welt findet man neben naturgetreuen Abbildungen auch abstrakte Symbole wie Punkte, Striche oder Gittermotive. Dies besagt, dass der Mensch im Rahmen seiner Symbolbildung nicht auf naturalistische Vorbilder angewiesen ist, sondern dass auch Symbole ohne figurative Gestalt von vornherein in ihrer Abstraktheit verwendet werden können (Haarmann 1997a: 671 f.).

Es gibt alte Schriftsysteme, wo zusätzlich zur Komponente der naturalistischen Formgebung die abstrakte Formgebung klar als ein selbstständiges Grundprinzip bei der Ausbildung des Zeichenschatzes erkennbar ist. In vielen abstrakten Zeichenformen der alteuropäischen Schrift, der elamischen Strichschrift und der alten Indus-Schrift würde man vergeblich nach naturalistischen Motiven suchen, die im Rahmen eines komplexen Transformationsprozesses bis zur Unkenntlichkeit stilisiert worden wären.

Im Formationsprozess dieser Schriftsysteme wurden ikonische (d.h. bildhafte) und abstrakte Zeichenformen synchron selektiert und integriert.

Vor der Einführung der neuen Kulturchronologie für Südosteuropa zeigten sich Schriftforscher beeindruckt von den graphischen Ähnlichkeiten alteuropäischer Zeichen auf den Schrifttafeln von Tărtăria mit denen in den altsumerischen Texten von Uruk. Noch in den 1970er Jahren wurden solche Ähnlichkeiten als sumerischer Kulturexport nach Transsylvanien erklärt. Man scheute sich damals nicht, die mutige Hypothese sumerischen Einflusses weit im Westen, in Rumänien, zu formulieren. Die neue Kulturchronologie allerdings verwies die Annahme eines sumerischen Kulturimports für Europa ins Reich der wissenschaftlichen Stilblüten, und die Frage nach möglichen frühen Kontakten zwischen Mesopotamien und Südosteuropa wurde fortan tabuisiert.

Die Problematik des Abstraktionsgrades des altsumerischen Zeichenschatzes und der zahlreichen Zeichenformen ohne identifizierbare Vorbilder fordert aber den kritischen Betrachter geradezu heraus, die Frage nach möglichen historischen Kontakten zwischen den beiden Regionen erneut zu stellen, jetzt aber im Licht der neuen Chronologie und unter Berücksichtigung der Kulturdrift von Westen nach Osten. Diese Fragestellung ist nicht aus der Luft gegriffen; sie ist auch bereits prinzipiell von seriösen Archäologen gestellt worden, die sich des Kulturgefälles bewusst sind. Vom Standpunkt der formativen Periode der sumerischen Zivilisation können also durchaus westliche Impulse aufgenommen worden sein: «… die Tafeln von Tărtăria … weisen vielleicht auf eine andere Richtung hin, aus der ein starker, zusätzlicher Einfluss gekommen sein könnte.» (Rice 1994: 84)

Der wesentliche Grund dafür, dass sich die Schriftforscher bisher nicht ernsthaft mit der Untersuchung der graphischen Parallelismen im Zeichenschatz der alteuropäischen und altsumerischen Schrift auseinandergesetzt haben, liegt wohl darin, dass der Blick der Traditionalisten bis heute in Richtung auf naturalistische Vorbilder für abstrakte Zeichenformen gerichtet ist, so dass die Fragestellung nach der Adaption abstrakter Zeichenformen aus alteuropäischer Quelle im sumerischen Zeichenschatz gar nicht realistisch erscheint.

Im Licht des Kulturgefälles zwischen der südlichen Schwarzmeerregion und Mesopotamien und angesichts der zeichentheoretischen Erkenntnis, wonach die Präferenz für Abstraktheit ein selbstständiges Organisationsprinzip sein kann, weitet sich der Blick auf ein Forschungsfeld der Schriftgeschichte, das bislang brach gelegen hat, auf die Untersuchung alteuropäisch-sumerischer Konvergenzen.

Ein systematischer Vergleich der Zeicheninventare erbringt eine wichtige Erkenntnis: Die Konvergenzen beschränken sich nicht auf einfache elementare Formen, deren parallele Entwicklung in beiden Zivilisationen als zufällig gedeutet werden könnte, wie beispielsweise die Kopfform eines Tieres oder die Umrisse eines Baums. Vielmehr können Dutzende von graphischen Vergleichspaaren zusammengestellt werden, in denen vielerlei Details erkennbar sind (Abb. 18). Die Zeichenäquivalenzen sind am auffälligsten, wenn man den alteuropäischen Zeichenschatz (nach Haarmann 1995) in einen Vergleich mit dem Inventar der rund 770 Zeichen der Texte aus Uruk (III und IV) stellt (nach Green/Nissen 1987).

Die einzige sinnvolle Erklärung für derart weitgehende Äquivalenzen ist die Annahme, dass die Zeichenformen zum visuellen Potenzial der Kontakte gehören, das im Zuge der Kulturdrift von Alteuropa nach Mesopotamien transferiert wurde. Will man wissen, warum dieser Transfer so erfolgreich war, bleibt wohl nur die Alternative, diese Frage im Licht der Chaostheorie zu beantworten: Die Kulturdrift war, vom Standpunkt der lokalen Entwicklung betrachtet, ein fremdartiger Zusatzfaktor, und sie wirkte zur rechten Zeit am rechten Ort.

Die Konfrontation des kulturellen Gedächtnisses alteuropäischer Prägung mit dem abstrakten Organisationssinn im meso-

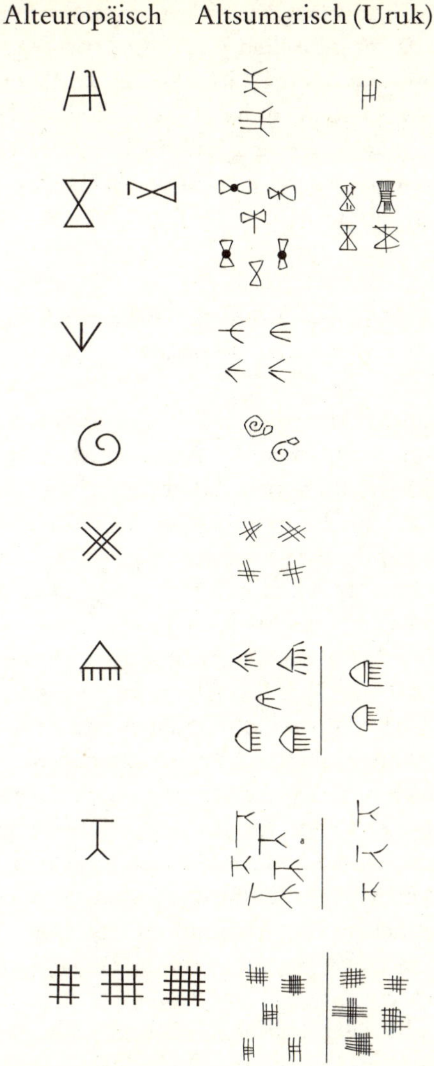

Abb. 18: Alteuropäisch-altsumerische Zeichenkonvergenzen (alteuropäisch: nach Haarmann 1995, Abb. 32; altsumerisch: nach Green/Nissen 1987: 169ff.).

potamischen Kulturmilieu hat sicherlich nicht nur Spuren im Zeichenschatz der sumerischen Schrift hinterlassen. Vielleicht ist es möglich, konkrete Manifestationen des Transfers alteuropäischen Ideenguts auch in anderen Bereichen des sumerischen Kulturschaffens nachzuweisen. Hier öffnet sich ein weites Feld für die vergleichende Forschung zu den Entstehungsbedingungen der frühen Zivilisationen in der Alten Welt.

Fernwirkungen der west-östlichen Kulturdrift jenseits von Mesopotamien

Es wäre verwunderlich, wenn die Wirkung der west-östlichen Kulturdrift im mesopotamischen Kulturkreis verebbt wäre, wo es doch benachbarte Regionen mit ebenso alten Kulturtraditionen gibt. Dies gilt für Elam und seine frühe Zivilisation. Wenn davon auszugehen ist, dass sich der Ideentransfer aus Richtung Südosteuropa und der Ägäis in der formativen Periode der sumerischen Zivilisation nachweisen lässt, dann lohnt es, nach potenziellen Einflüssen aus dem Westen auch jenseits von Mesopotamien zu suchen. Wie in Altsumer, so scheint auch im benachbarten Elam die Ausbildung eines frühen Schriftsystems von Impulsen aus dem Westen profitiert zu haben.

Etwa zeitgleich mit dem Aufschwung der sumerischen Stadtstaaten entfaltet sich die politische Macht des Königreichs Elam. Seine Bewohner sind keine Indoeuropäer und auch keine Semiten wie die Akkader. Das Elamische wurde vom 4. Jahrtausend v. Chr. bis in die ersten Jahrhunderte unserer Zeitrechnung gesprochen (Haarmann 2002 a: 62 f.), im Tiefland im Südwesten Irans und im Hochland von Fars. In diesem Areal wurde schon früh mit den kulturellen Institutionen und Technologien experimentiert, die für die Ausbildung der archaischen Zivilisationen im Alten Orient typisch sind. Dazu gehören die Organisation städtischer Siedlungen, der Aufbau einer staatlichen Verwaltung und der Gebrauch von Schrift.

Um 3200 v. Chr. (nach anderer Datierung um 3050 v. Chr.) setzte die schriftliche Überlieferung des Elamischen ein. Mehr als 1500 Tontafeln mit Texten in einer einheimischen Schriftart sind in der Residenz des elamischen Königreiches, in Susa, und an anderen Orten gefunden worden. Dieses alte Schriftsystem wird «proto-elamische Strichschrift» genannt, ein ideographisches System mit weniger als 1000 Einzelzeichen. Bei den Umrissen der Zeichen handelt es sich überwiegend um abstrakte, geometrische Formen, die keine bildhaften Ursprünge erkennen lassen. Es wird angenommen, dass die proto-elamische Strichschrift eine intentionale Schriftschöpfung ist. Auch hier fällt also der starke Sinn für Abstraktheit auf, auch bei diesem Zeicheninventar scheint es sich zu lohnen, nach visuellen Spuren der west-östlichen Kulturdrift zu suchen. Ein detaillierter alteuropäisch-elamischer Schriftvergleich wird derzeit ausgearbeitet.

Am eindrucksvollsten sind aber die Parallelen zwischen den alteuropäisch-ägäischen Schriftsystemen und der Schrift der alten Indus-Zivilisation. Die Indus-Schrift ist zweifellos diejenige Schriftart der Alten Welt, die nach ihren Organisationsprinzipien und nach ihrem visuell-abstrakten Motivschatz der alteuropäischen Schrift am meisten ähnelt (s. Kap. V). In Anbetracht des Zeitgefälles zwischen dem Schub der westlichen Kulturdrift im 4. Jahrtausend v. Chr. und der formativen Periode der Indus-Zivilisation um 2600 v. Chr. ist die Annahme einer Fernwirkung westlicher Impulse bis ins Industal nicht unwahrscheinlich.

Der Weg solcher Impulse eines Ideentransfers ist mit Sicherheit über Mesopotamien gelaufen. Von dort gab es bereits in alter Zeit eine Seeverbindung über den Persischen Golf an die Küsten des indischen Subkontinents. Um 3000 v. Chr. wird in sumerischen Texten aus Uruk der Handel mit Dilmun erwähnt, das von der modernen Archäologie als Bahrain identifiziert worden ist (Rice 1994: 145 f.). Die Sumerer trieben schon früh Handel mit Dilmun. Hier wurden Waren des Westens (Sumer) und des Ostens (Städte am Indus) umgeschlagen. Dilmun spielte also im 3. Jahrtausend v. Chr. eine ähnliche Rolle als Umschlagplatz von

Handelsgütern wie Ugarit an der syrischen Küste für den Handel Kretas mit Zypern im 2. Jahrtausend v. Chr. Wenn die Impulse der west-östlichen Kulturdrift über sumerische Vermittlung bis Dilmun gelangt sind, wurde ihr Ideengut – zusammen mit Waren aus Mesopotamien – von dort nach Indien transferiert. Um den Gesamteindruck über die Wirkung solcher Impulse zu verdichten, bedarf es weiterer Detailarbeit. Ein systematischer Vergleich der alteuropäisch-altägäischen Schriftsysteme mit der Indus-Schrift steht derzeit noch aus.

Transformationsprozesse sumerischer Kulturtraditionen in der akkadisch-babylonischen Welt

Wenn vom Modell der mesopotamischen Zivilisation die Rede ist, bezieht man sich im Allgemeinen auf das sumerisch-akkadische Kontinuum des 3. und 2. Jahrtausends v. Chr. Ähnlich wie im Fall der terminologischen Bildung «griechisch-römische Welt» wird mit Ausdrucksweisen wie «sumerisch-akkadische Welt» suggeriert, dass wir es mit einem im Wesentlichen einheitlichen Stadium kultureller Entwicklung zu tun haben. Zwar handele es sich bei Sumerern und Akkadern um ethnisch ganz verschiedene Völker, die kulturellen Institutionen ihrer Gesellschaft seien aber weitgehend identisch. Soweit die traditionelle Stereotype.

Die Welt der altmesopotamischen Kulturen ist jedoch vielschichtig und zeigt vielerlei Variation. Sumerische Kulturmuster, die von den Akkadern adaptiert wurden, wandeln sich im Horizont der Zeit und nehmen typische Züge der semitischen Regionalkulturen an, der babylonischen und der assyrischen. Bei diesem Transformationsprozess werden die meisten der in Kap. VIII beschriebenen kulturellen Konvergenzen, die den altmesopotamischen Komplex mit den Traditionen in der südlichen Schwarzmeerregion und damit auch mit denen Alteuropas verbinden, überformt. Teilweise erfolgt die Ablösung vom konvergenten Kulturerbe bereits im sumerischen Milieu selbst. Dies trifft etwa auf die rasanten Umwälzungen im Bereich der Schrifttechnologie zu.

Jahrhundertelang hatte man in den sumerischen Stadtstaaten in der archaischen Schriftart mit stilisierten piktographischen Zeichen geschrieben. Um etwa 2700 v. Chr., als man anfing, längere Texte aufzuzeichnen, wird der spitze Griffel, der umständlich beim Schreiben eines jeden Zeichens Ton aus dem Schreibgrund kratzte, aufgegeben und ein Schreibwerkzeug mit stumpfem Ende eingeführt, mit dem stumpfe Keile in den weichen Schreibträger, die Tontafel, gedrückt werden. Die älteren Formen der sumerischen Piktographie wandeln sich in Keilkonfigurationen, nach denen der neue Schrifttyp seinen Namen erhielt: Keilschrift. Damit werden auch die bis dahin tradierten Zeichenformen mit ihren Anklängen an das graphische Repertoire der alteuropäischen Schrift aufgegeben.

Im Zusammenhang mit diesem Prozess der Entwicklung einer flexiblen Schreibtechnologie steht auch eine sukzessive Verzweigung der sozialen Funktionen, die die Schrift und die mit ihr geschriebenen Sprachen erleben. Bemerkenswerterweise weicht die Funktion des ältesten bekannten sumerischen Textes in Keilschrift (um 2650 v. Chr.) signifikant von den praktischen Funktionen der frühen, in den archaischen Piktogrammen aufgezeichneten Wirtschaftstexte ab: Er ist eine rituelle Inschrift auf der Skulptur eines verstorbenen Herrschers. Diese religiöse Funktion der Schrift bringt die sumerische Keilschrift in soziokultureller Hinsicht der Schrifttradition in der Donauzivilisation nahe, wo die Schriftlichkeit rituell-zeremonialen Charakter hatte.

Die Inhalte des Schriftgebrauchs, insbesondere der rituellen und poetischen Sprache, haben häufig weibliche Urheber. So ist beispielsweise der älteste lyrische Text in sumerischer Sprache von einer Frau verfasst worden, von Encheduanna (En-heduana), der Tochter Sargons (reg. ca. 2300–2245 v. Chr.), des Begründers der Dynastie von Akkad. Encheduanna wurde von ihrem Vater um 2250 v. Chr. als Priesterin des Mondgottes Nanna in Ur eingesetzt.

Klagelieder (engl. *laments*) sind eine eigene Gattung der sumerischen Literatur. Sie wurden nicht nur schriftlich fixiert, sondern gehören auch zum Kanon der mündlichen Überlieferung. Das Besondere an dieser Textgattung ist, dass sie von Frauen vorgetragen wurde, in mythologischen Erzählstoffen von Göttinnen. Klagelieder waren eine wichtige Komponente in vielerlei verbalen Zeremonien und Ritualen, bei Begräbnissen, feierlichen Klagen über die Zerstörung einer Stadt oder auch bei Hochzeiten. Hier wurde der Schmerz der Braut besungen, die ihr Zuhause verlassen musste. Die Tradition der sumerischen Klagelieder in ihrer engen Assoziation mit Frauen (bzw. Göttinnen) als deren Akteuren steht nicht allein. Vielmehr sind die Umrisse einer breiten kulturellen Konvergenzzone zu erkennen, die den Vorderen Orient (vorbiblische israelitische Kultur Kanaans) und die südliche Schwarzmeerregion (griechischer Kulturkreis, Bulgarien, Rumänien) umfasst und sich weiter nach Norden ausdehnt (Nenola 2002: 73 ff.). In der akkadisch-babylonischen Literatur dagegen ist das Genre der Klagelieder nicht populär.

Die Götterwelt Sumers und die Transformation sumerischer Gottheiten in babylonische und assyrische sind ebenfalls geeignet, den langfristigen Ablösungsprozess mesopotamischer Kulturmuster aus dem konvergenten Erbgut zu illustrieren. Wie in Alteuropa, so waren auch in Altsumer weibliche Gottheiten für alle elementaren Daseinsformen, einschließlich von deren Schöpfung, verantwortlich gewesen. (s. Kap. VIII). In diesem Bereich göttlicher Aktivität findet ein durchgreifender Wandel statt. Die großen Leistungen der alten Göttinnen für die Erhaltung des Lebens und die wichtigen Institutionen der Zivilisation werden umgedeutet und männlichen Gottheiten zugeschrieben. So verliert die Muttergöttin Mami ihre elementare Schöpferrolle, die dem mächtigen Marduk zuerkannt wird. Die Umdeutung erfolgt teilweise so radikal, dass sogar eine Göttin zum Gott transformiert wird. Ninurra, die Schutzpatronin der Töpferei, verliert nicht nur diese ehrenvolle Rolle, sondern auch ihr Geschlecht. In babylonischer Zeit gilt Ninurra als männlich, und diese Gestalt verschmilzt später mit der von Ea (Enki).

Interessant ist die Wandlung im Fall der mächtigen sumerischen Inanna, die keine Entmachtung erlebt, denn als babylonische Ishtar ist sie ebenso dominierend. Wohl aber zeigt sich in der Transformation ihres Funktionsbereichs die Anpassung an die männlich-dominierte Welt Babylons. Ishtar war die Göttin des Kriegs und die Schutzpatronin der Soldaten. Dies ist eine Funktion, die diese Gottheit erst im semitischen Kulturkreis entwickelt hat, denn in der sumerischen Tradition war die kriegerische Wesensart der Göttin unbekannt. Zwar kennt auch die anatolische Tradition die Gestalt einer wehrhaften Göttin, Kybele bzw. die ephesische Artemis, deren Rolle war aber defensiv, nämlich die der Stadtschützerin. Ishtar dagegen ist nach der mythischen Überlieferung als Zerstörerin von Städten bekannt, ihre Rolle ist also aggressiv.

Epilog

Seit dem 19. Jahrhundert sind die frühen Zivilisationen der Alten Welt systematisch erforscht worden. Zunächst waren nur die Zivilisationen Mesopotamiens und Ägyptens bekannt. Späteren archäologischen Kampagnen verdanken wir die Kenntnis der minoischen Kultur Altkretas, der alten Indus-Zivilisation und der Anfänge der Zivilisation Altchinas während der Zeit der Shang-Dynastie. Stätten der Donauzivilisation sind bereits seit Anfang des 20. Jahrhunderts bekannt. Die sensationelle Erkenntnis, dass das Kulturschaffen in Alteuropa wesentlich ältere Wurzeln hat als das in Mesopotamien, verdanken wir aber erst der neuen Kulturchronologie, die sich mit den Erkenntnissen der modernen Dendrochronologie seit den 1980er Jahren durchzusetzen begann.

Die erst wenige Jahre zurückliegende Entdeckung der Schwarzmeerflut und der drastischen Klimaschwankungen sowie der dadurch ausgelösten Umweltveränderungen hat die Erforschung der frühen Zivilisationen auf eine neue Grundlage gestellt. Mesopotamien hat als Prototyp der Zivilisationsbildung ausgedient. Es festigt sich das Bild, wonach das Experiment mit der Zivilisation regional unterschiedliche Ergebnisse hervorgebracht hat. In der Alten Welt hat es mindestens zwei zivilisatorische Hauptmodelle gegeben: das Modell der Ökumene in Alteuropa, dem keine Chancen zur Weiterentwicklung vergönnt waren, sowie das Modell der Staatsbildung in Mesopotamien.

Auch in anderer Hinsicht müssen traditionelle Annahmen über die Entwicklung früher Zivilisationen revidiert werden. Die gängigen Kriterien für Definition einer «Hochkultur» geben Sonderentwicklungen keinen Raum. Gerade lokale Umweltfaktoren bestimmen aber entscheidend mit, in welche Richtung der kulturelle Entwicklungsschub geht.

Wie Umweltfaktoren im Einzelnen wirken, lässt sich an der Schwarzmeerregion erkennen. Die Flutkatastrophe von ca. 6700 v. Chr., die die Wassermassen des Mittelmeeres mit denen des alten Euxinos-Sees zusammenfließen ließ, die um 6200 v. Chr. einsetzende Mini-Eiszeit und die rapide Erwärmung um 5800 v. Chr. haben die Menschen in der südlichen Schwarzmeerregion im wahrsten Sinn des Wortes «aufgerüttelt» und ihr kulturelles Gedächtnis langfristig geprägt. Diese Erschütterungen bewirkten technologische Innovationen sowie regionale und überregionale Wanderungsbewegungen. Wie kreisförmige Wellen, die von einem ins Wasser geworfenen Stein ausgehen, breiteten sich die technologischen Innovationen zunächst in der Balkanregion, der Donauzivilisation, und – mit einiger zeitlicher Verzögerung – im Vorderen Orient aus. Die Wellen haben sich im Laufe der Zeit mit vielen anderen überschnitten, aber sie bewegen sich bis heute weiter. Nicht zuletzt sollte dieses Buch auch einen Eindruck davon vermitteln, was wir heute den frühen Zivilisationen verdanken.

Bibliographie

Aksu, A. E./Abrajano, T./Mudie, P. J./Yaşar, D. (1999). Organic geochemical and palynological evidence for the Aegean Sea sapropel S1, in: Marine Geology 153, 303–318

Aksu, A. E./Mudie, P. J./Rochon, A./Kaminski, M. A./Abrajano, T./Yaşar, D. (2002). Persistent Holocene outflow from the Black Sea to the Eastern Mediterranean contradicts Noah's flood hypothesis, in: GSA (Geographic Society of America) Today (May 2002), 4–10

Akurgal, E. (1990). Anadolu uygarliklari. Istanbul (3. Aufl.)

Antonova, E. V./Esajan, S. A. (1988). Antropomorfnaja skul'ptura Armjanskogo nagorja V–III tysjačiletij do n.e.: mestnaja specifika i mežregional' nye svjazi, in: Drevnij Vostok. Etnokul'turnye svjazi. Moskau, 219–237

Ascherson, N. (1996). Black Sea. The birthplace of civilisation and barbarism. London/Sydney

Assmann, J. (2000). Das kulturelle Gedächtnis. Schrift, Erinnerung und politische Identität in frühen Hochkulturen. München (3. Aufl.)

Bachofen, J. J. (1948). Das Mutterrecht. Eine Untersuchung über die Gynaikokratie der alten Welt nach ihrer religiösen und rechtlichen Natur, 2 Bde. (hg. v. Karl Meuli). Basel (Originalausgabe 1861)

Bailey, D. W. (2000). Balkan prehistory. Exclusion, incorporation and identity. London/New York

Barber, E. W. (1991). Prehistoric textiles. The development of cloth in the Neolithic and Bronze Ages (with special reference to the Aegean). Princeton

Bard, K. A. (Hg.) (1999). Encyclopedia of the archaeology of Ancient Egypt. London/New York

Ben-Tor, A. (Hg.) (1992). The archaeology of ancient Israel. New Haven/London

Biegel, G. (1986). Das erste Gold der Menschheit. Die älteste Zivilisation in Europa. Freiburg (2. Aufl.)

Black, J./Green, A. (1992). Gods, demons and symbols of ancient Mesopotamia. An illustrated dictionary. Austin

Blackmore, S. (1999). The meme machine. Oxford/New York

Blok, J. H. (1995). The early Amazons. Modern & ancient perspectives on a persistent myth. Leiden/New York/Köln

Blümel, W./Frei, P./Marek, C. (Hg.) (1998). Colloquium Caricum. Kadmos, Bd. XXXVII. Berlin/New York
Bocchi, G./Ceruti, M. (Hg.) (2002). Origini della scrittura. Genealogie di un' invenzione. Mailand
Bonfante, G./Bonfante, L. (1983). The Etruscan language. An introduction. Oxford
Bonfante, L. (1990). Etruscan, in: Reading the past. London, 321–378
– (1996). The scripts of Italy, in: Daniels/Bright 1996: 297–311
Bongard-Levin, G. M./Ardzinba, V. G. (Hg.) (1988). Drevnij Vostok – Etnokul'turnye svjazi. Moskau
Bonnefoy, Y. (Hg.) (1992). Greek and Egyptian mythologies. Chicago/London
Bremmer, J. (1988 a). What is a Greek myth?, in: Bremmer 1988 b: 1–9
– (Hg.) (1988 b). Interpretations of Greek mythology. London
Buchholz, H.-G. (1962). Zur Frage Gegenstand – Schriftzeichen, in: Kadmos 1, 65–70
– (1969). Die ägäischen Schriftsysteme und ihre Ausstrahlung in die ostmediterranen Kulturen, in: Frühe Schriftzeugnisse der Menschheit. Göttingen, 88–150
– (1982). Syrien und Zypern/Kreta/Griechenland, in: Land des Baal/Syrien – Forum der Völker und Kulturen. Berlin, 309–314
– (1987). Ägäische Bronzezeit. Darmstadt
Butrimas, A. (Hg.) (2001). Baltic amber. Vilnius
Burkert, W. (1981). Mythos und Mythologie, in: Propyläen Geschichte der Literatur I, Berlin 1981, 11–35
– (1985). Greek religion. Cambridge, Massachusetts
Carpelan, C./Parpola, A. (2001). Emergence, contacts and dispersal of Proto-Indo-European, Proto-Uralic and Proto-Aryan in archaeological perspective, in: Carpelan et al. 2001: 55–150
Carpelan, C./Parpola, A./Koskikallio, P. (Hg.) (2001). Early contacts between Uralic and Indo-European: Linguistic and archaeological considerations. Helsinki
Castleden, R. (1990). The Knossos labyrinth. A new view of the ‹Palace of Minos› at Knossos. London/New York
Cavalli-Sforza, L. (1996). The spread of agriculture and nomadic pastoralism: Insights from genetics, linguistics and archaeology, in: Harris 1996: 51–69
Cavalli-Sforza, L./Menozzi, P./Piazza, A. (1994). The history and geography of human genes. Princeton, New Jersey
Childe, V. G. (1929). The Danube in prehistory. Oxford
Cristofani, M. (Hg.) (1985). Dizionario della civiltà etrusca. Florenz

Cunliffe, B. (Hg.) (1994). The Oxford illustrated prehistory of Europe. Oxford/New York
Dalley, S. (1998). Myths from Mesopotamia. Creation, the flood, Gilgamesh, and others. Oxford
Daniels, P. T./Bright, W. (Hg.) (1996). The world's writing systems. New York/Oxford
Dietrich, B. C. (1973). A religious function of the megaron, in: Rivista Storica dell'Antichità 3, 1–12
Dolukhanov, P. M. (1994). Cultural and ethnic processes in prehistory as seen through the evidence of archaeology and related disciplines, in: Shennan 1994: 267–277
Duhoux, Y. (1981). Les Étéocrétois et l'origine de l'alphabet grec, in: L'Antiquité Classique 50, 287–294
– (1998). Pre-Hellenic language(s) of Crete, in: Journal of Indo-European Studies 26, 1–39
Edwards, G. P. (1987). Meaning and aspect in the verb opuio, in: Killen et al. 1987: 173–181
Eisler, R. (1987). The chalice & the blade. Our history, our future. San Francisco
Ekschmitt, W. (1984). Die Sieben Weltwunder. Ihre Erbauung, Zerstörung und Wiederentdeckung. Mainz
Facchetti, G. M. (2000). L'enigma svelato della lingua etrusca. Rom
Frazer, J. (1918). Folklore in the Old Testament. London
Frisk, Hj. (1970). Griechisches Etymologisches Wörterbuch, Bd. II. Heidelberg
Frontisi, F. (1992). Gods and artisans: Hephaestus, Athena, Daedalus, in: Bonnefoy 1992: 84–90
Fronzaroli, P. (1995). La lingua e la cultura letteraria di Ebla nel Periodo Protosiriano, in: Matthiae et al. 1995: 156–163
Frymer-Kensky, T. (1992). In the wake of the goddesses. Women, culture and the biblical transformation of pagan myth. New York
Gamkrelidze, T. V./Ivanov, V. V. (1995). Indo-European and the Indo-Europeans, vol. I. Berlin/New York
Gantz, T. (1993). Early Greek myth. A guide to literary and artistic sources, 2 Bde. Baltimore/London
Gimbutas, M. (1989). The language of the Goddess. New York/London
– (1991 a). Civilization of the Goddess. The world of Old Europe. San Francisco
– (1991 b). Deities and symbols of Old Europe and their survival in the Indo-European era: A synopsis, in: Lamb/Mitchell 1991: 89–121
– (1992). Die Ethnogenese der europäischen Indogermanen. Innsbruck

Godart, L. (2002). La nascita della burocrazia egea, in: Bocchi/Ceruti 2002: 140–159
Goodison, L. (1989). Death, women, and the Sun. Bulletin of the Institute of Classical Studies, supplement 53. London
Green, M. W./Nissen, H. J. (1987). Zeichenliste der archaischen Texte aus Uruk. Berlin
Günther, H./Ludwig, O. (Hg.) (1994). Schrift und Schriftlichkeit. Ein interdisziplinäres Handbuch. Berlin/New York
Haarmann, H. (1986). Language in ethnicity. A view of basic ecological relations. Berlin/New York/Amsterdam
– (1989). Writing from Old Europe to ancient Crete – A case of cultural continuity, in: Journal of Indo-European Studies 17, 251–275
– (1990 a). Language in its cultural embedding. Explorations in the relativity of signs and sign systems. Berlin/New York
– (1990 b). Universalgeschichte der Schrift. Frankfurt/New York (2. Aufl. 1992)
– (1994). Entstehung und Verbreitung von Alphabetschriften, in: Günther/Ludwig 1994: 329–347
– (1995). Early civilization and literacy in Europe. An inquiry into cultural continuity in the Mediterranean world. Berlin/New York
– (1996). Die Madonna und ihre griechischen Töchter. Rekonstruktion einer kulturhistorischen Genealogie. Hildesheim/Zürich/New York
– (1997 a). The development of sign conceptions in the evolution of human cultures, in: Posner et al. 1997: 668–710
– (1997 b). Writing technology in the ancient Mediterranean and the Cyprian connection, in: Mediterranean Language Review 9, 43–73
– (1999). Schriftentwicklung und Schriftgebrauch in Südosteuropa vor der Verbreitung des Alphabets, in: Hinrichs 1999: 185–209
– (2002 a). Lexikon der untergegangenen Sprachen. München
– (2002 b). Geschichte der Schrift. München
– (2002 c). On the formation process of Old World civilizations and the catastrophe that triggered it, in: European Journal for Semiotic Studies 14, 519–593
– (2002 d). Modelli di civiltà a confronto nel mondo antico: la diversità funzionale degli antichi sistemi di scrittura, in: Bocchi/Ceruti 2002: 28–57
– (2003 a). On the fabric of Old World civilizations: Human response to the Black Sea flood and subsequent climatic changes, in: Marler/Robbins Dexter 2003 (im Druck)
– (2003 b). Language, economy and prestige in the context of Baltic-Fennic contacts, in: Studia Indogermanica Lodziensia (im Druck)

Hägg, R. (1985). Mycenaean religion. The Helladic and the Minoan components, in: Morpurgo Davies/Duhoux 1985: 203–225
Hajdú, P./Domokos, P. (1987). Die uralischen Sprachen und Literaturen. Hamburg
Hallo, W. W. (1976). Women of Sumer, in: Schmandt-Besserat 1976: 23–40
Halstead, P. (1996). The development of agriculture in Greece: when, how, who and what?, in: Harris 1996: 296–309
Harris, D. R. (Hg.) (1996). The origins and spread of agriculture and pastoralism in Eurasia. London
Harrison, R. J. (1988). Spain at the dawn of history. Iberians, Phoenicians and Greeks. London
Harvilahti, L. (2000). Variation and memory, in: Honko 2000: 57–75
Healey, J. F. (1990). The early alphabet, in: Reading the past. London, 197–257
Helck, W. (1971). Betrachtungen zur Großen Göttin und den ihr verbundenen Gottheiten. München/Wien
– (1979). Die Beziehungen Ägyptens und Vorderasiens zur Ägäis bis ins 7. Jahrhundert v. Chr. Darmstadt
Helimski, E. (2001). Early Indo-Uralic linguistic relationships: Real kinship and imagined contacts, in: Carpelan et al. 2001: 187–205
Hinrichs, U. (Hg.) (1999). Handbuch der Südosteuropa-Linguistik. Wiesbaden
Hiscott, R. N./Aksu, A. E. (2002). Late quaternary history of the Marmara Sea and Black Sea from high-resolution seismic and gravity core studies, in: Marine Geology 190, 261–282
Hodder, I. (1990). The domestication of Europe. Structure and contingency in Neolithic societies. Oxford/Cambridge, Massachusetts
– (1992). Theory and practice in archaeology. London/New York
Hofmann, J. B. (1966). Etymologisches Wörterbuch des Griechischen. Darmstadt
Holloway, R. R. (1994). The archaeology of early Rome and Latium. London/New York
Honko, L. (1993). Belief and ritual: The phenomenological context, in: Honko et al. 1993: 63–77
– (Hg.) (2000). Thick corpus, organic variation and textuality in oral tradition. Helsinki
Honko, L./Timonen, S./Branch, M. (1993). The great bear. A thematic anthology of oral poetry in the Finno-Ugrian languages. Pieksämäki
Hooker, J. T. (1979). The origin of the Linear B script. Salamanca
Jeffery, L. H. (1990). The local scripts of archaic Greece. A study of the

origin of the Greek alphabet and its development from the eighth to the fifth centuries B. C. Oxford (2. Aufl.)
Katičić, R. (1976). Ancient languages of the Balkans, vol. 1. The Hague/Paris
Keightley, D. N. (1985). Sources of Shang history. The oracle-bone inscriptions of Bronze Age China. Los Angeles/London
Killen, J. T. et al. (Hg.) (1987). Studies in Mycenaean and classical Greek presented to John Chadwick (= Minos 20–22). Salamanca
King, R./Underhill, P. A. (2002). Congruent distribution of Neolithic painted pottery and ceramic figurines with Y-chromosome lineages, in: Antiquity 76, 699–703
Kozlowski, J. K. (1992). L'art de la préhistoire en Europe orientale. Mailand
Kristiansen, K. (1998). Europe before history. Cambridge/New York
Kruta, V. (1993). Die Anfänge Europas 6000–500 v. Chr. München
Kuhrt, A. (1995). The ancient Near East c. 3000–330 BC, 2 vols. London/New York
Lamb, S. M./Mitchell, E. D. (Hg.) (1991). Sprung from some common source. Investigations into the prehistory of languages. Stanford
Lefkowitz, M. R. (1986). Women in Greek myth. London
Maisels, C. K. (1999). Early civilizations of the Old World. The formative histories of Egypt, the Levant, Mesopotamia, India and China. London/New York
Makkay, J. (2001). The earliest Proto-Indo-European-Proto-Uralic contacts: An Upper Palaeolithic model, in: Carpelan et al. 2001: 319–343
Mallory, J. P. (1989). In search of the Indo-Europeans. Language, archaeology and myth. London
Mallory, J. P./Adams, D. Q. (Hg.) (1997). Encyclopedia of Indo-European culture. London/Chicago
Marazov, I. (2001). Iconographies archaïsantes – nostalgies des origines, in: Méditerranées 26/27, 15–50
Marinatos, N. (1988). Kunst und Religion im alten Thera. Zur Rekonstruktion einer bronzezeitlichen Gesellschaft. Athen
– (1993). Minoan religion. Ritual, image, and symbol. Columbia, South Carolina
Marler, J. (2003). The myth of universal patriarchy: A critical response to Cynthia Eller's «Myth of matriarchal prehistory», in: Feminist Theology Journal (im Druck)
Marler, J. (Hg.) (1997). From the realm of the ancestors. An anthology in honor of Marija Gimbutas. Manchester, CT
Marler, J./Robbins Dexter, M. (Hg.) (2003). The Black Sea flood and its aftermath. Papers from the First International Symposium on the Inter-

disciplinary Significance of the Black Sea Flood (Liguria Study Center, Bogliasco, Italy, June 3–7, 2002). Sebastopol, CA

Masson, E. (1984). ‹L'écriture› dans les civilisations danubiennes néolithiques, in: Kadmos 23, 89–123

Matthiae, P./Pinnock, F./Scandone Matthiae, G. (Hg.) (1995). Ebla. Alle origini della civiltà urbana. Mailand

Mazar, A. (1992). The Iron Age I, in: Ben-Tor 1992: 258–301

Meier-Seethaler, C. (1992). Ursprünge und Befreiungen. Die sexistischen Wurzeln der Kultur. Frankfurt

Morandi, A. (1982). Epigrafia italica. Rom

Morgan, L. (1988). The miniature wall paintings of Thera. A study in Aegean culture and iconography. Cambridge/New York

Morpurgo Davies, A./Duhoux, Y. (Hg.) (1985). Linear B: A 1984 survey. Louvain-la-Neuve

Mudie, P. J./Rochon, A./Aksu, A. E./Gillespie, H. (2002). Dinoflagellate cysts and freshwater algae and fungal spores as salinity indicators in late quaternary cores from Marmara and Black Seas, in: Marine Geology 190, 203–231

Müller, K. E. (1984). Die bessere und die schlechtere Hälfte. Ethnologie des Geschlechterkonflikts. Frankfurt/New York

Murtonen, A. (1989). Hebrew in its West Semitic setting, part one: A comparative lexicon. Leiden/New York

Nenola, A. (2002). Inkerin itkuvirret – Ingrian laments. Helsinki

Nissen, H. J. (1988). The early history of the ancient Near East 9000–2000 B. C. Chicago/London

Oppenheimer, S. (1998). Eden in the East. The drowned continent of Southeast Asia. London

Osborne, R. (1996). Greece in the making 1200–479 BC. London/New York

Otkupščikov, J. V. (1973). Balkano-maloazijskie toponomičeskie izoglossy, in: Balkanskoe Jazykoznanie, Moskau, 5–29

Owens, G. A. (1996). The common origin of Cretan Hieroglyphs and Linear A, in: Kadmos 35, 105–110

– (1999). Balkan Neolithic scripts, in: Kadmos 38, 114–120

Pandolfini, M./Prosdocimi, A. L. (1990). Alfabetari e insegnamento della scrittura in Etruria e nell'Italia antica. Florenz

Parpola, A. (1986). The Indus script: A challenging puzzle, in: World Archaeology 17, 399–419

– (1994). Deciphering the Indus script. Cambridge

Pfiffig, A. J. (1989). Einführung in die Etruskologie. Probleme, Methoden, Ergebnisse. Darmstadt (3. Aufl.)

Poruciuc, A. (1992). Problems and patterns of the Southeast European ethno- and glottogenesis (ca. 6500 BC – AD 1500), in: The Mankind Quarterly 33, 3–40
– (1995). Archaeolinguistica. Bukarest
– (2001). Orphic relics and christianized perpetuations in Romanian folklore, in: Proceedings of the Eighth International Congress of Thracology, Thrace and the Aegean (Sofia/Yambol, 25–29 September 2000), Bd. II. Sofia, 747–756
– (2003). The sea and the sea-flood motif in Romanian folklore, in: Marler/Robbins Dexter 2003 (im Druck)
Posner, R. et al. (Hg.) (1997). Semiotik/Semiotics. New York
Pötscher, W. (1990). Aspekte und Probleme der minoischen Religion. Hildesheim/Zürich/New York
Renfrew, C. (1972). The emergence of civilisation. The Cyclades and the Aegean in the third millennium B.C. London
– (1973). Before civilization. The radiocarbon revolution and prehistoric Europe. London/New York
– (1986). Varna und der soziale Kontext früher Metallurgie, in: Briegel 1986: 43–50
– (1987). Archaeology & language. The puzzle of Indo-European origins. London
– (1991). The Cycladic spirit. New York
– (1999). Time depth, convergence theory, and innovation in Proto-Indo-European: ‹Old Europe› as a PIE linguistic area, in: Journal of Indo-European Studies 27, 258–293
Reyes, A.T. (1994). Archaic Cyprus. A study of the textual and archaeological evidence. Oxford
Rice, M. (1994). The archaeology of the Arabian Gulf. London/New York
Robbins, M. (1980). The assimilation of pre-Indo-European goddesses into Indo-European society, in: Journal of Indo-European Studies 8, 19–29
Ruhlen, M. (1994). On the origin of languages. Studies in linguistic taxonomy. Stanford
Rutkowski, B. (1986). Some script signs on Aegean Bronze-Age vessels, in: Kadmos 25, 22–25
Ryan, W. (2003). Human responses to circum-Mediterranean and Black Sea climates and sea-levels, in: Marler/Robbins Dexter 2003 (im Druck)
Ryan, W./Pitman, W./Major, C. O./Shimkus, K./Maskalenko, V./Jones, G. A./Dimitrov, P./Görür, N./Sakinç, M./Yüce, H. (1997). An abrupt drowning of the Black Sea shelf, in: Marine Geology 138, 119–126
Ryan, W./Pitman, W. (1998). Noah's flood. The new scientific discoveries about the event that changed history. New York

Scheid, J./Svenbro, J. (1996). The craft of Zeus. Myths of weaving and fabric. Cambridge, Massachusetts/London
Schmandt-Besserat, D. (Hg.) (1976). The legacy of Sumer. Malibu, California
– (1992). Before writing, 2 Bde. Austin
– (1996). How writing came about. Austin
Schütze, O. (Hg.) (1997). Metzler Lexikon antiker Autoren. Stuttgart/Weimar
Shennan, S.J. (Hg.) (1994). Archaeological approaches to cultural identity. London/New York
Sherratt, A. (1976). Ressources, technology and trade. An essay in early European metallurgy, in: Sieveking et al. 1976: 557–581
Sieveking, G. de G./Longworth, I.H./Wilson, K.E. (Hg.) (1976). Problems in economic and social archaeology. London
Starr, I. (1990). Queries to the Sun God. Divination and politics in Sargonid Assyria. State Archives of Assyria, vol. IV. Helsinki
Thomsen, M.-L. (1984). The Sumerian language. An introduction to its history and grammatical structure. Kopenhagen
Thorpe, I.J. (1999). The origins of agriculture in Europe. London/New York
Torelli, M. (1988). Die Etrusker. Geschichte, Kultur, Gesellschaft. Frankfurt/New York
Tylecote, R.F. (1987). The early history of metallurgy in Europe. London/New York
Vernant, J.-P. (1988). Myth and society in ancient Greece. New York
Walker, C.B.F. (1990). Cuneiform, in: Reading the past. London, 15–73
Wesel, U. (1990). Der Mythos vom Matriarchat. Über Bachofens Mutterrecht und die Stellung der Frau in frühen Gesellschaften. Frankfurt (6. Aufl.)
Whittle, A. (1994). The first farmers, in: Cunliffe 1994: 136–166
– (1996). Europe in the Neolithic. The creation of new worlds. Cambridge
Willis, R. (Hg.) (1975). The interpretation of symbolism. New York
Winn, S.M.M. (1981). Pre-writing in southeastern Europe: The sign system of the Vinča culture ca. 4000 B.C. Calgary, Alberta
Woudhuizen, F. (1990). The Sardis bilingue reconsidered, in: Orpheus 1, 90–106
Yakar, J. (1997). Did Anatolia contribute to the Neolithization process of Southeast Europe?, in: Marler 1997: 59–69
Zvelebil, M. (1996). The agricultural frontier and the transition to farming in the circum-Baltic region, in: Harris 1996: 323–345

Geographisches Register